OEUVRES

COMPLÈTES

DE PIGAULT-LEBRUN.

TOME V.

—

LES CENT VINGT JOURS (1).

---

(1) Ces quatre Contes ont paru péridioquement; mais seulement pendant quatre mois. Voilà pourquoi ils sont intitulés : LES CENT VINGT JOURS.

DE L'IMPRIMERIE DE FIRMIN DIDOT.

OEUVRES

COMPLÈTES

DE PIGAULT-LEBRUN.

TOME CINQUIÈME

A PARIS,

CHEZ J.-N. BARBA, LIBRAIRE,

ÉDITEUR DES OEUVRES DE M. PICARD ET DE M. ALEX. DUVAL,
PALAIS-ROYAL, N° 51, DERRIÈRE LE THÉATRE-FRANÇAIS.

1823.

THÉODORE,

OU

LES PÉRUVIENS.

PREMIÈRE NOUVELLE.

Sous le règne de Louis XIV, dont on a dit trop de bien et trop de mal, le commerce maritime de France semblait naître sous les mains actives de Colbert. Déja ce ministre avait établi, avec des frais immenses, une colonie à Pondichéry; nous avions quelques planteurs à Saint-Domingue. Ces premiers essais, faibles sans doute, devaient être bientôt vivifiés par les soins du ministre, et soutenus par des établissemens plus considérables, lorsque le roi Guillaume entraîna dans sa querelle avec Louis XIV, l'Empereur, l'Empire, l'Espagne, la Hollande et la Savoie.

La guerre était à peine allumée, que les Hollandais s'emparèrent de Pondichéry, et ruinèrent les négocians français qui faisaient le commerce des grandes Indes; les Anglais détruisirent nos plantations de Saint-Domingue. Du Gay-Trouin, le plus grand homme de mer peut-être dont s'honore la France, n'était encore que simple armateur; mais il avait ce génie ardent et cette soif de la gloire qui décèlent le héros : il entreprit de venger l'honneur du pavillon français.

Ses parens, commerçans de Saint-Malo, équipèrent, à frais communs, une frégate et deux corvettes : Du Gay-Trouin part, cherchant sur toutes les mers les ennemis et l'honneur.

Laissons cet officier suivre ses grandes destinées, et occupons-nous de celui dont j'ai à tracer les aventures. A bord d'une des corvettes était un jeune Malouin, beau comme un ange, sensible et fier comme un chevalier français, brave comme tous ceux de son pays.

La corvette que montait Théodore fut séparée, par une brume épaisse, des deux autres bâtimens. Du Gay-Trouin avait déclaré l'intention de se joindre à M. de Pointis, qui armait, à la Tortue, contre les Espagnols, et qui se proposait de surprendre et de piller Carthagène : M. de Forville, le capitaine de Théodore, dirigea donc sa marche vers les Antilles, ne doutant pas que tôt ou tard il ne se réunît à son chef.

Une tempête horrible surprit la corvette à la hauteur du tropique, et la jeta dans l'Océan méridional. Pendant une semaine entière, les vents soufflèrent avec la dernière violence; le tonnerre et la pluie ne cessèrent qu'à de courts intervalles ; l'obscurité, le danger éminent, le désordre qui en est inséparable, n'avaient pas permis de prendre la hauteur. Quand le ciel fut redevenu serein, les inquiétudes évanouies, les forces réparées, on voulut savoir où on était. On reconnut, avec une surprise extraordinaire, l'étendue prodigieuse qu'on avait parcourue. On était dans la mer Pacifique, dont les navigateurs ne connaissaient encore que la partie qui baigne les côtes du Pérou, et ces côtes ennemies semblaient l'unique ressource qui restât à un frêle bâtiment que la tempête avait mis hors d'état de tenir la mer.

Il était dur à des Français d'aller demander des fers aux Espagnols. Cette idée révoltait M. de Forville ; mais le salut de son équipage lui était plus cher que la gloire : il résolut donc de se rendre prisonnier au premier port espagnol.

Théodore ne concevait pas qu'on pût préférer la captivité à la mort : pour la première fois il osa combattre l'avis de son capitaine. On découvrait la petite île de Socoro, voisine de celle de Chiloë ; il proposa d'y aborder ; d'y mettre la corvette en carène, si on trouvait une baie commode. Il représenta qu'il serait toujours temps de se rendre, et qu'il n'en fallait plus perdre à délibérer. Son enthousiasme, son éloquence, sa figure noble et animée entraînèrent les opinions, et un pilotin de vingt ans eut l'honneur de persuader des officiers et des marins consommés.

On n'était plus qu'à quelques lieues de l'île, lorsqu'on signala une frégate espagnole. M. de Forville n'eût pas balancé à l'attaquer, malgré son infériorité, si son bâtiment eût pu manœuvrer avec quelque facilité. Ne voulant rien prendre sur son compte, il assembla une seconde fois son conseil de guerre, et il fut étonné de la résolution qu'il trouva dans ses officiers : Théodore leur avait inspiré son audace. Ils proposèrent d'attendre la frégate, et de sauter à l'abordage, s'il était possible de jeter les grappins. M. de Forville était un homme froid, et il sentit la témérité de ce dessein; mais il était brave, et il n'y mit pas d'opposition. Théodore, rayonnant de joie, se tenait sur le pont, la hache d'armes à la main : il attendait avec impatience le moment de se signaler. Terrible, fier et charmant, c'était Mars sous les traits d'Adonis.

Cependant la frégate espagnole s'avançait à pleines voiles. Elle avait l'avantage du vent; elle se tint à la demi-portée du canon, et commença l'attaque. Quand M. de Forville vit l'impossibilité d'en venir à l'abordage, il jugea sa perte certaine, et il se disposa à mourir en Français.

Pendant la tempête, il avait fallu jeter à la mer une partie des canons pour alléger la corvette, et la lenteur des manœuvres rendait faible et incertain le feu des pièces qui restaient. L'artillerie espagnole foudroyait les Français. Ils se battirent cependant, et avec opiniâtreté; mais bientôt leur bâtiment, criblé de boulets, menaça de s'enfoncer. L'intrépide Théodore fut obligé d'amener lui-même le pavillon. Il le brûla pour s'épargner la douleur de le rendre.

Dès que les Espagnols cessèrent d'avoir des ennemis à combattre, ils ne virent plus que des hommes dans les infortunés que la mer allait engloutir. Ils détachèrent toutes leurs chaloupes; recueillirent les vaincus, et s'efforcèrent, à force de soins et d'humanité, de leur faire oublier leur disgrace.

Le capitaine espagnol était généreux; mais les lois de la guerre sont précises : il ne dépendait pas de lui de relâcher des Français pris les armes à la main. Il les déposa dans le port de Pisco, d'où on les conduisit à Lima, capitale du Pérou.

Le vice-roi se piqua d'imiter les procédés du capitaine espagnol. Les officiers français eurent la ville pour prison. Théodore n'était pas officier encore; mais dès qu'on l'eût vu, on ne s'informa point de ce qu'il était, il réunit les suffrages, et obtint toutes les préférences.

Le séjour de Lima était fait pour séduire un jeune homme qui ne connaissait que Saint-Malo et la mer. Cette ville n'avait point éprouvé encore ces tremblemens de terre qui la détruisirent enfin de fond en comble. Ses rues étaient pavées de lames d'argent; les palais et les édifices publics bâtis avec goût; la rivière qui baignait ses murs, était divisée, détournée en canaux, et ses eaux distribuées pour la commodité des habitans, l'embellissement des jardins, la fertilité des campagnes.

Les yeux se fatiguent promptement quand la jouissance qu'ils procurent se borne à l'admiration ; mais ce dont Théodore ne croyait pas se lasser, c'était le spectacle continuel et varié d'une foule de créoles, entre lesquelles il est difficile de faire un choix. Des yeux brillans de vivacité, une peau blanche, un teint délicat et animé, une taille moyenne et bien prise, une chevelure qui servirait de voile à la pudeur, tant elle est noire, et se plait à croître et à descendre, voilà ce qu'elles doivent à la nature.

Des boucles d'oreilles, des bracelets, des bagues de diamans ; un vêtement, qui laisse à découvert le sein et les épaules, et qui ne tombe qu'à mi-jambe ; de là jusqu'à la cheville du pied, une dentelle à travers laquelle on distingue les bouts des jarretières, brodés d'or ou d'argent, et garnis de perles ; tels sont les moyens que l'art emploie pour les rendre plus séduisantes encore.

L'attrait du plaisir complète l'enchantement. Passionnées pour la musique et la danse, elles excellent dans ces talens aimables. Fières, mais sensibles, elles rougiraient d'accorder la moindre faveur à un homme qu'elles n'aimeraient pas ; elles se reprocheraient de refuser quelque chose à leur amant.

Théodore parut au milieu d'elles comme un

beau jour à qui sourit la nature. La fierté s'évanouit devant ses graces ; il ne trouva que des cœurs disposés à aimer. Il avait tout perdu avec sa liberté ; l'amour le combla de biens. Le nécessaire, le superflu, les objets du luxe le plus recherché, lui parvenaient tous les jours par des mains inconnues qui semblaient l'inviter à les deviner. Empressé, poli, galant, spirituel, il fut heureux autant qu'on peut l'être quand on n'est pas vraiment amoureux : le moment n'était pas arrivé.

Un mois s'écoula dans une ivresse continuelle, et la satiété lui succéda enfin. Les idées de gloire se réveillèrent dans le cœur de Théodore, ou plutôt sa destinée l'entraînait vers l'objet qui devait le fixer à jamais. Son oisiveté, la mollesse de sa vie lui devinrent à charge ; il eut honte de lui-même ; il conçut le dessein de s'arracher des bras des plaisirs, pour se jeter, sans retour, dans ceux de la gloire. Il osa entreprendre de traverser le continent, pour se rendre devant Carthagène, où il espérait joindre M. de Pointis et Du Gay-Trouin.

La route était longue et périlleuse ; la fatigue, le besoin, les naturels du pays, tout était à redouter. Théodore se garda bien de s'ouvrir à M. de Forville et à ses camarades, sur un projet que le succès seul pouvait justifier. Un jeune Péruvien qu'il avait engagé à son service, et qu'il aimait beaucoup, fut le seul confident de sa fuite.

Le doux, le fidèle Corambé acheta secrètement deux lamas, pour porter ce que son maître avait de plus précieux, et ce qui était indispensable pour entreprendre un tel voyage. Les deux jeunes gens se dérobèrent de Lima à l'entrée de la nuit ; et, la boussole à la main, Théodore se dirigea vers le golfe de Darien.

Ils évitaient soigneusement les lieux habités. Le jour, ils trouvaient aisément de l'eau claire, et des fruits que le sol produit partout sans culture. La nuit, un palmier, un cocotier les garantissaient de la rosée ; la mousse ou l'herbe fine reposait leurs membres fatigués, et nourrissait leurs lamas.

Le douzième jour, ils arrivèrent auprès de Quito. Ils avaient fait environ la moitié du chemin sans accidents, sans inquiétude, et ils se flattaient d'arriver, heureusement, et assez tôt pour partager les périls et l'honneur de l'expédition préparée contre Carthagène : ils ne devaient pas aller plus loin.

Quito, une des principales villes de l'ancien empire du Pérou, est située au pied des Cordilières. Du côté du sud, une plaine immense, riante et fertile, réunit ce qui est utile à la vie et ce qui en fait l'agrément. Il eût été imprudent de s'engager dans cette plaine, dont la culture variée annonçait une nombreuse population : Théodore résolut de s'enfoncer dans les Cordilières.

La marche devint lente et pénible; mais Théodore bravait toutes les difficultés. Corambé souffrait et se taisait, par attachement pour un maître qui l'avait fait son égal. Les lamas, forts, patiens et légers, gravissaient les rochers avec adresse, et, dans les passages difficiles, ils portaient Théodore et Corambé.

Déja ils étaient élevés au-dessus de Quito; ils découvraient la ville en entier, et cette vaste plaine qui paraissait dans l'éloignement un seul et magnifique jardin. Déja ils croyaient n'avoir plus de risque à courir, et, suivant la ligne droite qui devait les faire descendre dans la nouvelle Grenade, ils s'entretenaient paisiblement. Au détour d'un énorme rocher, ils sont frappés d'étonnement, et Théodore lui-même éprouve un sentiment qui approche de la frayeur. Une redoute espagnole est à deux cents pas d'eux; la garde les a vus; ils n'en peuvent douter, au mouvement rapide des soldats. Douze ou quinze hommes sortent du fort, et viennent droit de leur côté : ils n'ont qu'un moment pour se déterminer. Théodore donne une poignée de diamans à Corambé, et l'embrasse. « Fuis, lui dit-il;
« tu connais le pays. Je t'enrichis, sois heureux,
« et ne m'oublie jamais. » Ils abandonnent les lamas, ils fuient aussi promptement que le permet l'inégalité du terrain; bientôt ils sont écartés l'un de l'autre. Ils s'arrêtent, ils se regardent, ils se disent le dernier adieu de la main.

Un sentier battu se présente devant Théodore, il le suit avec la rapidité de la flèche; les Espagnols le poursuivent avec acharnement. Ce chemin conduisait aux mines, et le fort avait été bâti pour écarter de ces trésors ou arrêter ceux qui n'étaient pas avoués par le gouvernement ou les propriétaires. Théodore n'était pas de ces hommes qui exposent leur vie par espoir d'une grande fortune; mais les précautions qu'il prenait, en avançant, lorsqu'il fut découvert; sa fuite précipitée, dès qu'il put juger qu'on l'avait aperçu; deux animaux domestiques, que douze jours de marche avaient déchargés de presque tous les comestibles qu'ils portaient, et qui semblaient destinés à recevoir une charge plus précieuse; tout concourait à rendre le jeune homme suspect.

Théodore, ignorant la richesse de la terre qu'il rasait à peine en courant, attribuait à la soif du sang, l'ardeur des Espagnols. Il double de vitesse; il gagne considérablement sur des hommes que le poids de leurs armes embarrasse. A l'extrémité du sentier sur lequel il semble voler, il distingue un second corps-de-garde; il change de route aussitôt, et se jette à travers les rochers. Il marche au hasard, il monte, il descend. Tantôt suspendu, par une main et un pied, à une pointe de roche qui paraît devoir s'abîmer avec lui; tantôt traversant un ravin; passant un torrent à la nage; se dérobant un instant à la vue des Espa-

gnols; les retrouvant derrière lui l'instant d'après;
cherchant une caverne que la nature lui refuse,
ses forces s'épuisent, son courage s'éteint, il s'arrête malgré lui.

Les soldats, plus excédés encore, s'arrêtent de
leur côté : tous ont également besoin de repos.
Les Espagnols ne voulaient que suivre à vue celui qu'ils croyaient ne plus pouvoir leur échapper. Théodore allait être arrêté au pied du mont
Cayambur, qui s'élève à pic à une hauteur effrayante, et qui passait pour être inaccessible.
S'il rétrogradait, rien de si facile que de l'envelopper, et de le tuer s'il refusait de se rendre :
ses ennemis n'avaient donc aucun motif de presser leur marche, et ils demeurèrent immobiles
aussi long-temps que Théodore s'arrêta.

Leur conduite lui paraissait inexplicable. Sans
faire de vains efforts pour la pénétrer, il profita
du relâche que lui laissait l'inaction des Espagnols.
Il reprit ses sens, il mangea quelques graines qui
se trouvèrent sous sa main. Cette nourriture,
bien qu'insuffisante, lui rendit des forces; il sentit qu'il tenait encore à la vie; il résolut de tout
faire pour la conserver. Il se leva, et repartit.

Les Espagnols se remettent en marche; mais
ils n'avancent plus que lentement. Théodore court
sur des roches unies; il laisse bien loin derrière
lui ceux qui le poursuivent; il croit alors pouvoir s'arrêter de nouveau, examiner les objets

qui l'environnent, se consulter, et choisir la direction qu'il voudra prendre.

A peu de distance de lui est l'énorme mont, qui ne lui présente qu'un mur de roche, dont la largeur l'arrête de tous côtés. Les Espagnols se sont ouverts; ils marchent à vingt pas l'un de l'autre; ils forment un cordon redoutable qui rend sa retraite impossible : il se voit perdu sans ressources. Cependant le danger le plus certain est toujours celui qu'on évite : il continue d'avancer vers le mont.

A mesure qu'il s'en approche, il croit remarquer des inégalités dans les rochers; bientôt il distingue des fractures qui offrent autant de points d'appui; il voit de légères crevasses à travers lesquelles s'échappent des lianes et d'autres plantes rampantes; il ose compter sur son adresse, sur son bonheur : il entreprend de gravir le mont.

Il se cramponne, il s'accroche, il se colle à la roche; il saisit une liane; il monte comme à une corde. Une seconde plante succède à la première, et il continue de monter. Il fait des efforts incroyables; la sueur ruisselle de toutes les parties de son corps; mais il n'a plus à défendre sa vie que contre des obstacles que lui oppose une masse absolument verticale. Les Espagnols parviennent au pied du mont; ils restent muets d'étonnement, en voyant Théodore hors de la portée du mousquet.

Cependant, la jeunesse qui entreprend sans réflexion, qui agit sans prévoir de résultats ; la jeunesse, dont l'imagination est sans bornes, n'a que des moyens bornés : Théodore ne peut soutenir plus long-temps le travail opiniâtre auquel il s'est condamné. Ses mains, ses genoux sont ensanglantés ; ses nerfs ont perdu leur élasticité, et son corps sa souplesse : il tombe dans un découragement absolu ; il soupire, il se résigne, il va lâcher la liane qui le soutient, et se briser dans l'abîme : ses yeux se tournent vers le ciel avant de se fermer pour jamais.

Il est frappé d'un enfoncement qu'il croit remarquer à quelques toises au-dessus de lui. Un peu de relâche, et il peut y arriver : comment s'en procurer dans cette cruelle situation ? L'horreur du néant rend l'homme ingénieux. Théodore prend d'une main la liane qu'il peut à peine serrer, de l'autre, il la tourne plusieurs fois autour de son corps, la noue fortement auprès de la racine, demeure suspendu et légèrement appuyé sur la pointe des pieds. Quel repos !

Alors il regretta les délices de Lima, en pensant à l'avenir affreux qu'il s'était préparé. S'il parvenait jusqu'à l'espèce de caverne, qui était l'unique objet de ses vœux, qu'y ferait-il, comment s'y procurerait-il les plus misérables alimens ? Une roche nue et brûlante, quelques plantes dures et filandreuses, voilà ce qui s'offrait à lui de toutes parts.

Mais quel est le malheureux qui ne compte pas pour beaucoup quelques heures ajoutées à la plus déplorable existence? Théodore, en maudissant la gloire, dont les brillantes illusions l'avaient abusé, en faisant sur son imprudence les plus amères réflexions, Théodore détachait la liane à laquelle il avait dû le bien inestimable de respirer un moment. Il gravissait de nouveau, en regardant d'un œil avide, en invoquant cette caverne qui devait être son tombeau.

A mesure qu'il monte, les objets changent de forme. Ce qu'il a pris pour un enfoncement, n'est qu'une ombre produite par l'angle saillant d'une roche ; mais il reconnaît qu'à cet endroit le corps de la montagne s'éloigne de trente à quarante pas de sa base : il ne doute point qu'il n'y ait là un terrain uni et passablement étendu. « Peut-« être sera-ce une couche de terre?... peut-être « est-elle fertile?... Oh, si un filet d'eau y cou-« lait!... » Son cœur se dilate, le sourire reparaît sur ses lèvres; le malheureux espère, un baume consolateur coule dans ses veines, et lui rend sa première agilité.

Il arrive à ce but si ardemment désiré. Ses mains ont touché le sommet de l'affreuse muraille, le long de laquelle il a été si long-temps entre la vie et la mort. La tige d'un fort arbuste se trouve sous ses doigts; il la presse, il s'alonge, il se raccourcit, il s'élance ; il est enfin sur une vaste plate-forme couronnée de verdure ; il tombe à genoux, il remercie le grand Être, il s'évanouit.

En revenant à lui, il parcourut d'un coup d'œil les objets qui l'environnaient. Un espace d'un quart de lieue de large et de huit à dix verges de profondeur, était couvert, dans toute son étendue, d'une quantité d'arbustes et de plantes inconnues dans la plaine. Des fruits sauvages, mais savoureux ou rafraîchissans, s'offraient de toutes parts à l'avidité de Théodore : il les trouva délicieux. Après avoir satisfait le premier des besoins, il examina, dans le plus grand détail, un lieu où, probablement, personne n'avait pénétré avant lui : il cherchait ce filet d'eau si nécessaire au soutien de sa vie ; il le chercha long-temps, il le chercha en vain ; il se laissa aller sur l'herbe, accablé, anéanti.

Il avait senti une joie inexprimable en échappant à un péril présent et certain ; l'idée de la mort cruelle et lente qui l'attendait, lui serra, lui poigna le cœur. « Des fruits, répétait-il, des « fruits, et pas une goutte d'eau ! » Il regarda douloureusement cette seconde montagne, éternelle barrière qui fermait son désert : le cèdre n'est pas plus droit, la glace n'est pas plus unie ; l'habitant des airs seul a le droit de la franchir. La tête de Théodore tomba sur sa poitrine : « C'est « donc ici qu'il faut mourir » ; et deux ruisseaux de larmes s'ouvrirent un passage, et coulèrent long-temps.

2.

O larmes! dernier secours que la nature accorde à l'infortune, vous en adoucissez l'amertume, vous en noyez presque le souvenir. Théodore se trouva plus calme après avoir pleuré ; il redevint capable de penser et d'agir. Un caillou tranchant, la pointe d'une branche pouvaient l'aider à creuser des trous qui recueilleraient l'eau de la pluie ; mais cette terre absorberait, en peu d'instans, l'eau qu'elle aurait reçue : il fallut donc renoncer à l'idée de s'en procurer par ce moyen. Peut-être le temps a-t-il formé quelque bassin sur le sommet des roches qu'il a pour ainsi dire escaladées : il retourne sur le bord de l'abîme, il en suit les sinuosités, il arrache la touffe d'herbe et dérange la branche qui semblent lui dérober quelque cavité... Tout à coup il est frappé d'un trait de lumière ; il réfléchit que, puisqu'il a pu monter, il n'est pas impossible de descendre. Il rencontrera plus de difficultés sans doute, mais ce parti est le seul qui lui reste, et il n'en remet l'exécution que jusqu'au moment où les Espagnols se seront éloignés.

Une idée raisonnée en amène nécessairement une autre. Pourquoi ne ferait-il pas, avec des branches flexibles, une corde longue et solide, dont le bout serait attaché au tronc de l'arbre le plus fort ? Pourquoi n'y passerait-il pas, de distance en distance, des bâtons qui seraient autant d'échelons ? Mais pour juger du temps que prendra ce travail, il faut calculer à peu près l'élévation où il est parvenu : il se couche sur le bord de la roche, il avance la tête ; la distance où il est du sol n'est pas telle qu'en deux jours il ne puisse avoir fini sa corde ; et on peut se passer d'eau pendant deux jours, quand on a des fruits en abondance. Jusque-là il ne s'était présenté à lui aucune pensée qui ne fût satisfaisante ; cependant une observation l'inquiète : il ne voit plus que quatre Espagnols au pied du mont ; que sont devenus les autres ? Ils ne peuvent s'être éloignés assez pour qu'il ne les distingue plus, et ses yeux plongent partout à une distance prodigieuse. Auraient-ils trouvé un passage qui les conduisît jusqu'à lui ? Il passe subitement de l'inquiétude à la crainte ; il se lève, il court à tous les endroits où la roche tourne, il regarde à ceux où elle fait saillie et lui cache les objets... O suite non interrompue de malheurs ! De la partie la plus éloignée de sa plate-forme, il compte dix Espagnols, le fusil en bandoulière, montant par un endroit très-difficile sans doute, mais commode, comparé à celui qui lui a donné tant de peines.

Le vice-roi du Pérou donne une somme assez forte aux soldats qui arrêtent quelqu'un cherchant à pénétrer dans l'intérieur des mines. L'appât de l'or animait, soutenait ceux-ci, et Théodore ne voyait que de la fureur dans leur infatigable opiniâtreté.

Personne, en sa place, n'eût douté qu'ils ne

voulussent l'égorger impitoyablement ; et que pouvait-il leur opposer ? il était sans armes, affaibli par un travail forcé et par l'agitation de son ame ; sa tête se perdit tout-à-fait, et cependant un mouvement machinal le porta à retarder le coup fatal. Il s'enfonce dans les arbustes, il se traîne sous des broussailles : l'espérance est le dernier sentiment qui s'éteint en nous, et Théodore se flatte de n'être pas découvert.

Il passe une heure entière dans cette cruelle anxiété, immobile, retenant son haleine. La feuille que le vent agite ou détache, le faible oiseau qui se repose sur la branche voisine, tout ajoute à ses terreurs, et bientôt elles sont portées au comble ; il entend marcher à peu de distance ; il prête une oreille plus attentive encore : on parle à deux pas de lui.

La frayeur, portée à l'excès, ne permet ni de réfléchir, ni même de penser. Théodore recule sur ses genoux et ses mains, sans prévoir que le bruit des branches qu'il agite, qu'il écarte, qu'il brise, doit infailliblement le trahir : il recule jusqu'à la base de la montagne. Les Espagnols le voient ou le devinent : ils poussent un cri de joie, et courent sur l'infortuné.

Le sang glacé, les membres mouillés d'une sueur froide, il se serre contre la roche qui doit l'arrêter, mais dont les flancs lui semblent s'entr'ouvrir pour le sauver de ses ennemis ; il se persuade que le soleil leur a retiré sa lumière pour les empêcher de le poursuivre : enfin l'illusion est entière ; il croit marcher dans un souterrain long, étroit et obscur. Un coup violent qu'il se donne à la tête, lui prouve que tout est réalité : il avance les mains, il rencontre une voûte rocailleuse et irrégulière ; il se baisse, il se traîne, il se relève, il se baisse encore, il s'étend, il s'alonge comme un reptile, et se glisse entre la roche aiguë qui lui brise les reins, et celle qui lui froisse la poitrine ; il avance aussi vite que lui permettent sa faiblesse et l'obscurité ; il s'arrête, il écoute, il n'entend rien, il se rassure.

En effet, les Espagnols étaient restés à l'entrée de cette caverne, où l'amour de la vie pouvait seul déterminer un malheureux à s'engager. Un fond humide, inégal, infect; la crainte des insectes dévorans de ces climats, des bêtes féroces à qui le souterrain pouvait servir de retraite; d'épaisses ténèbres enfin, devaient intimider tous les autres; cependant les bornes de la caverne, la faim, l'espoir de sa grace, tout devait décider le coupable à rétrograder : ainsi pensaient les Espagnols, qui attendirent Théodore, en se nourrissant, comme lui, des fruits que leur offrait la nature.

On croit volontiers ce qu'on désire. Théodore ne doute point que la caverne ne perce d'un flanc à l'autre de la montagne. Cependant il s'aperçoit qu'il monte sensiblement, et qu'il suit des détours tortueux et multipliés : il en conclut que sa marche sera longue ; mais il s'éloigne des Espagnols, et rien ne lui paraît plus à craindre que de retomber entre leurs mains.

Une partie du jour s'est écoulée ; il s'enfonce, il monte toujours davantage ; il n'aperçoit, il ne prévoit pas encore d'issue : il désespère enfin de revoir le soleil. La mort est toujours affreuse, sous quelque aspect qu'elle se présente, et il se repent de n'avoir pas abrégé ses souffrances en attendant les Espagnols. Peut-être sa jeunesse, son malheur les auraient-ils touchés : si, en effet, ils étaient cruels, ils auraient au moins terminé son sort d'un seul coup ; et combien d'heures languira-t-il encore avant que d'expirer ? Il pense à retourner sur ses pas ; mais lui reste-t-il assez de forces pour se traîner jusqu'à l'entrée de la caverne ? Pendant qu'il se perd dans une foule d'idées contradictoires, il croit voir un point lumineux dans l'extrême enfoncement. Il tressaille, il s'élance ; la lumière disparaît. Alors il accuse le ciel et la terre, il s'accuse lui-même, il passe de l'abattement à la rage ; il court devant lui comme un insensé. Il se heurte, il se meurtrit contre l'angle d'une roche ; la force du choc le jette de côté... O bonheur ! le point lumineux ne l'a point abusé ; il se reproduit plus brillant que la première fois ; il se reflète sur les pointes des cailloux : Théodore conçoit que le rocher contre lequel il s'est frappé, lui a un moment caché cette lumière. Bientôt il voit autour de lui, il marche quelques minutes encore, et il retrouve le ciel au-dessus de sa tête.

Qu'on se représente un infortuné accablé de fatigue, tourmenté par les plus terribles angoisses, et passant subitement de la mort à la vie, pour la seconde ou troisième fois, et on aura une idée du ravissement qui saisit Théodore, de l'espèce d'extase dans laquelle il tomba. Il ne s'occupe pas du lendemain, il ne pense point au pays qu'il va découvrir, aux habitans qu'il recèle peut-être, aux ressources qu'il pourra s'y ménager : il revoit le soleil, il est heureux, il ne forme plus de désirs.

Cependant le délire se dissipe par degrés. Cette funeste prévoyance, si improprement appelée raison, reprend tout son empire; un mélange confus de crainte et d'espoir tourmente encore le malheureux. Il sort de la caverne, il fait vingt pas... une plaine magnifique, des terres cultivées, des arbres chargés de fruits, des ruisseaux qui se croisent, qui s'éloignent, qui se rapprochent, et qui fertilisent tout, de riantes habitations, et partout le tableau de l'abondance, voilà ce qui frappe ses premiers regards.

La manière de cultiver, de bâtir, ne ressemblait à rien de ce que Théodore avait vu à Lima ou dans ses environs. Il jugea que les habitans ne devaient pas être Espagnols : il n'avait donc plus d'ennemis à redouter. Tout annonçait un peuple civilisé; il pouvait donc compter sur des secours. Il retrouva un de ces intervalles de calme et de satisfaction où le cœur aime à se reposer sur lui-même. Il se désaltéra, il cueillit, mangea quelques ignames, et il avança dans le pays.

Il avait à peine fait cent pas, qu'il aperçut cinq ou six hommes assis sous un platane. Ils étaient vêtus d'une espèce de tunique blanche ; une ceinture de diverses couleurs leur serrait les reins ; un bandeau, tissu de plumes brillantes et droites, leur ceignait le front ; leurs traits lui parurent agréables, leur physionomie douce : c'étaient sans doute des amis qui allaient lui tendre une main bienfaisante.

En s'approchant d'eux, il remarqua des arcs, des carquois, des massues, jetés çà et là sur la mousse. La vue de ces armes n'altéra point sa sécurité ; il allait les aborder sans défiance. Mais aussitôt que ces hommes l'eurent aperçu, ils se levèrent précipitamment, et bandèrent leurs arcs en poussant de grands cris. Théodore déploya devant eux un mouchoir blanc ; ils continuèrent à se mettre en défense ; déjà ils cherchaient, dans leur carquois, la flèche la plus aiguë : il faut encore qu'il dispute sa vie à la mort, qui, sans cesse, se reproduit sous une forme nouvelle. Une touffe d'arbres antiques et serrés est à peu de distance, il court de ce côté ; les flèches volent, elles sifflent ; il n'est pas frappé, il court plus vite encore : ses nouveaux ennemis volent sur ses pas.

Il va entrer dans ce bois, mais il n'échappera

pas à des hommes frais, et légers comme le vent : ils sont prêts à le saisir. Les arbres le garantiront au moins de leurs massues; il pourra leur parler par signes, leur faire entendre qu'il est malheureux, et qu'il se met à leur merci : il fait encore un effort, et parvient sous l'ombrage tutélaire, où personne n'osera l'attaquer.

Tout devait l'étonner dans cette inconcevable journée. Ceux qui le poursuivaient, s'arrêtent sur le bord du bois, et s'inclinent avec respect. Théodore juge que ce lieu est consacré au culte, et considéré comme un refuge sacré et inviolable. Il reprend courage; il s'enfonce dans ce bocage sombre et silencieux. Des tombeaux, plus ou moins anciens, confirment l'opinion qu'il a conçue : leurs portes sont en cèdre, les gonds et les pentures sont en or.

Au détour d'un de ces tombeaux, il est frappé d'un spectacle aussi imposant qu'inattendu. Des colonnes d'or massif soutiennent une coupole ouverte, au-dessus d'un autel d'où jaillit une flamme bleuâtre; des deux côtés de l'autel, s'étendent circulairement des gradins couverts de tissus de coton de diverses couleurs, et, dans le fond du sanctuaire, est l'image du soleil, en lames d'or qui se prolongent depuis le haut de la coupe jusqu'au carreau, artistement ciselé en argent; les murs, à droite et à gauche, sont décorés de bas-reliefs en or, représentant les atrocités de Pizare et de ses compagnons; contre un de ces

murs est une statue du même métal, grossièrement faite. Théodore reconnaît l'habit ecclésiastique espagnol du XVe siècle. « Ah! dit-il, c'est
« sans doute l'image du vertueux Las-Casas, que
« ce peuple reconnaissant adore : il est donc vrai
« que la mémoire de l'homme de bien ne meurt
« jamais ; elle passe de génération en génération,
« portée sur les ailes du temps. »

Il s'arrête, il admire, et bientôt un objet nouveau va lui faire oublier le temple, ses dangers, lui-même, l'univers. Une prêtresse est à genoux devant l'autel ; son visage est tourné vers l'image du soleil, et Théodore ne voit encore que ses habits ; mais ces habits même laissent deviner des graces, que rien ne cache jamais. C'est une robe longue, et blanche comme la neige ; un voile de la même couleur flotte sur les épaules, descend en plis ondoyans, et joue sur le carreau, au gré de l'air qui le soulève ; l'or et l'argent, ingénieusement mêlés, relèvent la blancheur de l'étoffe, et brillent sur les bords du voile, sur le pourtour des manches et du bas de la robe ; une couronne de fleurs naturelles, que sans doute on renouvelle tous les jours, unit la simplicité de la nature à ce que l'art a de plus recherché.

La taille svelte de la prêtresse annonce la première jeunesse, et un pressentiment secret la pare des attraits touchans de la beauté. Une femme jeune est ordinairement sensible ; une femme belle donne un prix inestimable au moindre bienfait : Théodore s'approche avec réserve, avec timidité ; il ne se dit pas qu'il est beau, mais il ne peut l'avoir oublié, et il pense que des vœux qui, vraisemblablement, proscrivent l'amour, ne défendent pas la pitié. Azili entend marcher, elle se tourne ; son voile est levé : c'est la fraîcheur et l'éclat de l'aurore d'un beau jour. L'habit européen lui inspire d'abord de l'effroi ; mais Théodore a pris l'attitude d'un suppliant : elle ne voit dans ses traits que de la douceur, et ce n'est point à genoux qu'on médite des forfaits, et on ne veut point de mal à l'objet qu'on fixe avec tendresse. Azili se remet, et sourit du rire séduisant de la candide innocence. Théodore, enchanté, ravi, est incapable de proférer une parole ; son ame tout entière a passé dans ses yeux ; son sang circule avec plus de force, il échauffe, il embrase son cœur : Théodore sent qu'il aime pour la première fois.

Azili, de son côté, éprouve un trouble inconnu, et se laisse aller au charme qui l'entraîne. Elle ne se reproche rien, parce qu'elle ne prévoit pas le danger. Ces deux êtres touchans, arrêtés à quatre pas l'un de l'autre, se regardent, et ne se lassent pas de se regarder. Azili, moins émue, rompt le silence la première : « Bel étran« ger, que veux-tu ? » Sa voix douce, flexible, harmonieuse, achève l'enchantement. Théodore, hors de lui, ne pense pas à répondre : l'ingénue et divine prêtresse répète sa question.

C'est la langue péruvienne qu'elle a fait entendre au jeune homme, et cette langue lui est familière. Il a vu des Péruviens esclaves à Lima, il s'est souvent entretenu avec Corambé. Cet idiôme, abondant en voyelles, est d'une prononciation facile : un peuple cultivateur a peu d'idées, il emploie donc peu de mots ; et Théodore en savait assez pour bien entendre, et être lui-même intelligible. Il commence le récit de ses infortunes, et sa voix fait sur Azili l'impression que la sienne a faite sur Théodore. Elle l'écoute avec le plus vif intérêt ; elle soupire quand il peint ses périls ; elle sourit quand il renaît à l'espérance... L'espérance ! imprudente ! bientôt tu ne la connaîtras plus.

Elle ne sait pas ce qu'elle peut pour Théodore, mais elle voudrait pouvoir tout. Elle doit haïr les Européens ; mais ceux qui ont massacré ses ancêtres, ne ressemblaient pas sans doute à ce beau jeune homme. Aucun profane ne peut entrer dans l'intérieur du temple ; mais l'étranger ignore les usages et les lois. Il est malheureux, son dieu veut qu'elle le soulage ; des Péruviens ont attenté à sa vie, elle doit leur épargner un crime. Mais où cacher l'infortuné ? Elle ne peut sortir de l'enceinte du temple, et ses compagnes et les prêtres du soleil seront-ils aussi compâtissans qu'elle ? S'ils allaient le livrer, s'ils répandaient son sang, en expiation du sang versé par les Espagnols ! Cette seule idée la fait frémir d'horreur.

Elle se lève, elle prend Théodore par la main, elle le guide au milieu des tombeaux. « Voilà, lui « dit-elle, voilà celui du grand Capana, notre « père à tous, le fondateur de cette heureuse co-« lonie. S'il t'eût rencontré, il eût fait comme « moi, car Capana fut toujours l'appui de l'homme « faible et bon. Que son tombeau te serve d'a-« bord d'asile ; plus tard mon dieu m'inspirera. »

Elle ouvre la porte du monument ; Théodore, pénétré de reconnaissance, ivre déja d'amour, y entre en la bénissant : la jeune prêtresse l'enferme soigneusement, et retourne à l'autel.

C'est là que, seule avec sa conscience, elle s'interroge, elle s'examine sévèrement. Elle a regardé un homme, elle s'en est laissé voir ; cet homme est proscrit par les lois de son pays ; elle-même a juré une haine éternelle à tout ce qui est Européen : elle est forcée de s'avouer qu'elle a violé ses vœux, et cependant elle n'éprouve pas de remords. Que fera-t-elle ? Oser continuer de voir Théodore, de lui parler, de le secourir, sa pudeur s'en alarme, ses préjugés religieux se réveillent. Trahir un jeune homme qui lui a confié le dépôt de sa vie... le trahir ! ce serait une perfidie, une lâcheté, une cruauté inouie. Mais ses vœux... ses vœux ! Elle se prosterne devant l'image de son dieu, elle le prie d'éclairer son inexpérience, de guider sa timidité. Elle redescend dans son cœur ; elle n'y trouve que ce calme doux qui suit une bonne action. « Le ciel se manifeste,

« dit-elle : je m'expose sans doute, mais cet in-
« fortuné vivra. »

Au déclin du jour, une de ses compagnes vint la relever, et veiller à l'entretien du feu sacré. Azili rentra dans l'enceinte qu'habitent les prêtresses. Théodore a des besoins sans doute ; elle conserve sa part des alimens qu'on a distribués : ses habits sont en lambeaux ; elle prend un rouleau d'étoffe de coton, et elle se dérobe à la faveur de l'obscurité. Tremblante, agitée, elle suit d'un pas incertain les détours qui la conduiront mystérieusement au tombeau de Capana ; elle y arrive sans avoir été aperçue ; elle ouvre doucement, bien doucement, elle se penche, elle appelle à voix basse ; Théodore monte les degrés. Elle lui présente un vase plein de lait, un gâteau de maïs, de quoi se vêtir et se coucher : il reçoit des mains de la beauté ces secours qu'elle ne croit offrir encore qu'à l'humanité souffrante.

La porte du tombeau est refermée ; Azili est rentrée sous son toit, naguère si paisible, et d'où un regard de Théodore a banni la paix sans retour. Elle invoque le sommeil, et le sommeil la fuit : l'image de Théodore se reproduit sans cesse ; et Théodore, du fond de son tombeau, ne voit, ne pense, ne rêve qu'Azili.

Il est temps d'expliquer comment une peuplade de Péruviens se trouve cachée au sein d'une montagne, au milieu même des possessions espagnoles.

Le jour horrible, ce jour que l'Espagne voudrait effacer des fastes de l'histoire, où Pizare reçut Atabalipa, qui venait à lui comme allié, Capana était au nombre des grands qui composaient la suite de l'empereur du Pérou. Atabalipa était porté sur un trône d'or ; les armes de ses troupes étaient couvertes de ce métal : il n'en fallait pas tant pour allumer la cupidité dans des ames féroces. L'infortuné monarque ne proféra que des paroles de paix ; Pizare y répondit avec du canon. Il est facile de se représenter l'effet que firent sur les Péruviens la vue des chevaux qui les écrasaient, le bruit de l'artillerie et de la mousqueterie, semblable à la foudre, et tuant plus sûrement. Ces malheureux prirent la fuite ; leur précipitation les renversait les uns sur les autres : on en fit un carnage affreux. Une foule de princes de la race des Incas, la première noblesse, tout ce qui formait la cour d'Atabalipa, fut égorgé : on ne fit grace ni aux femmes, ni aux vieillards, ni aux enfans, accourus de toutes parts pour voir leur empereur, que Pizare fit prisonnier, et qu'il fit condamner à mort par des juges aussi pervers que lui.

Capana, par une espèce de miracle, échappa à cette horrible boucherie. Homme d'un sens droit, il jugea que les armes des Espagnols les rendraient victorieux partout, et leur cruauté lui fit pressentir dès lors la ruine absolue de sa patrie. Il ne chercha point à s'ensevelir sous des débris, il évita une mort inutile au bien de tous ; il résolut de vivre pour une épouse chérie, pour de faibles enfans dont il devenait l'unique espoir, pour ceux de ses malheureux compatriotes qui pourraient se joindre à lui. Il courut au palais : les larmes aux yeux et le désespoir dans le cœur, il raconta la scène atroce dont il avait été témoin. Il laissa à ses ennemis son or et des effets qu'on appelle précieux, et il mit en sûreté ses véritables richesses : il cacha, dans les montagnes, son intéressante famille.

Tous les jours, quelques malheureux, errans, fugitifs, le rencontraient, et en étaient accueillis et caressés. Insensiblement, il se trouva à la tête d'une peuplade qui, d'une voix unanime, le choisit pour son chef : mais, plus le nombre des proscrits augmentait, plus il était difficile de vivre ignorés. A la vérité, les Espagnols ne s'étaient pas encore répandus dans les montagnes où sont les mines les plus abondantes : ils pillaient les palais, les maisons, où l'or se trouvait sans travail ; mais cette ressource devait s'épuiser bientôt, et l'avarice ne manquerait pas d'en chercher de nouvelles. L'esclavage ou la mort attendait tôt ou tard Capana et les siens, s'ils ne trouvaient un asile inconnu, inaccessible, où l'homme de bien pût vivre et mourir en paix.

Le bon, l'infatigable Capana parcourait les Cordilières, et ne trouvait aucun endroit où l'avide Espagnol ne pût pénétrer. Désolé, inquiet, il revenait le soir consoler sa triste famille, et oublier, dans les bras de son épouse, sa douleur et les fatigues de la journée.

Il fallut, enfin, qu'il s'écartât davantage, et la nature du terrain ne lui était pas toujours favorable. Il marchait un jour à découvert, lorsqu'il fut aperçu par un gros d'Espagnols que Pizare avait envoyé à la recherche des mines. Il n'était pas à présumer qu'ils pensassent à poursuivre un homme seul qui ne devait pas les inquiéter ; mais soit que leurs guides les eussent fait changer de route sans objet déterminé, soit qu'ils espérassent tirer des renseignemens certains de Capana, qu'ils prirent vraisemblablement pour un habitant des montagnes, ils marchèrent droit à lui.

Le prince indien, plus justement alarmé que Théodore, prit la fuite comme lui, et sa bonne fortune le conduisit au pied du Cayambur, au lieu même où, avec du courage et de la persévérance, on peut le gravir sans danger. Cette partie du mont est cachée à droite et à gauche par des saillies de rochers si considérables, que Théodore ne l'avait pas aperçue, quelque intérêt qu'il eût à bien voir, et ce fut peut-être ce qui sauva Capana. Les Espagnols le perdirent de vue ; et, quel qu'ait été leur dessein, il les vit, de la plate-forme, retourner sur leurs pas, et reprendre leur première direction.

Toujours plein de son projet, Capana examina l'espèce d'esplanade où le hasard l'avait poussé.

L'entrée de la caverne n'était pas masquée alors par des broussailles, il la découvrit facilement à travers les arbustes : elle lui parut étroite, mais profonde, et il sentit combien elle pouvait être utile à ses vues. Le jour, elle recélerait ses Péruviens ; la nuit, il en sortirait une partie pour aller cueillir des fruits, surprendre des lamas sauvages, puiser de l'eau : on arracherait des flancs de la seconde montagne, des quartiers de roche qu'on roulerait sur les Espagnols, s'ils découvraient cette retraite, et qu'ils osassent l'attaquer ; enfin, on attendrait dans ce lieu le moment, peu éloigné peut-être, où les ennemis, se disputant les dépouilles des Péruviens, s'égorgeraient entre eux, et où leur mort laisserait aux vaincus la liberté d'habiter et de cultiver encore la terre qui les a vus naître.

Ce plan arrêté, Capana n'en différa l'exécution que jusqu'à ce qu'il eût reconnu l'étendue de la caverne, et les moyens de la rendre habitable. Il retourna auprès des siens, il leur fit part de sa découverte, et, sans perdre un instant, il se fit suivre par quelques hommes déterminés qui portaient des provisions, et des flambeaux d'un bois sec et résineux. Ils arrivèrent à la caverne, ils s'y enfoncèrent, et furent affligés de voir que la nature avait laissé presque tout à faire à l'art : cependant ils continuèrent d'avancer, impatiens de trouver le fond du souterrain. Au lieu de se voir arrêter, comme ils l'avaient prévu, ils pénétrèrent enfin jusqu'à cette vaste plaine où la terre n'attendait qu'un peu de culture pour prodiguer les vrais trésors. Ils saluèrent cette terre protectrice, où ils pourraient suivre leurs lois et pratiquer leur culte : ils s'applaudirent des obstacles qui se présentaient, à chaque pas, à ceux qui voulaient traverser la caverne ; et, pleins de la plus vive joie, ils se hâtèrent de l'aller faire partager à leurs compagnons.

Au point du jour suivant, la colonie prit la route de l'asile où elle allait vivre séparée du monde entier. Plus de larmes, plus de soupirs : l'époux soutient gaiement sa compagne qui lui sourit ; la jeune mère caresse l'enfant qu'elle va allaiter en paix, et qu'elle élèvera loin de ses bourreaux ; tous sont chargés des étoffes, des meubles, des instrumens mécaniques et aratoires qu'ils ont sauvés de la destruction générale : ils ne sentent pas leurs fardeaux, cette marche est une fête.

On employa la journée entière à gravir le mont. L'enfance et la vieillesse avaient besoin d'appuis, et on se pressait religieusement autour d'elles ; le fils, dans la force de l'âge, suit son vieux père qui chancelle, et s'expose, pour le garantir, à rouler lui-même de roche en roche ; la fille présente à sa mère infirme une main conservatrice ; la tendre épouse porte dans ses bras le dernier fruit de son amour, elle est entourée, soutenue par les aînés qui veillent sur elle, et qui cherchent à lui aplanir le chemin ; l'amant aide à sa maîtresse, et l'ami aide à son ami ; pas un Espagnol dont l'aspect répande les alarmes, et trouble cette longue et pénible opération ; le ciel semble prendre sous sa protection les restes d'un peuple innombrable qu'on égorge lâchement en son nom.

Quand les derniers eurent atteint la plate-forme, tous se tournèrent vers Quito. L'ancienne ville était brûlée ou détruite ; la fertile plaine qui la nourrissait, était inculte et abandonnée : les Espagnols ne cherchaient que de l'or. Ce spectacle de désolation arracha des larmes de tous les yeux. « Cessez, dit Capana, de regretter ce « que votre dieu vous ôte, et bénissez-le pour ce « qu'il vous donne. Vous êtes étonnés que cette « terre ne produise plus : eh ! que peut-elle pro- « duire, souillée de crimes, et noyée sous les « flots de notre sang ? Ce sont des mains pures, « c'est de la sueur, de l'eau que la terre demande ; « venez féconder celle-ci. »

Aussitôt on se précipite vers l'entrée de la caverne, et on arrive, avec le jour, dans la nouvelle patrie ; on roule des pierres, des troncs d'arbres, on bouche l'ouverture supérieure du souterrain ; on se sépare du reste des humains, et on commence les travaux avec ordre, intelligence et courage.

Une vaste portion de terre est couverte d'or ; on enlève cette croûte inutile : la patate, l'igname, le maïs la remplacent. Bientôt le cotonnier, le palmier, le cocotier, le bananier, émondés et taillés, donnent de meilleurs fruits, et étendent leur ombrage ; des habitations régulières sont élevées ensuite ; enfin ces monceaux d'or se convertissent en un temple magnifique : que n'a-t-on toujours employé ce métal à un semblable usage !

Le règne de Capana fut doux et paisible, comme le peuple qu'il gouvernait. Il vécut adoré, et mourut pleuré de tous les siens : ses cendres respectables furent déposées sous le bois sacré qu'avaient planté ses mains. Ses successeurs, pleins de respect pour sa mémoire, maintinrent jusqu'à ses moindres institutions ; et, sous eux, comme sous Capana, les enfans sucèrent avec le lait, l'horreur pour les Européens, et l'amour de leurs lois.

Mais, comment Théodore eut-il tant de peine à trouver l'entrée de cette caverne, et comment le passage était-il libre sur toute la longeur du souterrain ?

Ce qu'avait prévu Capana, était arrivé. Pizare et ses lieutenans, ses lieutenans et d'autres ambitieux s'étaient fait une guerre cruelle, et le bruit du canon avait retenti dans les entrailles du mont Cayambur. Les Péruviens ne doutèrent point alors qu'ils touchassent au moment de retourner sur leur sol chéri ; ils rouvrirent le haut de la caverne à force de bras et de temps, et ils s'assemblèrent pour choisir quelqu'un d'entre eux qui irait savoir ce qui se passait dans la plaine. Capana, déja âgé, ne voulut cependant confier à personne le soin d'une mission aussi délicate que périlleuse : il déclara qu'il irait à Quito. Les prières, les larmes de ses enfans, de ses sujets, rien ne put le détourner de ce dessein : il déposa les marques de sa dignité, prit un vêtement simple, et partit.

Il revint peu de jours après, triste, abattu, se soutenant à peine. On l'entoure, on le presse, on l'interroge. Il raconta que leurs ennemis s'étaient livré plusieurs batailles sanglantes, et s'étaient tellement affaiblis, que les Péruviens, dispersés, fugitifs, avaient osé se rassembler, et prendre les armes. Déja six cents Espagnols étaient tombés sous leurs coups ; déja ils assiégeaient Cusco et Lima ; tout annonçait le rétablissement de l'ancien empire du Pérou, lorsque des renforts considérables étaient arrivés d'Europe, et avaient détruit de si flatteuses espérances. Le massacre des Péruviens avait recommencé avec une nouvelle fureur, et, las enfin d'égorger, on avait condamné aux travaux des mines ce qui restait de ces infortunés.

Cependant, les mesures qui avaient échoué cette fois, pouvaient réussir dans d'autres circonstances ; et on résolut, à Cayambur, d'envoyer tous les ans un député à Quito, pour connaître la situation des affaires. On n'avait rouvert la caverne que par un travail pénible, qu'on ne pouvait se résoudre à renouveler fréquemment : on décida donc que le passage resterait ouvert ; qu'on déroberait, à tous les yeux, l'entrée inférieure du souterrain, en y plantant des ronces, des broussailles, des mangles ; qu'on établirait au haut une garde continuelle : et, comme il ne pouvait passer qu'un seul homme à la fois, il paraissait facile de tuer, les uns après les autres, les Espagnols qui se présenteraient.

La surveillance de cette garde fut long-temps exacte et sévère ; mais tout s'altère insensiblement. Après deux cents ans de calme et de prospérités, on ne désira plus d'autre patrie, on cessa d'envoyer à Quito : on ne continua la garde que parce que Capana l'avait établie, et ce service se faisait avec négligence. C'est à ce relâchement que Théodore avait dû la facilité avec laquelle il avait pénétré dans le vallon.

Villuma, qui gouvernait alors Cayambur, unissait, comme ses prédécesseurs, le sceptre au pontificat. C'était un homme de quarante ans, dont les lumières naturelles n'étaient point obscurcies par les vices de l'éducation. Il avait un grand caractère, beaucoup d'énergie, et il joignait à ces qualités, si nécessaires aux souverains, l'amabilité qui fait supporter le pouvoir absolu. Essentiellement bon, son autorité ne tendait qu'au bien général. On ne pouvait lui reprocher qu'une erreur et qu'une faiblesse ; l'une, de croire sur la foi de ses pères, que tous les Européens sont des monstres ; l'autre, de les détester et de les craindre également.

Il préparait tout pour célébrer l'anniversaire du jour où Capana avait fondé l'heureuse colonie. Le temple est jonché de fleurs ; l'encens, le cèdre, l'aloès brûlaient sur l'autel ; les prêtres et les vierges étaient rangés dans le sanctuaire ; le peuple se portait en foule dans le parvis, qui lui était ouvert pendant ces solennités ; Villuma allait chanter l'hymne sacré, quand la grande prêtresse Anaïs perce la foule, s'approche de lui, et lui apprend qu'un Européen s'est introduit dans Cayambur, et qu'on ne le trouve pas.

Les Péruviens qui avaient vu entrer Théodore, qui l'avaient laissé échapper, se reprochaient intérieurement leur négligence, et redoutaient, non la sévérité, mais la justice de Villuma : ils n'osèrent donc divulguer un évènement aussi extraordinaire qu'alarmant. Cependant d'autres Européens pouvaient suivre celui-ci : l'intérêt public, leur sûreté personnelle, étaient au moins exposés ; et, craignant de déclarer ouvertement ce qu'ils savaient, ils s'ouvrirent à des amis intimes qui répandirent sourdement que Cayambur était menacé.

D'après les préjugés dans lesquels Villuma avait été élevé, il devait être frappé de ce que lui avait dit Anaïs. Il frémit des maux incalculables que pouvaient faire, selon lui, un ou plusieurs Européens à un peuple qui n'avait su encore que tomber à genoux et tendre la gorge. Cependant il conserva la sérénité de son visage ; il promena ses regards sur l'assemblée : les fronts lui semblèrent calmes. « La multitude paraît ne « rien savoir, dit-il à Anaïs ; si vos craintes sont « fondées, il sera temps de l'instruire ; jusque-là « respectons son repos. » Il détacha quelques Incas, avec l'ordre de chercher, d'arrêter l'Européen, et de doubler la garde à l'entrée de la caverne.

Toujours maître de lui, il donne le signal. Les flûtes, les trompettes ouvrent la fête ; Villuma, avec une tranquillité apparente, commence le chant auguste.

Toi, qui verses sur la nature
Des flots d'intarissables feux,
Comme toi, notre offrande est pure :
Soleil, daigne exaucer nos vœux.

LES VIERGES.

Tu t'élances dans la carrière :
Le pâle flambeau de la nuit
Se cache devant ta lumière,
Et son éclat s'évanouit.

LES PRÊTRES.

Loin de toi, la terre souffrante
Languit sans force et sans chaleur :
Tu parais, la terre est vivante,
Et rend hommage à son auteur.

Le peuple reprend chaque strophe en chœur, et Villuma et Anaïs descendent les gradins au son d'une musique majestueuse. Les vierges, couvertes de leurs voiles, marchent après eux. Parmi elles, on distingue Élina et Méloë, à peine sorties de l'enfance : elles ont fait vœu de chasteté, elles ne savent pas encore ce que c'est qu'être chastes. L'une porte un vase d'or plein de lait ; l'autre, une corbeille chargée de fruits ; les prêtres suivent ces intéressantes victimes : les Incas et le peuple ferment le cortége, qui descend au tombeau de Capana.

La sensible, la tremblante Azili est au milieu de ses compagnes. Il lui semble que tous les yeux pénètrent à travers la voûte, et découvrent Théodore : les siens sont constamment fixés sur ces pierres jusque alors insensibles et froides, maintenant animées par la présence d'un homme trop cher. Elle voudrait écarter tout ce qui en approche ; elle se contient à peine quand on y touche : heureusement son voile, confident discret, lui sert à cacher son trouble et sa rougeur.

Depuis que Théodore a vu Azili, il sent combien il est doux de vivre ; et ce lugubre tombeau, où elle viendra le retrouver sans doute, est, pour lui, le séjour céleste. Mais que signifient cette pompe, ces chants ? Vient-on l'arracher de l'asile chéri où la beauté a daigné lui sourire ? Va-t-on le sacrifier au dieu des Péruviens ? Azili, sa chère Azili s'est-elle perdue elle-même, en voulant le sauver... Infortuné jeune homme, tu dois donc éprouver alternativement tous les genres de peines qui peuvent accabler un mortel !

Élina et Méloë déposent sur le tombeau ce lait, ces fruits, tribut que la reconnaissance et le respect publics offrent aux mânes de Capana ; on s'éloigne en silence de ce lieu révéré : Azili renaît, Théodore respire.

Cependant Villuma n'a cessé de penser à ce que lui a dit Anais. Il profite du moment où le peuple est assemblé, pour perdre d'avance l'Européen dans son esprit, pour l'alarmer contre lui, s'il est capable de violence, ou le prémunir contre des dehors séduisans et doux, qui lui paraissent plus à craindre encore ; il remonte vers le parvis, et montrant, de la main, les bas-reliefs qui le décorent : « Les voilà, s'écrie-t-il, les voilà ces
« forfaits que nous croyons à peine, que nos
« descendans ne pourront jamais croire ; les voilà
« gravés sur les murs de ce parvis sacré. Ici, des
« milliers d'hommes sont immolés à la soif de
« l'or ; là, des milliers d'hommes, condamnés à
« d'éternelles ténèbres, languissent au sein de la
« terre dont ils déchirent péniblement les en-
« trailles ; plus loin, des mères pleurent sur leur
« sein desséché par la misère, et mêlent leur der-
« nier soupir à celui de leur enfant ; le détestable
« Valverde annonce son dieu, le poignard à la
« main, et plante la croix sur des monceaux de
« cadavres... Les voyez-vous, les voyez-vous ces

« monstres qui outragent la nature? ils ouvrent
« sans pitié le sein qu'elle avait fécondé; ils en
« arrachent l'innocent, ils mettent ses membres
« en lambeaux, ils les font dévorer par les chiens...
« Race impie, race à jamais abhorrée, je te mau-
« dis au nom de tes innombrables victimes! Ju-
« rez avec moi, jurez, Péruviens, de ne faire
« grace à aucun, si le hasard vous en livrait ja-
« mais. » Le peuple répète le serment; Théodore
pâlit au fond de son tombeau; Azili défaillante
sent ses genoux ployer sous elle; une vierge la
soutient, et l'emmène.

« Ceux qui savent détester le crime, poursuit
« Villuma, aiment à honorer la vertu. Voici l'image
« du respectable ami du Mexique et du Pérou; le
« voilà ce Las-Casas, dont une main peu exercée
« nous a transmis les traits : remercions-le au
« moins du bien qu'il aurait voulu faire »; et
Villuma pose une couronne de fleurs sur la tête
du vertueux Espagnol.

La fête terminée, le peuple, les vierges, les
prêtres rentrèrent dans leurs demeures, et Villuma fut se renfermer dans son palais : il y était
attendu par des Incas qu'il avait envoyés à la recherche de l'Européen. Ils lui déclarèrent à regret qu'ils n'avaient pu exécuter qu'une partie
de ses ordres. Une garde choisie et nombreuse
était placée à l'ouverture même de la caverne,
et le profond silence qui régnait dans l'intérieur,
les portait à croire que l'Européen était seul;

mais quelque exactes qu'eussent été leurs perquisitions, ils n'avaient pu le découvrir : ils avaient seulement appris qu'il s'était d'abord réfugié dans le bois sacré, où personne n'avait osé le suivre. On ne l'avait pas revu depuis.

Il était clair alors que des prêtres ou des vierges lui avaient donné un asile. Cette violation de leurs vœux et des lois n'était pas ce qui révoltait Villuma : dès long-temps il avait osé fixer le soleil ; il avait deviné cette main créatrice qui, se cachant derrière le globe étincelant, nourrit et féconde sa lumière ; il adorait en secret ce dieu invisible qu'on sent, et qu'on n'explique pas, et s'il maintenait les erreurs de son culte, c'est qu'elles lui étaient utiles, en le rendant maître des opinions ; s'il affectait de l'enthousiasme, c'est qu'il en connaissait la puissance sur le vulgaire, qui le partage facilement, et qui lui doit son courage, et souvent des vertus.

Ce qui indignait et affligeait, à la fois, le pontife, c'était l'oubli des droits et la sûreté de la patrie. Ce mépris du devoir le plus saint, dans les ministres mêmes du culte, lui faisait craindre des opinions nouvelles qu'il fallait au moins comprimer : sans expérience et sans étude, il pressentait que l'esprit d'innovation doit être père du désordre. Il ordonna de nouvelles recherches dans le temple, dans la demeure des prêtres, dans son propre palais, et il chargea Anaïs de visiter rigoureusement l'asile des vierges.

Ce n'est pas qu'avec un peu de réflexion, Villuma n'ait sentit qu'un être isolé, quelque terrible qu'il pût être, ne pouvait penser à employer la force ; mais sa prévoyance inquiète saisissait, embrassait tout. « La cupidité, qui, probablement,
« guide cet homme, dit-il aux Incas, sait multi-
« plier ses ressources. Cet émissaire de vos en-
« nemis cache, dites-vous, ses coupables projets
« sous les graces de la jeunesse : c'est par là sans
« doute qu'il compte vous intéresser, c'est par là
« qu'il préparera votre ruine.

« Si vous le souffrez au milieu de vous, il par-
« lera le langage de la vertu, il aura le ton de
« la touchante humanité ; la vérité sera sur ses
« lèvres, et la perfidie dans son cœur. Il em-
« ploiera la persuasion, il abusera l'inexpérience ;
« il vous éloignera insensiblement de vos devoirs
« et de vos mœurs ; il éteindra votre haine pour
« les bourreaux de vos pères, il vous rapprochera
« d'eux, il leur ouvrira enfin l'entrée de ce vallon.

« Si vous le renvoyez parmi les siens, il éclai-
« rera leur insatiable avarice. Ces hommes à qui
« rien ne résiste, forceront les barrières que leur
« oppose la nature ; ils se répandront parmi vous
« comme un torrent destructeur ; ils porteront
« partout le fer et le feu, la désolation et la mort.
« Je vois ce temple renversé, vos maisons dé-
« truites, vos épouses, vos enfans fuyant leurs
« toits embrasés, vous appelant à grands cris,
« vous serrant dans leurs faibles bras, et tombant

« à vos pieds sous le glaive exterminateur ! Vous
« relevez, vous pressez ces restes inanimés, une
« larme s'échappe de vos yeux : cette larme est
« un crime, et votre sang se mêle à celui des
« victimes que vous pleurez. Votre dieu indigné
« retire sa lumière ; à l'aube du jour il cherche
« ses enfans, et leur race n'est plus : il n'éclaire
« que des cadavres, des brigands et de l'or. Qu'on
« cherche, qu'on trouve l'Européen, et qu'il
« meure. » Qu'il meure ! répètent les Incas animés
par ce discours prophétique.

Ils se répandent parmi le peuple, ils soufflent,
ils inspirent partout la sainte fureur qui les agite.

Mais que devient Azili, quand elle entend ces
cris de proscription, quand elle voit les prêtres
et ses compagnes courir çà et là, cherchant l'infortuné ? Elle s'échappe du milieu du tumulte,
du désordre même qui règnent dans le temple,
elle court vers le bois sacré. Craintive, éperdue,
elle regarde du côté des tombeaux : personne ne
s'en est approché, personne ne s'en approche,
soit qu'ils aient échappé à l'attention que trouble
l'inquiétude, soit qu'on ne suppose point qu'il
soit possible de profaner l'asile des morts, et d'insulter à leurs cendres.

Le tombeau de Capana a pour elle la vertu
de l'aimant ; une force irrésistible l'y attire ; irrésolue, incapable de prendre un parti, elle sent
cependant qu'il faut se déterminer, et rien de
satisfaisant ne se présente à son esprit. Garder

Théodore? tout le lui défend ; il faudrait donc qu'il passât sa vie dans le fond d'une tombe obscure ; l'éloigner ? son cœur, sa vie, il emportera tout : elle craint de se le dire, elle ne peut se le dissimuler. N'importe ! il ne vivra point dans des privations, dans des alarmes continuelles : il faut qu'il parte, il faut l'y préparer. Mais osera-t-elle, en plein jour, ouvrir ce tombeau, et parler à l'étranger ?

La femme la plus innocente ne se trompe point sur les sentimens qu'elle inspire : Azili prévoit qu'elle aura à combattre des prières, des larmes, et peut-être des refus obstinés. On ne persuade pas aisément à un homme de vingt ans, de s'arracher à ce qu'il adore ; l'entretien doit donc être long. Si elle le remet à la nuit, Théodore, rassuré par les ténèbres, résistera plus long-temps encore, et perdra en vaines contestations le moment favorable à sa fuite : il faut donc qu'elle lui parle à l'instant. Elle croit céder à sa raison, et l'imprudente n'écoute que les vœux impatiens de son cœur.

Elle se tourne vers l'autel ; Élina garde le feu sacré ; Méloë, son amie, est auprès d'elle : une conversation enfantine les occupe sérieusement. Élina, d'ailleurs, ne peut s'éloigner du foyer ; le tombeau de Capana est masqué par des arbres qui ne permettent pas qu'on l'aperçoive du sanctuaire : Azili se persuade qu'elle n'a rien à redouter. Funeste sécurité !

Elle ouvre, Théodore l'aperçoit, il vole au haut des degrés, il prend une main qu'on ne pense pas à retirer, il la baise avec respect, avec reconnaissance ; il le croit au moins, et ce baiser achève la perte d'Azili. Plus de précaution, plus même de prudence. Il est assis sur une pierre à côté du tombeau, elle est penchée sur lui ; elle sourit, son œil le caresse : elle oublie son dieu, le temple, les prêtresses. Le mot *amour* n'est pas prononcé encore : hé ! qu'importe le mot, lorsqu'ils sont tout à la volupté !

Elle parle à son cher Théodore des périls qui le menacent ; Théodore l'interrompt, et ne parle que d'Azili. Elle veut qu'il sorte de Cayambur ; il n'en a ni la volonté, ni la force. « Ta vie est « proscrite, lui dit-elle. — Te perdre, c'est mou- « rir. — Et je meurs, si on te découvre. — Hé « bien ! vivons l'un pour l'autre. Un moyen as- « suré... — Ah ! par grace, ne me le dis pas. — « Quoi ! ton dieu... — Ne le blasphême point, « c'est le dieu de mes pères. — Quoi ! des vœux « que repousse la nature... — Ils ne m'engagent « pas seule. Ma mère a répondu de moi : veux-tu « que je l'envoie au supplice ? — Je serais crimi- « nel si j'ajoutais un mot. — Théodore, ce soir, « à la faveur de l'ombre, tu chercheras, tu trou- « veras l'entrée de la caverne. — Ce soir ! — « Tout tremble ici au seul nom de l'Europe. Mar- « que de la résolution, et la garde se dispersera « devant toi. — Ce soir ! — Il le faut. — Je ne

« puis. — Fais quelque chose pour Azili, prouve-
« lui ta reconnaissance. — Tu le veux ? — Je t'en
« conjure. — Hé bien ! je partirai, je quitterai
« des lieux où la divinité s'est manifestée sous tes
« traits. Et je partirai... seul ? Seul ! répondit Azili
« en soupirant et en détournant les yeux. Adieu
« donc, reprend Théodore avec le ton de l'extrême
« douleur. Adieu pour jamais, répète la jeune
« vierge, et des pleurs inondent son visage. »

Un effort surnaturel peut seul l'éloigner du tombeau. Elle a le courage de le faire, mais elle a la faiblesse de se retourner. Elle voit Théodore à genoux, les bras étendus vers elle : elle s'arrête ; il lui est impossible de faire un pas de plus, ses pieds semblent cloués à la terre. Ses bras s'ouvrent involontairement ; l'ardent, le passionné Théodore court, et s'y précipite. Élina et Méloë poussent un cri d'horreur ; Azili y répond par un cri d'effroi.

Elle s'oublie elle-même pour ne penser... il faut trancher le mot, pour ne penser qu'à son amant. Elle le couvre de son corps, elle le pousse vers le tombeau, elle l'y fait descendre, elle oublie d'en fermer la porte ; Théodore la tire après lui, et jure de rester jusqu'à ce que le sort de la prêtresse soit décidé.

La bonne, la compâtissante Azili ne croit pas que la jeunesse puisse être cruelle. Elle parle à ses compagnes, elle les presse, les supplie d'être humaines et discrètes : elle va apprendre que le fanatisme ne connaît ni considération, ni amitié, qu'il méprise l'humanité, qu'il foule aux pieds les liens du sang, qu'il étouffe enfin la nature. Élina et Méloë ne lui répondent que par des reproches et des menaces. Elle sort du temple, suffoquée de sanglots, elle va se préparer à subir la peine réservée aux prêtresses infidèles; et ce qui lui rendra la mort moins cruelle, c'est qu'Élina et Méloë ignorent en quel lieu elle a caché Théodore.

Cependant ces deux jeunes prêtresses, persuadées que leur dieu même commande la cruauté, que lui résister c'est être sacrilége, que se taire c'est partager le crime d'Azili; ces jeunes vierges, décidées à l'accuser, n'étaient pas tellement endurcies, que l'idée du châtiment ne les fît frissonner. « Je la vois mourir, dit Élina. J'entends
« ses cris dit Méloë. — Mais si ses tourmens sont
« agréables à notre dieu? — A notre dieu? hé!
« n'est-il pas son père, Élina? — Méloë? — N'é-
« prouves-tu pas comme moi... — Oui, des mou-
« vemens de pitié. — D'intérêt, d'attachement.
« — Réprimons-les. — Oui, réprimons-les. Trem-
« blons, adorons, accusons. Tu demeures? — Et
« toi? — Je crains de m'expliquer. — Ah! parle;
« les bons cœurs s'entendent et se répondent. —
« Si ces transports qui nous ont paru condam-
« nables, n'étaient que l'effusion d'une ame sen-
« sible... — Qu'un hommage à l'humanité? —
« Peut-être est-ce l'infortune qui a conduit cet

« étranger parmi nous. — Il est beau. — Il ne
« peut être méchant. — Il est seul. — Et un
« homme seul ne détruit pas un empire. — Azili
« est donc innocente. — Je le désire. — Je le
« crois. — Va donc la rassurer, la consoler, lui
« demander grace. — Je l'obtiendrai : Azili ne sait
« point haïr. — Va, Méloë, va, mon amie. »

Elle y allait lorsque Villuma, plus inquiet que jamais de l'inutilité de ses recherches, parut dans le sanctuaire, suivi des prêtres et des vierges. Persuadé que quelqu'un d'entre eux recélait Théodore, espérant que le secret de sa retraite était connu de plusieurs, il voulait essayer encore la force des préjugés religieux pour obtenir enfin un aveu qui pouvait seul rendre le calme à son ame. Il flatta, il promit, il caressa, il alla jusqu'à la menace ; il fit intervenir le ciel, il parla en son nom ; les mouvemens qui l'agitaient, ajoutèrent à son éloquence naturelle une force irrésistible : elle fut telle, qu'Élina et Méloë, saisies d'un saint effroi, s'approchèrent d'Anaïs et nommèrent Azili.

La malheureuse prêtresse était restée dans sa demeure, où elle cachait ses regrets, son amour, ses combats, son désespoir. Villuma se la fit amener dans le bois sacré, espérant que l'aspect de ce lieu révéré agirait puissamment sur de tendres organes, et prêterait un utile appui à ses reproches et à ses prières. Il chérissait cette jeune vierge ; et, trop éclairé, trop grand pour être cruel, il désirait la sauver : il ne voulut donc aucun témoin de l'entretien qu'il allait avoir avec elle, et lorsqu'Azili parut, il renvoya tout le monde.

Il essaya d'abord de lui ôter les moyens de rien nier, et même de se défendre, en portant la terreur dans tous ses sens : il commença par lui déclarer nettement que la feinte serait inutile, parce que Méloë et Élina avaient tout déclaré. « Élina, Méloë! répéta Azili, noyée dans les « pleurs, suffoquée par les sanglots; Élina, Mé- « loë! les cruelles! — Elles ont fait leur devoir, « vous avez trahi tous les vôtres. Voilà l'image de « ce dieu auquel vous avez consacré votre être, « et pour qui seul vous deviez vivre ; voilà l'autel « où vous avez prononcé le serment, voilà les « restes précieux des fondateurs de cet empire ; « et ce lieu sacré, la sainte frayeur qu'il inspire, « le silence auguste des tombeaux, rien ne parle « à votre ame dégradée! La vérité vient errer sur « vos lèvres, et je ne peux l'en arracher : une « passion insensée s'est emparée de votre cœur, « vous avez rompu tous les liens qui vous atta- « chaient à la vertu, vous n'avez de courage que « pour le crime. Les forfaits de l'Europe, tracés « sur ces murs, frappent ici vos yeux, et c'est ici « même que vous pressez un Européen dans vos « bras. Votre inconcevable délire a tout souillé, « tout infecté dans ce temple, jusqu'à l'air qu'on « y respire ; la perversité est au comble : mes

« reproches même n'arrivent plus jusqu'à vous.
« Je ne les mérite pas, répond Azili avec timidité.
« Vous méritez la mort, répond Villuma d'un ton
« terrible. La mort! dit la victime glacée. — Vous
« connaissez la loi, elle est terrible, irrévocable.
« — La mort! — Vous frémissez. Oubliez votre
« erreur, et parlez-moi de vos remords. — Je
« n'en éprouve point.

« Aveuglement funeste! Azili, je devrais, n'é-
« coutant que mon indignation, remplir à l'in-
« stant même mon fatal ministère ; mais je ne
« suis pas de ces prêtres ardens qui s'empressent
« d'offrir au ciel un tribut de douleurs. Je me sou-
« viens que je fus votre père ; je sens que je le
« suis encore ; je voudrais ne pas cesser de l'être :
« dites un mot, et vous êtes sauvée. — Je le
« dirai, si je le puis. — Vous avez introduit l'Eu-
« ropéen sous ce bois sacré : on en a parcouru
« les détours les plus reculés, l'Européen ne se
« trouve point. Où est-il? Dites-le-moi, et à l'in-
« stant même j'érige votre crime en vertu. Vous
« n'aurez flatté notre ennemi que pour surpren-
« dre sa confiance ; vous n'aurez surmonté l'hor-
« reur qu'il vous inspirait, que pour nous le
« livrer plus sûrement. Je persuaderai le plus
« grand nombre, j'imposerai silence au reste ;
« vous jouirez de la reconnaissance de tous : par-
« lez, votre sort est en vos mains. — Je ne livre-
« rai pas un innocent... — Ne jugez pas votre

« complice. — A un trépas certain. — Sans doute,
« il périra. — Hé bien ! je n'aurai point à me re-
« procher sa mort.

« — Ainsi donc, vous bravez ma puissance,
« vous méprisez mes bontés. — Je vous honore,
« je vous respecte ; mais je sais souffrir et me
« taire : je suis malheureuse et résignée. — Rési-
« gnée, dites-vous ? vous vous sacrifieriez à l'idole
« que vous avez choisie !... Insensée, si ton cœur
« est inaccessible à la crainte, s'il est insensible
« aux promesses, est-il fermé à la nature ? ou-
« blies-tu qu'un supplice plus affreux que la mort
« même, empoisonnera tes derniers momens ? Ta
« mère n'a-t-elle pas garanti, sur sa tête, ta fidé-
« lité à ton dieu ? Ma mère !... ma mère, s'écria
« Azili épouvantée ! — On l'arrache à son toit
« paisible, on lui reproche un crime qu'elle n'a
« point partagé, on l'en punit, on te punit la
« première ; on déchire à tes yeux ce sein qui t'a
« porté, ces deux sources de vie qui ont soutenu
« ta fragile existence... — Vous me tuez !... n'a-
« chevez pas. — Dans les horreurs d'une longue
« agonie, son œil contristé se tourne pénible-
« ment sur toi, sur toi, l'opprobre de ta famille,
« et qui peux encore en être l'honneur ; elle ex-
« pire, tu péris à ton tour, tu meurs une se-
« conde fois ; et la haine, l'exécration d'un peuple
« indigné t'accompagnent, te poursuivent jus-
« qu'au fond de ton tombeau. Ma mère ! ma
« mère, répète Azili d'une voix étouffée ! — Fille

« dénaturée, tu n'as plus qu'un moment, et tu
« peux balancer! — Non, non... je suis décidée...
« — Malheureuse, parle donc, parle te dis-je :
« où est notre ennemi ? où est-il ? Le voici ! » dit
Théodore qui sort du tombeau, et qui se présente avec fermeté devant le grand-prêtre.

Ce jeune homme n'avait pu soutenir plus long-temps l'état cruel où était Azili : elle avait voulu se dévouer pour lui, il se dévoue pour elle. Il ne désire, il n'implore qu'une grace, c'est que le grand-prêtre tienne à la jeune vierge la parole qu'il lui avait donnée.

Tout ce qui est grand devait intéresser Villuma. Il fut frappé de la magnanimité de Théodore, il fut touché de sa jeunesse et de sa beauté : il balança un moment entre ce qu'il croyait devoir à la sûreté de Cayambur, et les sentimens que lui inspirait l'humanité. Azili, à qui rien n'échappe, voit son incertitude, elle tombe à ses pieds, et lui demande la vie de son amant : Villuma ému, est près de céder. Mais ses préjugés contre l'Europe, les terreurs qu'il avait communiquées aux Incas et au peuple, se réveillent avec plus de force au moment où il se représente Théodore libre parmi les Péruviens, ou de retour à Quito. Il oublie qu'il est homme, pour se souvenir des doubles devoirs de la royauté et du pontificat ; il frappe dans ses mains : aussitôt des Incas armés de traits, de flèches, de haches, paraissent et enveloppent Théodore.

Azili croit qu'on va le percer à ses yeux : elle ne voit que lui, c'est de lui seul qu'elle peut s'occuper. Son devoir, l'intérêt de sa mère, le sien propre, tout s'efface encore de sa mémoire ; elle croit retrouver tout dans Théodore : la présence même de Villuma ne l'arrête point ; elle va s'élancer vers son amant... Imprudente ! vous vous perdez, lui dit à voix basse le grand-prêtre. Elle n'a rien entendu, elle est au milieu des Incas, elle presse Théodore sur son sein, elle invite les Péruviens à la frapper avant l'homme qu'elle adore ; et, tout à coup, revenant à elle, effrayée de l'aveu qui lui est échappé, elle se retrace le tableau déchirant que Villuma a offert à son imagination terrifiée : ma mère !... ma mère ! s'écrie-t-elle ; et elle tombe évanouie.

La publicité même de son aveu, l'emportement de sa tendresse, ne permettaient plus à Villuma de rien entreprendre en sa faveur. Pouvait-il donner l'exemple de l'infraction des lois, lui, exclusivement chargé de les maintenir et de les faire observer ? Il ordonna d'arrêter Azili : il soupira en donnant cet ordre, qui fut exécuté avec la froide dureté du fanatisme.

Telles étaient la pureté et l'innocence de ces peuples, que les lois qui avaient prévu le crime n'en avaient jamais eu à punir. On ne connaissait pas même, à Cayambur, ces prisons qui hérissent le sol de l'Europe, et qui, presque toujours, regorgent de malheureux. Azili et Théodore furent conduits dans une maison particulière, et leur garde confiée aux Incas.

Villuma croyait voir, dans la perte du jeune homme, le salut de tout un peuple, et il persévéra dans son dessein de l'y sacrifier. Affligé de la mort d'Azili, il voulut au moins lui en adoucir l'amertume, en séparant le sort de sa mère du sien : il ne donna aucun ordre à son égard. La piété superstitieuse de quelques Incas le prévint : ils saisirent cette mère infortunée, et la traînèrent devant le grand-prêtre. Des gens du peuple la suivaient en demandant son supplice à grands cris. Villuma n'avait pas le droit de s'y opposer ; il avait moins encore celui de faire grace. Il fallait persuader des furieux : il osa l'entreprendre. Il commanda qu'on assemblât le peuple, qui, légalement convoqué, pouvait seul prononcer dans cette circonstance, et qu'on traduisît devant lui les coupables.

Cependant Azili a repris ses sens, elle se retrouve auprès de Théodore ; elle ne se plaint pas, elle le regarde. Un bruit confus frappe leurs oreilles, ils écoutent, ils saisissent quelques mots, ils apprennent que les habitans du vallon vont s'assembler, et qu'ils paraîtront devant eux. Théodore renaît, il espère toucher les cœurs ; il compte sur la jeunesse, les graces, l'innocence d'Azili. « Non, lui dit-il, nous ne périrons pas. L'huma-
« nité est de tous les climats : qui parle son lan-
« gage est sûr d'être écouté ; qui prête l'oreille

« aux accens du malheureux, devient bientôt son
« ami. — Mon cher Théodore, te flattes-tu de
« l'emporter sur le grand-prêtre? Tu ressembles
« à la vague impuissante qui se brise contre le
« roc. — Le roc n'est point à l'abri de la foudre,
« et la faveur du peuple n'est que passagère.
« Qu'on m'écoute seulement, j'obtiendrai ma
« liberté, la tienne; nous sortirons de Cayambur,
« nous trouverons un coin dans l'Univers où re-
« poser notre infortune. — Ah! un désert, et
« ton cœur. — Le tien l'embellirait. Sans besoins
« que celui d'aimer, sans désirs que ceux que tu
« fais naître, retrouvant en toi seule ma patrie,
« ma famille, mon univers, ma divinité, je ne
« m'occuperai que de toi. — C'est le ciel que tu
« peins! poursuis, poursuis... — Mes soins ten-
« dres et délicats s'étendront aussi sur ta mère...
« — Ma mère!... malheureux, tu as détruit le
« prestige; tu me rends à moi-même, et le réveil
« est affreux. J'oubliais, en t'écoutant, jusqu'aux
« droits de la nature! Ma mère, ma mère seule
« doit m'occuper, et je suis tout à mon amour!...
« Que t'ai-je fait, pour m'obséder ainsi! — Azili!
« — Porte ailleurs ces agrémens perfides qui
« m'ont perdue. Homme cruel! pourquoi t'ai-je
« vu? Je ne connaissais pas le bonheur, mais
« j'ignorais la crainte et le remords. Tu as paru:
« mon dieu, ma mère, moi, j'ai tout oublié, tout
« trahi en un instant. Ton image m'occupait le
« jour, me tourmentait la nuit, me poursuivait

« jusqu'aux pieds des autels... Barbare ! rends-moi
« mon dieu, ma vertu, ma raison ; rends-moi ma
« mère, rends-la-moi... Je te la demande à ge-
« noux... Prends pitié de mon désespoir... Ma
« mère !... ma mère ! — Ah, par grace, calme-
« toi, mon Azili, n'ajoute pas à nos maux. — Tu
« me parles... j'entends ta voix, elle arrive encore
« à mon cœur... Il semble que ce cœur coupable
« veuille s'échapper pour aller s'unir au tien...
« Tes larmes coulent sur mes mains, elles les brû-
« lent, elles passent dans mes veines... Non, je
« ne puis me vaincre, non, je ne me vaincrai
« jamais... Sèche tes pleurs, malheureux, ils ren-
« dent ma peine plus cuisante... Je ne te repro-
« che rien, je n'ai rien à te reprocher : ce n'est
« pas toi qui m'as séduite, une divinité ennemie
« a égaré tous mes sens. »

Après cette explosion d'un cœur dominé à la fois par toutes les passions, Azili tomba dans un profond accablement. Théodore n'osait plus s'approcher d'elle ; il craignait même de rencontrer ses yeux, ces yeux si tendres où il avait lu son bonheur. Il se tenait à l'écart, le visage caché dans ses mains, dérobant à Azili les larmes que lui arrachaient son état et ses reproches. « Je t'ai
« affligé, lui dit-elle ; pardonne, mon ami, par-
« donne... sais-je ce que je fais, sais-je ce que je
« dis ? » Elle lui tendit la main, il la saisit, la pressa sur son sein, et ils confondirent leurs soupirs et leurs ames.

On avait tout apprêté, sur la place publique, pour consommer un grand acte de justice. On marchait au son d'une musique funèbre, l'œil fixé à la terre, et le front couvert d'un voile : ce jour, où l'on avait des coupables à punir, était un jour de deuil. Quatre Incas portaient le trône d'or de Villuma : le pontife-roi s'y place. Anaïs est debout à sa droite ; les prêtres et les vierges sont rangés circulairement autour du trône ; les Incas armés se tiennent prêts à exécuter les ordres de Villuma ; le peuple remplit la place et les avenues : on amène Théodore, Azili et sa mère.

Anaïs donne le signal aux vierges. Elles vont prendre Azili au milieu de ses gardes, elles la dépouillent de sa couronne, de son voile, et de sa ceinture virginale : ses longs cheveux blonds tombent sur ses épaules. A cet aspect, sa mère pousse un cri perçant ; Azili l'aperçoit et veut s'élancer vers elle ; ses compagnes, saintement cruelles, la retiennent, lui annoncent que les nœuds du sang sont rompus, et qu'ils le sont par elle : Azili tombe dans leurs bras, sans couleur et sans vie.

Villuma avait préparé, en faveur de la mère, des moyens qui lui paraissaient victorieux. Il se flattait que l'équité et son ascendant l'emporteraient sur un zèle aveugle qu'il lui serait facile de diriger. Il prit les quipos de la loi ; il prononça, à haute voix, celle que Manco avait dictée contre les prêtresses infidèles, et fit remarquer qu'il ne s'y trouvait pas un mot qu'on pût interpréter contre les parens de ces infortunées. Il représenta que les successeurs de Manco avaient, par une ferveur indiscrète, ajouté à cette loi de rigueur; que la mère d'Azili était innocente du crime de sa fille, et que le sang innocent devait être en horreur à leur dieu. « Cette femme, « ajouta-t-il, est de la race de Capana ; elle a « rempli ses devoirs d'épouse, de mère et de su- « jette ; elle a joui long-temps de mes égards et « de vos respects : qui de vous osera la présen- « ter à l'autel du sacrifice, entourée de ses ver- « tus ? Elles s'élèvent entre elle et le couteau « fatal ; elles parlent plus haut que la loi qu'on « leur oppose. Cette loi est injuste ; elle ne vient « donc pas du ciel. »

Un murmure d'improbation interrompit Villuma : il ne se déconcerta point. Il se hâta de reprendre la parole, certain de calmer les esprits, s'il parvenait à se faire écouter : « Je sais, dit-il, « qu'il ne m'appartient pas de changer des usages « consacrés par des siècles ; j'ai dû vous dire ce « que j'en pensais, je l'ai fait : vous seuls avez « le droit de prononcer, vous seuls prononcerez. « Je vous livre cette mère de douleurs, je la con- « fie à votre justice. S'il est un de vous qui soit « sourd au cri de l'humanité, à ce cri qui retentit « dans tous les cœurs, et qui élève celui qui l'é- « coute, s'il est un Péruvien que la soif du sang

« dévore, qu'il se présente, qu'il boive celui de
« la victime ; la voilà : mon bras tutélaire s'en
« éloigne. Mais souvenez-vous que le sang qui
« coule dans ses veines est celui de Capana, à
« qui vos pères ont dû la conservation de leurs
« jours, et à qui vous devez l'existence. »

Villuma se tait ; il regarde autour de lui : les
plus ardens gardent un profond silence. Immobiles, les yeux baissés, la rougeur sur le front,
ils se reprochent un mouvement que leur bonté
naturelle désavoue ; eux-mêmes s'approchent de
la mère d'Azili, et détachent ses liens. « Oh! je
« le savais, reprend Villuma, que vous recon-
« naîtriez votre erreur, et que l'innocence serait
« sacrée pour les enfans du soleil. Remenez cette
« femme dans ses foyers ; consolez-la du malheur
« d'être mère, préparez-la à ne l'être plus. »

Cette mère infortunée se tourne vers sa fille.
On l'éloigne de ce tableau de désolation, on lui
prodigue les caresses et les soins, et le cœur
froissé d'Azili s'ouvre et jouit encore un moment.

C'est à la vie de Théodore seulement que s'attachait sérieusement le grand-prêtre. Flatté d'avoir déja sauvé une victime, il désirait davantage. S'il pouvait aussi soustraire Azili à la rigueur
de la loi ! Mais cette loi est précise, il est impossible de l'expliquer en faveur de la jeune vierge.
Le peuple d'ailleurs a prouvé, par ses murmures,
son attachement à ce qui tient au culte : prendre
la défense d'Azili, c'est vouloir exalter les esprits,

compromettre son autorité, exciter un soulèvement qui peut lui devenir fatal, ou qui plongerait au moins la colonie dans ces troubles mêmes qu'il cherche à prévenir par la mort d'un jeune homme qu'il plaint intérieurement. Après un instant de réflexion, il jugea qu'il fallait sacrifier Azili, à lui-même, et peut-être au salut de tous. L'intérêt personnel avait parlé ; et autant il s'était montré le protecteur de la mère, autant il mit de chaleur à poursuivre la fille. Il se tourna vers elle, et prenant cet air sévère que l'habitude de dissimuler lui rendait familier : « Azili, lui
« dit-il, vous avez dégradé votre ministère au-
« guste ; un amour sacrilége a trouvé place en
« votre cœur ; vous l'avez publié : vous reste-t-il
« encore quelque chose à dire ? J'ai cessé de crain-
« dre pour ma mère, lui répond Azili, et je re-
« trouve mon courage. Je ne suis plus cette vierge
« timide qui, se courbant devant vous, caressait
« jusqu'à votre orgueil. Je n'ai plus rien à mé-
« nager : je parlerai, je me défendrai devant ce
« peuple qui vient de se montrer juste, et qui
« peut l'être encore.

« Quand je me suis vouée aux autels, et que
« j'ai juré de ne jamais rien sentir, de ne jamais
« rien aimer, savais-je ce que je promettais ? A
« peine sortie des mains de la nature, je ne me
« connaissais pas encore. Si mon amour est un
« crime, pourquoi ce dieu terrible n'a-t-il pas
« glacé mon cœur au moment où j'ai défié sa puis-

« sance, en me condamnant au néant ? Que dis-
« je ? peut-on la méconnaître cette puissance
« irrésistible, au sentiment enchanteur qui me
« pénètre, qui m'enivre ? Cette flamme céleste
« n'est-elle pas une émanation de la divinité ?
« Quelle autre main que celle d'un dieu pouvait
« nous donner l'amour ? et il s'armerait contre
« moi de ses propres bienfaits ; il m'aurait tendu
« des piéges, il se jouerait de ma faiblesse ; il
« établirait entre lui et moi un combat inégal !
« Loin de nous ces idées révoltantes. Rien de
« mon être ne vient de moi ; et céder à mon
« cœur, c'est obéir à mon dieu.

« J'ai, dit-on, aggravé mon crime en aimant
« un Européen ? Le soleil n'éclaire-t-il que le
« vallon de Cayambur ? Les hommes de tous les
« climats, que sa chaleur vivifie, ne sont-ils pas
« également ses enfans ? Répondez-moi, vous
« tous qui m'écoutez. Si cet infortuné jeune
« homme, errant, poursuivi, fugitif, fût venu
« tomber aux pieds de l'un de vous, qu'il lui eût
« dit : Péruvien, je ne suis point un méchant ;
« les Espagnols furent des barbares, tu ne veux
« pas leur ressembler ; voilà ma tête, elle est
« proscrite ; hé bien ! je la livre à ta loyauté, je
« la confie à tes vertus : qui de vous, abusant de
« sa confiance, eût pu lâchement le trahir ? qui
« de vous n'eût suivi le premier mouvement de
« son cœur ? Peuple, voilà ce que j'ai fait. J'ai
« dérobé cet infortuné à vos fureurs ; je l'ai ca-

5.

« ché dans les tombeaux de vos pères ; j'ai déposé
« l'innocence dans le dernier asile des vertus.

« Non, je n'ai pas dégradé mon ministère ; j'ai
« honoré la divinité en imitant sa bienfaisance.
« Ceux-là l'outragent seuls, qui la peignent à
« leur image, qui se la représentent aussi féroce
« qu'eux. »

Ce discours devait entraîner tous les cœurs, ou achever d'ulcérer des hommes dont il attaquait directement les superstitions. Un bruit confus se fit entendre. Villuma, disposé à saisir ce qui serait avantageux à la prêtresse, attendit, avant de prendre un parti, qu'il pût juger de l'effet qu'avait produit Azili. Loin de lire la persuasion sur les visages, il n'y vit que la colère ou l'indignation. « Ainsi donc, reprit-il en s'adres-
« sant à Azili, votre impatience ne ménage plus
« rien, et le blasphème a souillé votre bouche !
« Vous, faite pour adorer et non pour réfléchir,
« pour obéir et vous taire, vous accusez le ciel
« de n'avoir pas interverti pour vous l'ordre de
« la nature ! Il devait, dites-vous, éteindre vos
« feux impies : c'est vous qui deviez les com-
« battre, et la palme des vertus vous attendait
« après la victoire. Vous regrettez de vous être
« vouée aux autels ! Quel destin fut plus brillant
« que le vôtre ? organe de dieu même, chargée
« de porter jusqu'à lui le respect, la reconnais-
« sance, l'amour de son peuple, vos bras unis-
« saient les cieux à la terre ; ils rapprochaient le

« père de ses enfans : que manquait-il à votre
« gloire? Mais votre œil téméraire a voulu me-
« surer l'intervalle qui sépare la créature du
« créateur; vous avez oublié son culte, avili ses
« autels, et vous invoquez la justice du peuple !
« La mort ! la mort ! cria-t-on de toutes parts. »

L'éclair n'est pas plus prompt que l'effet de ce
cri terrible sur les sens de Théodore. Les facultés
de son ame se trouvèrent, pour ainsi dire, suspendues; il se remit cependant, en pensant que de
sa présence d'esprit pouvaient dépendre son sort
et celui d'Azili. Il affecta une tranquillité qui était
loin de lui; il demanda qu'on l'entendît, et, avec
moins d'expérience que Villuma, il déploya autant d'adresse. « Au moment, dit-il, où l'arrêt
« fatal me menace, ainsi que la prêtresse, élève-
« rai-je ma faible voix? Poursuivi, condamné déja
« par le grand-prêtre, que produiraient de vaines
« réclamations ! Qu'importent les jours de l'in-
« nocent, alors qu'il les a proscrits ? Vous ne
« devez voir et penser que par lui. N'êtes-vous
« pas aveuglément soumis à ses moindres volon-
« tés ? N'examinez point si un être faible, sans
« défense, sans moyens, peut inspirer de justes
« alarmes ; ne vous informez pas si j'ai des pa-
« rens, et si je leur suis cher ; oubliez que vous
« êtes pères vous-mêmes, et qu'un jour, peut-
« être, vos enfans imploreront des cœurs qui se
« fermeront à leur voix ; endurcissez les vôtres,
« détournez les yeux, et consommez le sacrifice.

« Mais, avant de frapper, si vous réfléchissiez
« un moment, si vous écoutiez, non de vaines
« préventions, mais ces lois éternelles, immua-
« bles, qui parlent aux hommes de tous les lieux
« et de tous les temps, vous jetteriez un œil de
« pitié sur cette vierge et sur moi. Quel est ce
« prêtre qui se place orgueilleusement entre le
« ciel et nous? Où sont les preuves de sa mis-
« sion? L'Éternel, quand il lui plaît, fait gronder
« son tonnerre; il ne le dépose pas dans nos fai-
« bles mains. Voulez-vous connaître les vrais des-
« seins de votre dieu sur un être que l'erreur a
« frappé de stérilité? soulevez ces cheveux qui
« flottent sur son sein, contemplez ces signes de
« vie et de fécondité, et vous direz avec moi :
« Elle naquit pour être mère. Que vos regards
« tombent ensuite sur un malheureux dont ce
« prêtre préparait le supplice avant de le voir,
« de le connaître, de l'entendre : écoutez la vé-
« rité, et que vos craintes s'évanouissent.

« Peuple, je ne suis pas né parmi vos oppres-
« seurs : ce sont eux que je fuyais quand je suis
« entré dans ce vallon. Comme vous, je déteste
« leurs crimes, comme vous, je connais les mal-
« heurs de vos ancêtres; plus d'une fois mes
« larmes ont coulé sur les pages de leur déplo-
« rable histoire; plus d'une fois cette main ven-
« gea le sang péruvien par celui de ses ennemis;
« et vous vous armeriez contre celui qui vous
« aimait sans vous connaître, qui vous servait

« sans le savoir? Non... vous nous rendrez à nous-
« mêmes ; vous permettrez que nous cherchions
« loin de vous l'oubli de tant de maux. Le secret
« de votre asile est votre sûreté : il mourra dans
« mon sein ; je le jure par l'honneur, par la
« nature, par toi, dont j'ai entrevu l'image révé-
« rée, ô digne Las-Casas ! tu fus aussi l'ami de
« leurs pères, et ils ne t'ont pas égorgé ; ils ont
« adoré tes vertus, justifié tes bienfaits, ils en
« ont transmis la mémoire à leur dernière posté-
« rité : que ton souvenir que j'invoque, nous pro-
« tége et nous défende ; que la tombe entr'ou-
« verte se referme à ton nom ; que la vie d'Azili
« et la mienne soient le prix de leur reconnais-
« sance... Peuple généreux et sensible, le ver-
« tueux apôtre de l'Inde a conservé ses droits sur
« vous : vous êtes émus, attendris... Ah! vos
« mains resteront pures, et nous vivrons pour
« vous bénir. »

En effet, les graces de ce jeune homme, son
énergie et sa candeur, un ton de vérité que le
mensonge n'imite qu'imparfaitement, avaient touché tous les cœurs. On se regardait, on se con-
sultait, on ne savait que résoudre. « Loin d'être
« Espagnol, disait-on, il se déclare leur ennemi ;
« il ignorait les lois de Cayambur, il n'y cherchait
« qu'un refuge contre la mort, et le hasard a
« fait tout le reste : il serait affreux de sacrifier
« ce jeune homme ; il est inconcevable que le
« pontife le poursuive avec tant d'opiniâtreté. »

Villuma, habile à saisir ce qui était contraire à ses vues, s'aperçut d'abord que le peuple penchait en faveur de Théodore. L'habitude du pouvoir arbitraire, fondé par les lois de la persuasion, lui faisait supporter, avec impatience, toute espèce de contradiction : cependant, il sentit que, pour combattre avec avantage un vœu qui paraissait général, il fallait feindre d'abord d'y accéder. « Qui pourrait, dit-il, se défendre de cette émo-
« tion que j'aime à partager avec vous ? Qui ré-
« sisterait à ce langage qui parle au cœur, qui le
« pénètre et le subjugue ? Ah ! la clémence est le
« premier des plaisirs, et la plus douce des ver-
« tus. Heureux qui peut ouvrir son ame à cette
« jouissance céleste ! qui, ne redoutant rien pour
« soi, se livre tout entier au charme qui l'en-
« traîne ! qui peut se dire enfin : J'ai essuyé les
« larmes d'un malheureux, et, voulût-il me trom-
« per, il n'en a pas la puissance ? Peuple, est-ce
« là votre position ? C'est ce qu'il faut au moins
« examiner. J'ai consacré ma vie entière à votre
« félicité ; un inconnu n'effacera pas en un mo-
« ment quinze ans de travaux : vous ne refuserez
« pas d'entendre votre père.

« Ce jeune homme a, dit-il, combattu vos en-
« nemis, il les fuit, il les déteste, il vous aime
« comme Las-Casas, il vous servira comme lui :
« où sont les preuves de ses exploits, et quels
« services peut-il vous rendre ? Je veux croire
« cependant à la vérité de ses discours ; j'oublie

« les expressions outrageantes que lui a arrachées
« le malheur ; je respecte l'intérêt qu'il vous in-
« spire, et je lui laisse la vie ; quel parti prendra
« votre prudence ? Déja il a justifié les craintes
« que je vous ai exprimées aujourd'hui. Le garder
« dans ce vallon, c'est compromettre vos autels,
« sur lesquels il vient de porter une main hardie,
« c'est livrer à ses transports l'innocence de vos
« vierges ; et celui qui a méprisé leurs vœux,
« respectera-t-il vos épouses ? Votre faiblesse en-
« fin lui livrera-t-elle, à la fois, votre culte, ses mi-
« nistres, les mœurs publiques et privées ? Je
« vous estime trop pour le craindre.

« Vous allez donc le renvoyer, commettre votre
« salut à sa discrétion ; mais la jeunesse est faible,
« et vos ennemis sont adroits. S'ils le rencontrent
« en sortant de ce vallon, qu'ils veuillent le punir
« d'avoir brisé ses fers, aura-t-il le courage de se
« taire, certain de les désarmer en leur mon-
« trant de l'or ? Que dis-je, ne les préviendra-t-il
« point, ne s'unira-t-il pas à eux pour venger la
« parjure Azili ; et quel est le terme où s'arrêtera
« le carnage ? Mais dût-il vous garder sa foi, vous
« devez craindre qu'il ne la trahisse. Vous ré-
« duirez-vous à vivre dans de continuelles alar-
« mes ? la vie d'un seul peut-elle entrer dans la
« balance avec le repos de tous ? Ah ! quand les
« Européens ont exterminé des millions d'hom-
« mes, ont-ils daigné examiner s'ils étaient inno-
« cens ou coupables ? Ils vous ont donné l'exem-

« ple de la férocité, et vous craignez d'être justes!
« Les mânes de vos pères vous demandent votre
« conservation, et ils ne sont point écoutés : ces
« mânes augustes se précipitent dans cette en-
« ceinte, ils entourent, ils pressent les victimes,
« ils s'indignent de votre incertitude, de votre
« lenteur... Apaisez-vous, ombres sacrées, vos
« enfans exécuteront votre arrêt : encore un mo-
« ment, et vous serez satisfaites.

« La nuit commence à déployer ses voiles.
« Que leurs épaisses ténèbres vous dérobent le
« sang que va verser votre sage prévoyance. Allez,
« préparez tout sous ce bois sacré; que votre
« dieu, rentré dans sa brillante carrière, ne re-
« trouve que le souvenir de la vierge infidèle et
« de son criminel amant. »

L'esprit du peuple est un roseau que les vents battent tour à tour, et qu'ils font plier à leur gré. Théodore voulut parler encore; on refusa de l'entendre. Des liens de coton serrèrent fortement ses membres, et froissèrent ceux de la faible et délicate Azili. On les conduisit tous deux dans le bois sacré, on apprêta leur supplice au pied du tombeau même qu'ils avaient, disait-on, profané, et les Incas les environnèrent, l'arc tendu, et la flèche ajustée.

Tant que leur sort avait été incertain, Élina et Méloë n'avaient pas senti de remords. A peine ces malheureux furent-ils condamnés, que les yeux de ces jeunes vierges s'ouvrirent, et leur

zèle barbare s'éteignit au premier cri de l'humanité. Repentantes, éplorées, elles se prirent la main, elles descendirent en silence au lieu où l'on gardait les victimes ; elles s'arrêtèrent à une certaine distance, et les regardèrent avec compassion. « Les voilà, ces malheureux ! — Ils sont ac-
« cablés ! —Ils vont mourir ! —Et c'est nous qui
« leur ôtons la vie ! — Ils me font un mal... —
« Ah ! oui... bien mal. » Elles cachent dans le sein l'une de l'autre leurs larmes et leurs regrets, et Méloë reprend d'une voix entrecoupée : « En-
« voyer à la mort sa compagne, son amie ! —
« Parce qu'elle a été sensible ! —Les tigres mêmes
« le sont quelquefois. — Malheureuses ! qu'avons-
« nous fait ? — C'est toi qui l'as voulu. — J'ai
« cru servir mon dieu. — Serait-il dieu, s'il n'é-
« tait bon ? — Lui seul au moins a le droit de
« punir. — Qui sommes-nous, pour nous char-
« ger de sa vengeance ? — Élina, j'éprouve des
« remords. — Et moi, Méloë, et moi ? — Tu
« n'as rien de plus à me dire ? — Je voudrais
« parler, et je n'ose. — Que peux-tu craindre de
« ta Méloë ? — Nous allons nous exposer. — Hé !
« qu'importe ? Avons-nous balancé pour les per-
« dre ! — Tu connais la sévérité du grand-prêtre !
« — Je ne connais que les malheureux que j'ai
« faits. — Ah ! oui, nos cœurs s'entendent... Nous
« avons fait le mal, il faut le réparer. » Et ces aimables enfans s'embrassent avec transport. Le
« réparer, reprend Élina ? mais quel moyen ?...

« Je ne sais, répond tristement Méloë. Ni moi,
« dit Élina, plus tristement encore. — Ils sont
« condamnés... enchaînés. — Gardés de près. —
« Réfléchissons, cherchons. — Hé! nous n'avons
« qu'un moment, et je ne trouve que des larmes.
« — Dieu de clémence, inspire-nous »; et elles
tombent à genoux ensemble, les bras élevés vers
le ciel.

Élina est la plus âgée; pure comme l'onde qui
rafraîchit ses attraits, c'est un bouton de rose
qu'aucun souffle n'a flétri encore; mais l'innocence peut s'allier à la vivacité, la vivacité est
fille de l'imagination, et une imagination vive
n'est jamais sans ressources. Élina se lève tout à
coup, elle affecte les signes de la plus grande
frayeur : la simple Méloë la regarde, et attend.
Élina court vers les gardes de Théodore et d'Azili; sa démarche chancelante, son œil troublé,
son sein palpitant, la pâle clarté des flambeaux
rendit l'illusion complète. « Ils sont entrés! dit-
« elle d'une voix altérée, ils sont dans ce vallon.
« Qui donc, reprend le chef des Incas? — Les
« Européens qui poursuivaient ce traître. — Hé!
« par où sont-ils entrés? la garde de la caverne
« n'a pas quitté son poste. » Élina interdite, ne
sait que répondre, mais sa compagne a saisi son
idée : « Des machines inconnues, poursuit-elle,
« les ont élevés à la cime de la montagne; ils
« approchent... J'entends leurs voix... écoutez,
« écoutez. » Les Incas se troublent, Élina se re-

met : « Les voilà, les voilà, dit-elle, les voyez-
« vous ?... voyez-vous briller le fer à la lumière
« de l'astre de la nuit ? Courez, rassemblez-vous
« autour du grand-prêtre, combattez, sauvez vo-
« tre pays... Je succombe, je me meurs. — A moi,
« Espagnols, sauvez Azili ; à moi, s'écrie Théo-
« dore, trompé comme ses gardes. » A ce cri
d'une extrême vérité, les Incas jettent des armes
qui n'ont jamais été dans leurs mains qu'un
inutile ornement, ils se dispersent, ils répandent
l'alarme dans Cayambur. Ceux qui veillent à l'entrée de la caverne ne savent que penser de la
confusion qui paraît régner dans l'éloignement :
leur inquiétude est d'autant plus forte qu'elle n'a
pas d'objet déterminé. Ils tremblent pour leurs
femmes, leurs amantes, leurs mères, leurs enfans ; ils se débandent, ils interrogent ; ils par-
tagent la terreur commune, ils la portent dans
les asiles où elle n'a pas pénétré encore : le désordre est au comble. Quelques-uns de ces hommes courageux, tels que la nature en produit
partout, se rassemblent, forment un cercle au
milieu duquel ils ont mis leurs familles, et attendent la mort sans autre espoir que de périr avant
des objets si chers : ils ne savent qu'opposer à
des ennemis qu'on leur a peints comme des êtres
privilégiés, féroces par instinct, domptant tout,
jusqu'à des monstres qui combattent sous eux,
et disposant à leur gré de la foudre.

Élina et Méloë ont profité de la consternation

générale : les liens d'Azili et de Théodore sont rompus. « Saisissez le moment, leur disent les « jeunes vierges ; allez, fuyez, et que le ciel veille « sur vous. » Elles rentrent dans le temple, certaines de n'avoir pas été reconnues par les Incas, auxquels les ont dérobées leur voile épais et les ténèbres.

Théodore passe subitement de la dernière consternation à l'espoir de conserver Azili. Une hache se trouve sous ses pieds, il la saisit d'une main, de l'autre il aide, il soutient, il porte la tendre vierge : le souterrain est son unique issue ; il croit qu'il est gardé ; mais il a une arme enfin, de la valeur, et ses adversaires sont amolis par des siècles de repos. Décidé à disputer, à emporter le passage, la hache à la main, il arrive avec Azili, à l'entrée de la caverne... O surprise ! elle est abandonnée. « Il est une providence, s'é- « crie-t-il, l'accès du souterrain est libre. Ne « crains pas de t'y engager avec moi ; l'innocence « est sous la sauve-garde de l'honneur. Je t'es- « time, je t'aime trop pour te craindre, répond- « elle » ; et ce couple intéressant s'enfonce dans les entrailles de la terre, sans penser à ce qu'il deviendra : le présent est tout pour les amans. Azili ne voit que Théodore échappé au trépas ; Théodore ne croit pas que les Espagnols assassinent, de sang-froid, une femme : il s'oublie pour ne s'occuper que d'elle. « Qu'elle vive, et que je « meure, se disait-il en la guidant. »

Cependant un bruit extraordinaire a pénétré les murailles du palais de Villuma, toujours inquiet tant que Théodore respire. Le pontife sort, et la renommée, qui exagère toujours, lui annonce que le sang indien a coulé, et que la colonie est perdue. Villuma ne conçoit rien à cette attaque inopinée, mais il est de son devoir de ne rien négliger. Il dépouille ses habits pontificaux, il s'arme à la hâte ; il sort, il veut s'assurer si sa dernière heure a sonné, ou si une terreur panique s'est emparée de ses sujets.

Villuma, obligé à un extérieur réservé, à ce silence que le vulgaire prend pour la profondeur, à ce froid orgueil qu'on appelle majesté, Villuma se dédommageait dans la méditation, de la contrainte que son rang lui imposait en public. C'est en méditant, qu'il avait découvert ces vérités sublimes qui lui faisaient sentir le néant de son culte; qu'il avait étendu les facultés de son ame; qu'il s'était convaincu que la vie d'un souverain n'est quelque chose qu'autant qu'elle est utile ou glorieuse. Fort de ces principes, soutenu par ces grandes idées, il marchait d'un pas égal et ferme ; il appelait, il voulait interroger ceux qu'il pouvait reconnaître ; on ne l'entend pas, on lui répond moins encore. Villuma croit à son tour qu'on ne l'a pas abusé par des récits mensongers ; il ne pense plus qu'à mourir comme il a vécu. Il aperçoit un gros d'Indiens, il les prend pour des Espagnols ; il se précipite au milieu d'eux, il reconnaît les braves qui font de leurs corps un rempart à leur famille. On s'explique, on s'entend ; il leur reproche une résignation inutile à leur pays et à eux ; il leur représente que l'homme qui brave la mort, est toujours le maître de vaincre ; il les encourage, il fait passer dans les cœurs l'énergie qui anime le sien : ce n'est plus un prêtre qui parle, c'est un héros qui persuade, qui entraîne. On se forme en corps de troupes, on le suit, on avance ; les fuyards qu'il rencontre se réunissent à lui ; ces Péruviens si doux, si timides, se croient devenus soldats en l'écoutant. Sa confiance, sa tranquillité rassurent les femmes, les enfans, les vieillards ; le tumulte cesse, l'ordre renaît ; on passe le reste de la nuit à parcourir, à fouiller le bois, la plaine, les rochers, aucun réduit n'échappe à la vigilance de Villuma : il est convaincu enfin qu'il n'est pas entré de nouveaux ennemis dans le vallon.

Il remonte à la source des craintes chimériques qui ont abusé tout un peuple. Les Incas accusent deux prêtresses qu'ils ne peuvent nommer : Villuma court précipitamment au lieu où il avait laissé Théodore et Azili, il ne trouve que leurs liens.

Il jugea qu'on avait répandu cette fausse alarme pour faciliter la fuite des deux captifs. Dans un temps plus calme, il eût peut-être recherché les coupables, mais de plus grands intérêts l'occupaient en ce moment : il était question du salut de tous, et non de sacrifier à de vains préjugés deux filles innocentes ou criminelles. Il prévoyait qu'à l'aspect des habits d'Azili, éclatans d'or et d'argent, les Espagnols devineraient les richesses que recélait Cayambur, et qu'ils feraient tout pour les conquérir. Il comptait peu sur le courage du plus grand nombre des Péruviens : il jugea que l'unique moyen de les soustraire à la férocité de leurs ennemis, était d'abandonner, sans retour, cette idée si douce d'habiter encore la plaine de Quito, ce berceau de leurs pères. Il assemble les chefs qui commandaient sous lui : « Prenez, leur dit-il, les Péruviens qui sont sous « vos ordres ; qu'on détache des roches entières « de la montagne, qu'on les roule vers le souter- « rain, qu'elles s'y enfoncent, qu'elles s'y entas- « sent, nous n'avons plus d'autre espoir, nous et « nos descendans, que de vivre et de mourir ici. »

Les Espagnols qui avaient suivi les traces de Théodore, avaient inutilement attendu pendant une partie de la journée, qu'il vînt se livrer à eux. Trois des leurs, plus impatiens ou plus hardis que les autres, s'étaient hasardés à entrer dans la caverne ; ils allèrent même assez loin, et ils conservèrent ce sang-froid si nécessaire pour bien observer. Théodore, qui ne se trouvait pas, un vent frais qui siffla devant eux dans les détours du souterrain, les convainquirent qu'il y avait une autre issue. Où conduisait-elle ? Il n'était pas probable que ce fût à des lieux habités :

la terre qu'ils foulaient habituellement, avait fourni des monceaux d'or ; celle qu'ils pouvaient découvrir, renfermerait peut-être quelque mine nouvelle qui les enrichirait à jamais. Ils ne crurent pas devoir s'exposer en aussi petit nombre, à tenter d'y pénétrer ; ils retournèrent vers leurs compagnons, dont le secours leur était nécessaire, et ils déclarèrent ce qu'ils avaient conjecturé.

Deux partis se présentèrent à l'instant à leur imagination : le premier, qu'ils devaient préférer, était de travailler pour leurs propres intérêts, et de partager l'or entre eux, s'il s'en trouvait dans l'intérieur du mont. Mais ce parti entraînait des inconvéniens qui ne leur échappèrent point : la difficulté de se dérober souvent de leur citadelle, sans être remarqués, la possibilité d'être suivis, découverts et punis avec la dernière rigueur, les firent renoncer à ce dessein. Le second parti, moins avantageux, mais plus sûr, était de se faire, auprès de leur commandant, un mérite de leur fidélité ; de lui déclarer ce qu'ils avaient vu, et d'attendre de lui, si le succès répondait à leurs espérances, un avancement et des récompenses pécuniaires qui, d'après l'usage, seraient en proportion des richesses qu'on aurait découvertes. Ce fut à quoi ils se déterminèrent unanimement : ils détachèrent une partie des leurs pour se rendre à la forteresse ; les autres demeurèrent à l'entrée de la caverne.

Théodore et Azili avançaient péniblement. Théodore marchait devant la jeune vierge ; une de ses mains tenait celle d'Azili, son second bras, étendu, cherchait les pointes de roches qui saillaient de toutes parts, et en garantissait son amante. Qui ne croirait qu'une fille élevée et nourrie dans l'abondance, respectée et chérie, renonçant à ces avantages, passant tout à coup à des mœurs étrangères, pouvant craindre l'abandon, la misère et le mépris, y arrivant peut-être par un chemin fait pour glacer l'homme le plus ferme ; qui ne croirait cette fille en proie à des réflexions sinistres, que chaque instant devait rendre plus douloureuses ? Rien de tout cela ne se présente à son esprit. Elle sent, elle presse la main de Théodore ; dans les endroits difficiles, elle est penchée sur lui ; quelquefois, mais par hasard, leurs lèvres se rencontrent ; presque toujours leurs haleines se confondent : c'est là le souverain bonheur. Azili n'en connaît, n'en soupçonne pas d'autre ; loin d'elle toute idée d'infortune, il n'en est pas pour qui sait bien aimer.

Théodore, avec plus d'expérience, devait être plus prévoyant. Il ne se dissimulait pas les risques qu'il y avait encore à courir. Il tenait Azili derrière lui, pour s'offrir le premier aux coups, si les Espagnols étaient encore sur la plate-forme ; et il se flattait de pouvoir, avant de succomber, recommander au moins Azili à leur clémence. Quelquefois il espérait que, fatigués de l'inutilité de leurs recherches, ils seraient retournés à leur poste ; qu'Azili descendrait sans peine par la route qu'ils avaient trouvée, et que son secours lui rendrait plus facile ; qu'il éviterait aisément des forts dont il connaissait maintenant la situation ; qu'il arriverait à Lima avec sa compagne, et qu'ils obtiendraient du vice-roi des secours que sa bienveillance passée semblait leur assurer encore. Quelquefois aussi ces espérances lui paraissaient autant d'illusions : il s'y attachait cependant, c'était le seul moyen de soutenir son courage.

Déja l'obscurité devient moins profonde ; bientôt Azili et Théodore peuvent se voir et se sourire ; la sortie du souterrain n'est qu'à vingt pas d'eux. Théodore s'arrête, il écoute, il regarde, il ne voit, il n'entend rien : les Espagnols couchés sous des arbustes, reposaient avec une sécurité qu'inspirent le nombre et la force ; leurs armes étaient dispersées dans les environs. Théodore rassuré, sort de la caverne avec son Azili... Il trébuche, il chancelle : ses pieds ont foulé un soldat espagnol, qui s'éveille en appelant ses camarades. Ceux-ci se lèvent aussitôt, ils aperçoivent Azili... « Il y a de l'or ! s'écrient-ils à la fois. »

Ils cherchent leurs fusils : Théodore veut leur parler, on ne lui en donne pas le temps ; celui qu'il a trouvé sous ses pas lui voit une arme, et l'attaque, le sabre à la main. Théodore le renverse d'un coup de hache, et saisit son coutelas. Azili terrifiée, fait un effort sur elle-même, elle

tire son amant après elle, elle le pousse dans la caverne, elle y rentre après lui ; il était temps : les Espagnols, furieux de la perte de leur camarade, ou cherchant simplement un prétexte pour se défaire d'un homme dont la garde retarderait l'exécution de leurs avides projets, les Espagnols font une décharge sur l'ouverture du souterrain... Une roche couvrait heureusement le couple infortuné. Azili, plus alarmée encore, serre le bras de Théodore, elle l'entraîne, le conduit à son tour. « Suis-moi, lui dit-elle, je t'en conjure ; tu
« vas périr et tu ne me sauveras pas. Le secret
« de mon pays est découvert, viens le protéger,
« le défendre; faisons rougir les Péruviens d'un
« arrêt injuste; désarmons-les à force de gran-
« deur. Tu connais à présent les sinuosités de
« cette caverne; nous gagnerons les Espagnols de
« vitesse, on aura le temps de se concerter. »
Théodore voyait la mort des deux côtés; il espérait plus, pour Azili, des Espagnols que des Péruviens; il résistait. « Je t'ai immolé mon hon-
« neur et ma vie, reprit-elle, tu me sacrifieras
« ton ressentiment. — Je n'en ai plus, mon Azili.
« — Hé bien ! choisis entre le salut de Cayambur
« et la mort obscure que te réservent les Espa-
« gnols; abandonne au fer meurtrier le sein d'une
« vierge qui t'adore, ou justifie ce qu'elle a fait
« pour toi. — Tu le veux, et tu crains que je
« balance ! Les Péruviens ont été injustes, ils se-
« ront ingrats, peut-être; n'importe, je les ser-

« virai : ta patrie est la mienne, je n'en veux
« plus connaître d'autre. — Tu n'étais que mon
« amant, tu seras mon héros, notre dieu tuté-
« laire, notre libérateur. »

Des coups de feu qui résonnent de loin en loin
dans la partie inférieure du souterrain, leur annoncent qu'on les suit; ils se hâtent, ils avancent : insensiblement le bruit de l'explosion semble s'éloigner d'eux ; ils sont certains de rentrer
à Cayambur avant les Espagnols.

Ceux-ci avaient reçu de la forteresse un second
détachement, au moment même où Théodore et
Azili s'étaient jetés de nouveau dans le passage.
Le commandant, après avoir entendu ceux qui
lui étaient députés, avait aussitôt détaché vingt
hommes armés, chargés de provisions, munis de
flambeaux et d'instrumens propres à élargir le
souterrain et à fouiller la terre. Il avait expédié
un courrier à Quito, avec un paquet qui rendait
compte au gouverneur, d'une tentative dont il
n'attendait pas le moindre succès. Mais quel est
l'officier qui ne soit jaloux de prouver à ses chefs
son zèle pour l'agrandissement ou la splendeur
de sa monarchie ?

Ces vingt soldats apprirent des dix autres
qu'une Péruvienne, couverte d'or, avait paru un
instant sur la plate-forme qu'ils occupaient. Il
n'était plus douteux que l'intérieur du mont ne
fût habité, et le luxe de la prêtresse annonçait
l'existence des arts, et, par conséquent, une popu-

lation nombreuse. Les Espagnols n'étaient que trente, et la prudence leur défendait d'attaquer des hommes que l'esclavage n'avait pas dégradés comme les Péruviens de la plaine. Il était naturel d'envoyer une seconde députation au commandant du fort, et de l'engager à faire venir, de Quito, un corps assez considérable pour faire, sur les côtes de la caverne, des excavations qui permissent d'avancer en colonne, et de traîner de l'artillerie, c'était l'avis du grand nombre ; mais un Espagnol, plus entreprenant que ses camarades, représenta qu'il serait absurde de laisser à leur commandant la gloire et les récompenses d'une expédition qui pouvait les enrichir et les immortaliser tous : il rappela que Pizare, avec une poignée de soldats, avait détruit l'empire du Pérou ; que la circonférence même du mont n'annonçait qu'une faible peuplade que trente Espagnols déterminés devaient effrayer d'abord par les armes, exterminer ou soumettre ensuite. Il ajouta que les Péruviens avaient, à la vérité, un Européen parmi eux, mais que cet homme ne pouvait leur donner, en un jour, la discipline et le courage. Il flattait deux passions toutes puissantes sur le vulgaire, l'ambition et l'avarice : il fut écouté, son sentiment prévalut, et les trente Espagnols entrèrent dans le souterrain, disposés à se gorger de sang et d'or.

Cependant les Péruviens, animés par le discours et l'exemple du grand-prêtre, dont les craintes n'étaient que trop fondées, les Péruviens arrachaient de la terre les quartiers de roches qui, du temps de Capana, avaient comblé l'ouverture de la caverne. Ce travail, moins dur que celui qu'avait ordonné Villuma, n'était pourtant pas sans difficultés : il était peu avancé quand Théodore et Azili reparurent dans Cayambur.

Le premier qui les aperçoit, est le pontife, dont la sollicitude paternelle embrasse tous les objets à la fois. Le fer brille dans la main de Théodore, et n'intimide pas le héros péruvien. « Sui-
« vez-moi, s'écrie-t-il en s'adressant aux Incas ; je
« me perds, mais je vous donne les moyens de
« l'immoler... suivez-moi, je me précipite sur son
« arme. Arrête, lui dit tranquillement Théodore,
« tu m'as proscrit, et je viens te défendre : j'ai
« juré par Las-Casas, et je tiendrai mon serment. »
Les Péruviens, Villuma, étonnés, interdits, écoutent le récit du jeune homme. Ce n'est plus un malheureux obscur qu'on peut sacrifier sans regrets, c'est le vengeur du Pérou qu'on admire, qu'on caresse, à qui on cherche à faire oublier les outrages qu'il a reçus, dont on est prêt enfin à embrasser les genoux. « Hâtez-vous, leur dit
« Théodore, ils vont entrer dans ce vallon. Ils
« sont en petit nombre, on peut les vaincre, mais
« il faut oser les combattre. Péruviennes, je vous
« confie, je vous recommande Azili. Si je meurs
« en combattant pour vous, que sa vie soit au
« moins le prix de mon sacrifice. Brave jeune

« homme, reprend Villuma, toi que j'ai méconnu,
« tu forces mon estime et mon admiration. Je
« n'ai que du courage ; tu guideras mon inexpé-
« rience, tu m'apprendras à vaincre, comme tu
« m'apprends à pardonner. »

Théodore fait ses dispositions, et elles sont rapides comme les momens dont il peut disposer. Il ordonne qu'on se retire dans l'intérieur, et qu'on laisse pénétrer les Espagnols. Il prend cent des braves qui voulaient mourir, la nuit précédente, avant de voir massacrer leurs femmes et leurs enfans, il se charge d'engager le combat, à leur tête. Il place Villuma, avec ce qui restait de Péruviens déterminés, dans un champ de maïs voisin de la caverne ; il les y cache, et leur recommande de ne se montrer que quand ils entendront le bruit des armes : « Alors, leur dit-il,
« vous attaquerez les Espagnols par derrière, et
« vous leur couperez la retraite : de la résolution,
« et je réponds de la victoire. »

Il n'ignorait pas combien il était facile de défendre la sortie du souterrain ; mais plus la défense des Péruviens eût été opiniâtre, et plus ils eussent couru de dangers. On n'eût pas manqué d'envoyer contre eux des forces considérables ; il eût été impossible de résister à des ennemis familiers avec le jeu des mines : il fallait donc attirer ceux-ci dans le vallon, empêcher qu'il en échappât aucun, et laisser croire aux leurs qu'ils avaient péri par accident ou de misère.

Les Péruviens ignoraient l'art funeste de la guerre; ils n'en sentirent pas moins l'avantage de l'ordre de bataille arrêté par Théodore : leur confiance en lui fut aveugle, et ils lui obéirent sans réserve.

Les Espagnols étaient parvenus à l'ouverture du souterrain; la beauté du pays les frappa, la solitude qui paraissait régner autour d'eux, les enhardit : ils avancent. La terre qu'on venait de fouiller, renferme des parcelles d'or; les têtes s'enflamment, les difficultés disparaissent : chacun d'eux se croit un Pizare. Ils se forment en corps de bataille, ils se serrent : le fusil haut et le doigt sur la détente, ils marchent vers les premières habitations.

Théodore avait jugé que la fermeté des Péruviens se dissiperait bientôt s'il les laissait longtemps exposés au feu. Il les avait rangés derrière un bâtiment; il soutenait leur énergie par des discours pleins de feu, et il attendait, pour attaquer, que l'ennemi fût assez près pour n'avoir pas le temps de recharger ses armes.

Les Espagnols, étonnés de ne voir paraître personne, crurent enfin qu'ils avaient été découverts à leur tour, et ils craignirent que ce profond silence ne couvrît quelque piége. Ils tinrent entre eux une espèce de conseil de guerre, et ils se décidèrent à rétrograder, à se retrancher, s'il était possible, et à se ménager, avec prudence, la connaissance du pays. Théodore, dont ils n'étaient qu'à trente pas, les observait ; il pénétra un projet qui allait déjouer son plan : il parut avec les siens, et chargea brusquement les Espagnols, qui avaient quitté leurs rangs pour délibérer. Ils les reprirent à l'instant, et firent feu sur les Péruviens ; mais le mouvement s'opéra avec tant de précipitation, que très-peu de coups portèrent. Théodore s'élança, le sabre à la main ; ses braves volèrent sur ses pas, on se joignit, on s'attaqua corps à corps. Si le feu de l'ennemi n'était plus à craindre, la baïonnette, toujours redoutable, fit d'abord un ravage affreux : quelques Espagnols avaient péri, mais les autres se battaient en déterminés. Les Péruviens, effrayés des flots de sang qui coulaient, se débandèrent en décochant des flèches qui n'arrêtèrent ni la marche, ni les progrès de leurs adversaires. Théodore fit de vains efforts pour les rallier ; il désespéra de sa fortune, et voulant terminer cette suite de malheurs, il se jeta, tête baissée, au milieu des Espagnols : c'en était fait de lui, si Villuma n'eût attaqué avec impétuosité. Les ennemis épouvantés ne surent de quel côté faire face : ceux qu'ils avaient mis en déroute revinrent à la charge avec une nouvelle fureur ; les Espagnols, presque de toutes parts, succombent sous le nombre ; on ne fait quartier à personne, et tous meurent comme auraient dû périr les soldats de Cortèz et de Pizare.

Cet avantage sur ces Européens jusque alors

réputés invincibles, éleva à ses propres yeux un peuple qui se considéra comme le vengeur de ses ancêtres. Il chérit, il révéra Théodore, qui avait dirigé ses premiers exploits; c'était un second Las-Casas, c'était un dieu descendu parmi eux pour le salut de Cayambur. On le mit sur un palanquin couvert d'un drap d'or ; des prêtres le portèrent sur leurs épaules : le peuple le suivait en le comblant de bénédictions. Azili, les vierges, les épouses sortirent du temple, où elles imploraient la protection de leur dieu; elles accourent au-devant du vainqueur des Espagnols ; elles sèment des fleurs, elles brûlent des parfums devant lui. Azili, fière de son amant, marchait à côté du palanquin; Théodore la regardait tendrement, et semblait lui dire : c'est pour toi que j'ai vaincu. L'œil touchant d'Azili semblait répondre : je serai ta récompense. On porte le héros dans le sanctuaire, on le place à côté de la statue de Las-Casas, et le nom de Théodore est consacré avec celui du vertueux apôtre de l'Inde.

Ces honneurs extraordinaires annonçaient une exaltation qui ne pouvait manquer d'amener des réflexions sur le passé. On se rappela avec quelle chaleur Villuma avait poursuivi l'homme à qui l'on devait tout; des esprits remuans murmurèrent hautement contre le grand-prêtre : les uns attribuaient à une cruauté réfléchie les mesures qu'avait ordonnées sa prudence ; d'autres l'accusaient d'avoir voulu perdre un héros dont il avait démêlé les qualités brillantes, et qui alarmait son ambition ; le plus grand nombre lui reprochait d'avoir surpris, aux Péruviens, une sentence de mort qui les déshonorait. Quand le peuple a franchi la ligne qui le sépare de l'insubordination et de la licence, il recule, au gré de ses passions, les bornes établies par le contrat social. On ne proposait pas moins que de proscrire Villuma à son tour ; les plus modérés voulaient qu'on séparât le sacerdoce de l'empire, et que l'autorité fût confiée à Théodore.

Villuma, informé de ce qui se tramait contre lui, se flatta que sa présence imposerait encore. Il parut au milieu des factieux ; il parla avec cette dignité, ce calme qui ne l'abandonnait jamais. On lui répondit par des imprécations : les plus animés portèrent la main sur lui ; on lui arracha sa couronne et les autres attributs de la royauté.

Théodore était auprès d'Azili, il oubliait ses lauriers, effacés par la beauté et les graces ; il apprend quel danger menace Villuma, il va se présenter au peuple. La foule s'ouvre devant lui, il entre dans l'enceinte, il voit le pontife disgracié, et grand encore de sa propre grandeur ; il veut percer jusqu'à lui. Un Péruvien l'arrête, et, le genou en terre, lui offre le diadême. « Jeune « héros, lui dit-il, reçois l'hommage de tout un

« peuple : puisse sa reconnaissance te faire ou-
« blier qu'il fut injuste envers toi ! »

Villuma ne conçoit pas qu'on puisse refuser un trône et l'occasion de se venger d'un ennemi capital ; il sent l'étendue de son malheur, et il ose braver son fortuné rival : « Ne crois pas, lui
« dit-il, que je m'abaisse à te demander grace ;
« ne crains pas même que j'essaie de ramener à
« moi un peuple qui ne mérite que mon indi-
« gnation et mon plus profond mépris. Mon sort
« est dans tes mains ; voyons comment tu sais
« user de la fortune. — Je vais te l'apprendre, ré-
« pond Théodore, en prenant la couronne des
« mains du Péruvien : tu chéris ton peuple, tu
« as craint pour sa sûreté, tu lui sacrifiais un
« homme qui devait te paraître suspect ; tu sais
« gouverner, tu sais combattre, et je sais te res-
« pecter. »

Théodore remet la couronne sur la tête de Villuma ; on s'étonne, on s'écrie... « Peuple, ré-
« pond le jeune homme, voilà votre pontife et
« votre roi : loin de lui ravir son autorité, je pré-
« tends la défendre. Que dis-je ? vous ne me con-
« traindrez pas à m'armer contre mes amis, ou à
« me déshonorer par une lâche usurpation. Vous
« réparerez un moment d'erreur, et vous méri-
« terez le pardon que Villuma ne refusera pas à
« mes prières. » Un silence profond règne dans l'assemblée ; le modeste refus de Théodore éclaire

les esprits, que gagne sa générosité; confus, humilié, on se sépare, on se disperse; il ne reste que le souvenir d'un orage qui menaçait de tout engloutir.

La nécessité rapproche les hommes, en apparence les plus éloignés. Villuma est dans les bras de Théodore, il le presse contre son sein : « De « tels procédés, lui dit-il, ne m'humilient point ; « je me sens assez grand pour vous devoir tout. « Oui, vous serez mon ami, mon conseil et ma « force ; vous m'aiderez à porter le fardeau de « l'état. »

Il ne suffisait pas d'avoir détruit les Espagnols, il fallait que ceux qui étaient restés dans le fort, ne pussent éclaircir les soupçons que devait faire naître la longue absence de leurs camarades. Si on se bornait à fermer l'ouverture supérieure de la caverne, ils ne manqueraient pas de la rouvrir à force de poudre : Théodore imagina de leur dérober l'entrée inférieure, que personne ne pourrait plus leur indiquer. Des pierres couvertes de mousse furent poussées au-dehors ; les intervalles furent remplis d'une terre à laquelle le soleil donna bientôt une apparence de vétusté : le tout fut tellement lié avec le corps de la montagne, que le rapport fait au commandant ne devait paraître qu'une fable.

Il ne restait qu'à prononcer sur le sort d'Azili : sans doute on n'en voulait plus à sa vie; mais elle prétendait au bonheur. Villuma la favorisait,

Théodore pouvait tout sur le peuple ; pour prix de ses services, il demanda sa main : « Votre dieu « ne veut être servi que par des cœurs libres, « dit-il, le sien ne l'est pas, les autels la repous- « sent ; rendez-la à sa mère et à son amant : alors « vous serez quittes envers moi, et je resterai « parmi vous. J'adopterai vos mœurs, je me sou- « mettrai à vos usages ; ce sont ceux d'Azili, elle « me les rendra chers. »

Cette proposition attaquait directement le culte ; on n'osait ni la combattre, ni s'y rendre. Villuma concilia tout : il proposa qu'on ne pût, à l'avenir, se vouer aux autels qu'à cet âge où l'on voit clair dans son cœur, et que celles qu'avait abusées un zèle prématuré, rentrassent, dès ce moment, dans la société. Cette loi fut unanimement admise ; Théodore et Azili jurèrent de s'aimer toujours, et furent fidèles à ce serment.

Ah çà, monsieur l'auteur, puisque Théodore est resté enfermé là dedans avec son Azili, dites-moi un peu comment vous avez su tout cela ?
— Comment je l'ai su, monsieur le lecteur ?... Ma foi, je crois que je l'ai rêvé ; je rêve aussi, je crois, que j'ai fait de ce conte un drame que mon ami Bruni a mis en musique, et que mes amis du théâtre Feydeau joueront incessamment.

FIN DE THÉODORE.

MONSIEUR
DE KINGLIN,
OU
LA PRESCIENCE.

MONSIEUR DE KINGLIN,

ou

LA PRESCIENCE.

DEUXIÈME NOUVELLE.

L'avenir est au présent un peu moins que le passé, qui laisse au moins des souvenirs. Cependant, pour bien des gens, cet avenir est la région des illusions et de l'espérance ; et, à mesure qu'une minute succède à une autre, ces gens à chimères reculent les bornes de ce pays, enfant de l'imagination. Ils meurent à cent ans, ayant toujours l'avenir devant eux, regrettant le passé, et se plaignant du présent, dont ils n'ont pas su jouir.

« Si j'avais lu dans l'avenir, me disait un homme, « je n'aurais pas épousé ma femme. — Pourquoi « cela ? — Parce qu'elle me fait cocu. — Une

« autre vous eût fait cocu comme elle. — Bah !
« — Vous n'êtes pas beau, vous n'êtes pas aima-
« ble, vous êtes exigeant, brutal, violent ; mal-
« gré tout cela vous avez voulu une jolie femme,
« et avec tout cela on doit être cocu. Vous l'avez
« été long-temps sans vous en douter, et vous
« étiez aussi heureux qu'on peut l'être avec votre
« caractère : la prescience, au contraire, vous
« eût tourmenté long-temps d'avance. Pour pré-
« venir un mal dont personne n'est mort, vous
« vous fussiez livré à des excès ; vous eussiez poi-
« gnardé ou empoisonné votre femme, et c'eût
« été un mal réel : on vous eût pendu pour vous
« apprendre qu'il ne faut pas tuer une jeune
« femme qui est tentée de prendre ailleurs ce
« qu'elle ne trouve pas chez elle. Changez de
« manière d'être ; devenez doux, attentif, pré-
« venant ; ramenez votre femme, oubliez le passé,
« jouissez du présent, et laissez arriver l'avenir. »

« Ah ! si j'avais connu l'avenir, me disait un
« autre, j'aurais empêché hier mon père de sortir
« de chez lui ; il n'eût pas été tué par une tuile
« qui lui est tombée sur la tête. » Le lendemain
mon homme est mort subitement, évènement
que la prescience n'eût pas empêché ; mais elle
eût empêché le défunt de jouir de la vie jusqu'au
dernier moment.

Un troisième me disait... Si je vous disais tout
ce qu'on m'a dit, je ne finirais pas de dire. Les
hommes sont des animaux bien bizarres : ils pas-

sent les deux tiers de leur vie à faire des songes, et l'autre tiers à bâiller à côté des jouissances qui s'offrent continuellement à eux.

M. de Kinglin était très-homme sous ce rapport-là. Vous n'avez pas connu M. de Kinglin; je vais vous le faire connaître. C'était un gentilhomme bas-breton, qui cultivait de son mieux quelques arpens dont il n'était pas même propriétaire; qui traçait fièrement son sillon, son épée accrochée au manche de sa charrue; qui figurait aux États de Bretagne en sarrau de toile et en sabots; qui n'aurait pas dîné chez le premier négociant de Nantes, de peur de s'encanailler, bien qu'il ne mangeât dans sa chaumière que du pain noir et des féveroles. A la vérité, M. de Kinglin assistait à la messe et aux vêpres dans le banc du seigneur du village, qui lui permettait de tuer tous les dimanches un lièvre sur ses terres; les paysans lui ôtaient le chapeau, parce qu'il descendait des anciens ducs de Bretagne; les femmes lui faisaient la révérence par la même raison, et les jeunes filles ne prenaient pas garde à lui, parce qu'il n'était pas beau.

Il résulte de tout cela que M. de Kinglin était un homme fort ordinaire, excepté pourtant dans ses prétentions, qui étaient vraiment extraordinaires. Il lui semblait voir dans l'avenir qu'un jour il présiderait les États de Bretagne, et qu'enfin il rétablirait, en sa faveur, la souveraineté des anciens ducs. Il voulait, après cela, épouser une princesse de France, qui lui apporterait la Normandie en dot, et alors il comptait bien manger de la soupe à la graisse tous les jours, et aller vendre son blé en carrosse, car il n'était pas mal bête, M. de Kinglin, quoiqu'il fût excessivement noble.

Il avait fait cependant des efforts considérables pour se meubler le cerveau. Après avoir arrosé de sa sueur, le jour, la terre qu'il prétendait gouverner, il lisait le soir, en grignotant son crouton, *Pierre de Provence*, *Jean de Calais*, *les Quatre Fils Aimon*, et quelquefois un *Grand Albert*, qu'une vieille femme de chambre de la dame du lieu voulait bien lui prêter. Mais tous ces ouvrages n'avaient servi qu'à le confirmer dans sa croyance aux fées, aux génies, aux sorciers et aux diables, dont l'existence est incontestable, à ce que lui avait assuré madame sa mère, dans le temps où elle le promenait elle-même à la lisière, faute d'avoir une servante.

M. de Kinglin végéta jusqu'à l'âge de vingt-cinq ans, entre ses livres, ses sillons, ses projets et sa misère. L'avenir arrivait à chaque instant, et le trouvait toujours le même. Comme on se lasse de tout, même d'espérer, M. de Kinglin résolut de prendre un parti mitoyen entre la souveraineté de Bretagne, que l'avenir ne lui garantissait pas, et sa profonde obscurité, qui lui pesait infiniment. Il écrivit au ministre de ce roi, dont la veille encore il se proposait d'épouser la fille, et il demanda une sous-lieutenance d'infanterie. Une sous-lieutenance mène aux grades les plus distingués, et, sous ce rapport, M. de Kinglin vivait encore dans l'avenir. Le ministre, qui savait de quelle importance est une sous-lieutenance d'infanterie, et combien il faut de talent pour bien remplir un tel emploi, le ministre renvoya le mémoire de M. de Kinglin à l'intendant de Rennes, qui le renvoya à son subdélégué de Cancale, qui manda le collecteur du village qu'habitait notre héros. Voilà donc un malheureux paysan arbitre des destinées du rejeton des ducs souverains de Bretagne! Informations prises, le subdélégué écrivit à son intendant, et l'intendant au ministre, que M. de Kinglin était inhabile, qu'il faudrait préalablement le décrasser et faire son éducation ; qu'il avait, incontestablement, le droit d'être admis à l'école militaire; mais comme on ne recevait pas d'élèves de vingt-cinq ans, le ministre décida, dans sa sagesse, que M. de Kinglin resterait dans son village.

M. de Kinglin, lui, avait décidé autrement. Comme il ne doutait pas que la sous-lieutenance lui fût accordée, il avait pris d'avance ses petits arrangemens : il avait vendu sa paire de bœufs, sa charrue et sa herse, qui le nourrissaient tant bien que mal, et comme son propriétaire était roturier, et qu'un gentilhomme ne doit pas d'égards à de telles gens, Kinglin laissa à celui-ci ses terres à ensemencer, et partit sans lui rien faire dire. Le voilà donc sur la route de Rennes, en sarrau de toile, en sabots, en bonnet de laine, et l'épée au côté. Il portait sur le bras, avec un air de triomphe, un sac de toile qui renfermait cinq cent cinquante livres, la plus forte somme qu'il eût vue de sa vie.

Il se logea dans une assez bonne auberge, s'habilla assez proprement, et vécut assez bien, parce qu'on ne peut pas voir la fin de cinq cent cinquante livres. Il ne fit aucune démarche auprès de l'intendant, parce que ce n'était que de la noblesse de robe : il lui fit dire simplement qu'il attendait son brevet à l'auberge de la Licorne. Mais il se présenta chez le président des États, et à tout ce qui tenait à l'épée. Partout on le reçut à cause de son nom, partout on se moqua de lui, et cela devait être.

Quand on ne sait ce qu'on fait, on voit en peu de temps la fin d'un million : un imbécille voit bien plus vite la fin d'un sac de cinq cents francs. Cependant, Kinglin ne s'alarmait pas de la diminution de ses espèces : l'avenir consolateur était toujours devant lui. Mais quand il eut mangé son dernier écu, il commença à s'occuper sérieusement du présent. Il regretta d'avoir négligé l'intendant, et il se décida, en soupirant, à lui rendre une visite.

On n'apprend pas les usages du grand monde en conduisant une charrue. On s'accoutume, ce qui vaut bien autant, à faire vivre des individus pleins de mépris pour leurs nourriciers. Kinglin ignorait donc qu'on ne se présente pas chez un intendant à l'heure où il va se mettre à table ; il lui semblait, au contraire, que c'était le moment de le trouver plus sûrement, et tout-à-fait libre d'affaires. Il arriva, en conséquence, lorsque monseigneur se rangeait, avec sa famille et quelques conseillers au parlement, autour d'un succulent potage, flanqué de six entrées. Monseigneur, qui se piquait de savoir vivre, ne pouvait se dispenser d'inviter M. de Kinglin à se mêler parmi ses convives, et M. de Kinglin ne se fit pas prier.

Au dessert, on apporta un énorme paquet que l'intendant décacheta avec l'agrément de l'honorable assemblée. Il était du ministre, et renfermait, entre autres choses, le rejet du gentilhomme bas-Breton. Il était fort égal à monseigneur que Kinglin fût ou non sous-lieutenant d'infanterie ; mais un homme du bon ton annonce toujours une nouvelle fâcheuse avec les ménagemens qui peuvent en adoucir l'amertume. Celui-ci ménagea tant la sensibilité de Kinglin, qu'il n'en fut pas entendu du tout, et qu'il fallut qu'il s'expliquât nettement. Le bas-breton était d'un caractère irascible. Il s'écria que Louis XII avait été trop heureux d'épouser son arrière-cousine Anne, et que ses héritiers étaient des faquins qui ne devaient pas manquer d'égards envers la postérité de la cousine. Comme les parlemens aimaient à médire du grand-conseil, le grand-conseil du chancelier, le chancelier du monarque, le monarque de son valet de chambre, on laissa dire Kinglin, qui s'en donna à cœur-joie, qui avait raison de se plaindre, mais à qui cette acrimonieuse sortie n'assurait pas un avenir plus heureux.

Il était à table à côté d'une jeune personne très-jolie, très-bien élevée, et qui, pourtant, ne lui avait pas adressé quatre mots. Il avait saisi, dans le courant de la conversation, que mademoiselle était fille unique de l'intendant, et il jugea, avec beaucoup de sagacité, qu'on peut à toute force, après s'être borné à l'agrément d'une sous-lieutenance, épouser une fille de robe, qui doit avoir cent mille livres de rente, et qui donne l'expectative d'être intendant après le papa, ce qui présente encore un avenir assez agréable. Jusque alors Kinglin avait bu, mangé, ruminé ; il prit tout à coup la parole, et demanda la fille en mariage en termes précis et positifs. On se regarda, on se pinça les lèvres pour ne pas rire, et l'intendant, toujours très-poli, répondit qu'il était très-flatté de la recherche de M. de Kinglin, qu'il était au désespoir qu'il ne se fût pas présenté plus tôt ; mais qu'il avait donné sa parole à un président au parlement, et qu'il était incapable d'y manquer. La jeune personne pâlit, et Kinglin se retira d'assez mauvaise humeur. Il entendit de l'antichambre des éclats de rire dont il ne soupçonnait pas qu'il fût l'objet, et en arrivant à la porte cochère, il trouva, sur ses talons, un grand laquais qui le faisait remarquer au suisse, en lui disant : Désormais monseigneur n'est pas visible. Phrase banale, dont il ne comprit pas non plus le sens.

Pendant que Kinglin retournait à son auberge, une scène pathétique succédait, chez l'intendant, aux ris immodérés. La jeune personne, qui haïssait son président parce qu'elle aimait beaucoup un joli capitaine de dragons, s'était jetée aux genoux de son père, et l'avait supplié de renoncer à ses projets de mariage. Son père lui avait répondu qu'il n'était pas nécessaire qu'une femme aimât son mari, mais qu'il serait ridicule qu'une fortune considérable passât à un jeune homme fort sage, fort bien fait, fort aimable, mais qui n'avait que la cape et l'épée. La pauvre petite ne se rebuta point. Elle écrivit au président qu'elle ne l'aimait pas, et qu'elle avait un amant qu'elle aimerait toujours. Le président lui répondit, que la gravité de son état ne lui permettant pas de faire l'amour à sa femme, il était enchanté qu'elle fût pour lui dans des dispositions qui le dispenseraient de lui donner des soins ; que l'essentiel était de former une excellente maison, et qu'il se reposait du reste sur sa vertu. Le mariage se fit, et, avec l'aide de la vertu, il arriva au président ce qu'il eût pu prévoir sans lire dans l'avenir. Il se fâcha, il mit sa femme au couvent, et il eut tort. Le capitaine l'alla consoler, travesti en garçon jardinier, et il eut raison. On le surprit, on le renvoya à son régiment, et on eut encore tort, car la petite présidente s'évada, courut après son capitaine, et elle eut encore raison. Toute la ville clabauda sur le compte de la jeune femme, et toute la ville eut tort, parce qu'on ne doit pas se mêler d'affaires de ménage. Les deux amans passèrent en Hollande, et ils eurent raison, parce qu'on était à leur poursuite. Avant de partir, le capitaine avait emprunté trente mille francs à un de ses camarades, à qui la présidente avait remis un effet de la somme, tiré sur son mari. Ils eurent tort, sous un certain rapport, parce qu'il ne faut pas faire de dettes ; ils eurent raison, sous un autre point de vue, parce qu'on ne voyage pas commodément sans argent. Le camarade, en passant par Rennes, alla présenter son effet au président, et il eut raison, parce qu'un mari doit nourrir sa femme. Le président refusa d'acquitter la lettre de change, et il eut tort, parce que le camarade le força à se battre, et lui cassa la tête d'un coup de pistolet. L'intendant reprit la dot de sa fille, et il eut raison. Le capitaine la planta là au bout de quelque temps, et il eut tort. La présidente s'en consola, et elle eut raison. Elle revint chez son père, et eut tort. Il la chamailla, ils se chamaillèrent, et ils eurent encore tort. Ils moururent tous deux de chagrin, et, pour la première fois, ils eurent raison tous deux.

Le beau conte à faire de cela, à l'aide de développemens qui n'ajouteraient rien à la moralité! Il est incontestable qu'il était aussi facile de prouver, en deux cents pages qu'en quarante lignes, qu'il ne faut jamais marier les filles contre leur gré, et que la plus haute des sottises est de les épouser malgré elles.

Revenons à ce pauvre Kinglin, que nous avons laissé dans son auberge, cherchant à se procurer les besoins présens, et beaucoup plus occupé de son avenir. Pour le présent, comme il n'avait pas le sou, et qu'il fallait vivre, il se décida à vendre un de ses deux habits, trois de ses six chemises, et quatre de ses cinq mouchoirs. Pour l'avenir, il écrivit à ses parens de toutes les branches et de toutes les qualités, maréchaux de France, maréchaux-de-camp et maréchaux-ferrans... Cette inégalité vous étonne sans doute, et n'a rien de plus étonnant que celle qui existe entre tous les hommes qui, dit-on, descendent d'un même père. Par la raison qu'un arrière-petit-fils d'Adam est empereur de la Chine, et un autre, marmiton à Paris, Kinglin avait un cousin maréchal de France, et un cousin maréchal-ferrant; et je peux plus aisément vous rendre compte de cette différence, que de celle qui existe entre le cousin marmiton et le cousin empereur. Lorsqu'Anne de Bretagne monta sur le trône de France, les aïeux du maréchal de France se fixèrent dans la capitale. Les pères du maréchal-ferrant et de notre héros restèrent fièrement dans leur village, et, de génération en génération, ces branches s'étaient tellement appauvries, qu'elles étaient méconnues des parens suivant la cour, comme le cousin marmiton est ignoré du cousin empereur.

Le maréchal-ferrant, père de neuf enfans, pouvait très-peu de chose pour son cousin issu de germain; mais, comme le sang ne peut mentir, il lui envoya six francs, avec une lettre très-amicale, écrite par Clotilde, la plus âgée, la plus spirituelle, et la plus jolie de ses filles.

Les cousins officiers-généraux voyaient les choses en grand, et demandèrent un régiment pour Kinglin. Le ministre leur répondit qu'il n'était pas même propre à faire un sous-lieutenant. Or, comme l'église offrait une ressource sûre à ceux qui n'étaient propres à rien, le maréc al de France dit un mot à une danseuse qui parlait de très-près à l'évêque d'Orléans, et il fut décidé que le descendant des ducs de Bretagne aurait provisoirement un bénéfice simple, qui l'aiderait dans ses études, dont monsieur le maréchal ne pouvait faire les frais, parce que, lorsqu'on vit à la cour, on a plus de dettes que d'argent comptant.

En conséquence de cet arrangement, Kinglin, qui n'avait pas de volontés, se rendit à pied au séminaire de Saint-Sulpice, vivant frugalement de l'écu de six livres que lui avait envoyé le cousin Brûle-Fer. En prenant ses maigres repas, et en longeant l'ennuyeuse grande route, Kinglin voyait encore un avenir superbe devant lui : un canonicat mène à un évêché, l'évêché au cardinalat, le cardinalat à la tiare ; et, pourvu que le bas-Breton fût souverain, il n'était pas difficile sur le genre de la souveraineté.

En attendant la papauté, il fallait se mettre en état de dire la messe, et, pour cela, il faut savoir au moins un peu de latin, puisque c'est dans cette langue païenne, seulement, qu'il est permis de parler au Dieu des chrétiens. On ne pouvait pas envoyer en sixième un enfant de vingt-cinq ans, et un bon prêtre de Saint-Sulpice se chargea de dégrossir l'abbé de Kinglin, moyennant une livre de tabac, une livre de café et une livre de sucre, que l'écolier lui donnerait tous les mois, en échange de ses soins, sur le produit du bénéfice...

Voilà donc Kinglin tondu de la main de l'évêque d'Orléans, enfilé dans une soutane, et bégayant, *musa, la muse*. Les choses allèrent assez bien pendant quelque temps, parce qu'à travers les momeries, les austérités, les privations, la sécheresse de l'étude, l'abbé croyait entrevoir le Vatican et le Capitole. Une malheureuse ravaudeuse culbuta le néophyte de la chaire de Saint-Pierre.

Kinglin avait la robe de drap fin, le manteau de voile, la calotte luisante : en conséquence, il lui était permis d'aller quelquefois faire sa cour à monsieur le maréchal. Il était le protégé de deux hommes puissans, et, en conséquence, on exigeait de lui moins de régularité que de ses confrères. Il sortait le plus souvent qu'il pouvait, pour éviter l'homme au rudiment, et, en sortant et en rentrant, il lorgnait la ravaudeuse, qui raccommodait, à la porte du séminaire, les bas de ces messieurs...

Elle n'était pas jolie, mais elle était jeune ; elle était sotte, mais elle était facile. Kinglin avait vingt-cinq ans, et le sang chaud : la nature fit le reste.

La ravaudeuse n'était pas novice, mais les séminaristes étaient prudens. Kinglin, qui voulait pénétrer l'avenir, ne soupçonnait pas à quoi peut être bonne la prudence en amour ; la ravaudeuse se trouva double, et accorda à notre abbé les honneurs de la paternité. L'abbé, dégoûté de la ravaudeuse, l'envoya promener ; la ravaudeuse demanda de l'argent ; l'abbé, en la refusant, fit une seconde imprudence ; la ravaudeuse fit du bruit ; l'abbé ne prévit point que le cas viendrait aux oreilles du supérieur de Saint-Sulpice : ce fut pourtant ce qui arriva, et comme le crime de faire un enfant est un crime irrémissible au séminaire, bien que Dieu ait dit, *croissez et multipliez*, l'abbé de Kinglin fut impitoyablement chassé. Comme l'évêque d'Orléans devait maintenir publiquement la pureté de l'église, dont il se moquait dans les boudoirs, il dépouilla l'abbé de son bénéfice, et comme on est fort aise de trouver un prétexte pour abandonner des parens dans l'indigence, le maréchal de France partagea la sainte colère de l'évêque : il interdit sa porte au cousin, et le livra à son malheureux sort.

Kinglin mangea sans regret sa soutane, sa calotte et son manteau, parce que l'avenir était toujours là. Cependant, un soir qu'il n'avait pas encore déjeuné, il fut ramené au présent par la faim la plus pressante. Un gentilhomme n'a qu'un de ces trois partis à prendre : l'épée, la robe, ou l'église. On l'avait chassé du sanctuaire ; on lui avait refusé une sous-lieutenance ; il n'avait pas de quoi acheter une charge, et c'est malheureux, car aucun édit n'empêchait un conseiller de bailliage de devenir chancelier, et ce poste était assez beau pour dédommager le Bas-Breton de ceux sur lesquels il avait si justement compté. Un descendant des ducs de Bretagne ne peut pourtant se faire porteur d'eau, décroteur, ou commissionnaire, ni voler, ni mourir de faim. Il ne restait qu'un moyen pour souper, c'était de se faire soldat. Ce moyen était dur ; mais il avait réussi à Rose, à Fabert, à Chevert, et Kinglin alla sur le quai de la Ferraille, se proposer à tous les racoleurs. Il n'était pas question de prouver qu'il fût honnête, intelligent, brave ; il fallait simplement que ces messieurs s'assurassent qu'il eût cinq pieds deux pouces. Il lui manquait douze ou quinze lignes. Il avait d'ailleurs les jambes arquées, une figure plate, et on lui refusa le droit de végéter à la gamelle, à cinq sous par jour. Il y avait de quoi se donner au diable : il s'y donna en effet.

Vous riez ? Il n'y a pas là de quoi rire. Demandez à nos dévotes si on ne va pas au sabbat; et irait-on au sabbat, s'il n'y avait pas de diable; et serait-on bien reçu du diable, si on ne se donnait pas à lui ? D'ailleurs, révoquez-vous l'évangile en doute? Ne vous dit-il pas qu'en Judée, où on ne mangeait pas de porc, le diable se mit dans un troupeau de cochons, que Jésus-Christ envoya tout entier se noyer dans la mer, au lieu d'en chasser l'esprit malin, ce qui eût bien autant arrangé le propriétaire? Ne savez-vous pas que, dans les temps modernes, on exorcisait des possédés à Besançon ? N'exorcise-t-on pas tous les jours dans toutes vos églises? Donc, il est un diable; donc, on se donne à lui : je vous le certifie, d'ailleurs, dans un livre moulé comme les autres.

Le jeûne allume l'imagination ; l'imagination, allumée de cette manière, n'est pas riante du tout, et un cerveau frappé d'idées sinistres, conduit toujours à des excès. Kinglin, rentré dans son taudis, ayant usé son dernier bout de chandelle, rêvait dans les ténèbres à sa cruelle position. Il regrettait le séminaire, il regrettait ses bœufs et sa charrue ; il regrettait les bons morceaux que lui glissait quelquefois la vieille femme de chambre de la dame du lieu. En pensant à la femme de chambre, il était difficile qu'il ne se rappelât point certain grimoire dont il faisait autrefois sa lecture favorite. Le grimoire, vous le savez, nous met en relation avec l'esprit immonde. Ce commerce n'a rien de satisfaisant pour un homme délicat; mais il ne fait pas déroger un gentilhomme, et ce n'est pas au sein de la misère qu'il faut se piquer de tant de délicatesse.

Kinglin descend son escalier en façon d'échelle; il entre dans sa cour de six pieds en carré, où une bonne vieille nourrissait des poules qui lui fournissaient des œufs frais; il ouvre doucement la porte du poulailler; il met la main sur une poule noire, tout-à-fait propre aux conjurations; il l'emporte, malgré ses cris; il sort de l'allée, ouverte en tout temps, parce qu'il n'y avait rien à prendre dans la maison, et il s'en va, sans s'arrêter, à l'endroit où se croisent les chemins de la Révolte et de Neuilly, parce que le diable affectionne singulièrement les croix formées par quatre chemins. Là, Kinglin fait un cercle autour de lui, il met sa poule au milieu, et, à minuit très-précis, il prononce trois mots que je ne vous apprendrai pas, parce que nous avons déja assez de diables parmi nous, et que je ne veux pas vous donner la fantaisie d'en augmenter le nombre.

A peine les trois mots sont-ils prononcés, que la poule se débat et meurt en chantant les louanges de Dieu. A peine est-elle morte, que la terre tremble. A peine la terre a-t-elle tremblé, que la lune, teinte de sang, descend sur le chemin de Neuilly. A peine est-elle remontée à sa place, qu'un grand monsieur paraît au-dehors du cercle, dans lequel la vertu des paroles magiques l'empêche de pénétrer.

Le grand monsieur, plus grand que moi de toute la grandeur du bonnet de carton de Sganarelle, a des cornes de bélier sur la tête, une queue de singe, qui joue avec grace entre ses jambes, des pieds de bouc, et, par-dessus tout cela, une perruque à bourse et un habit écarlate, galonné en or, parce que c'est toujours dans cet appareil que le diable paraît : demandez plutôt.

Dès que Kinglin eut vu le grand monsieur, il eut peur, et il n'est pas de héros qui n'eût eu peur comme lui. Dès que le grand monsieur eut parlé, il eut plus de peur encore, parce que le diable a quelque chose de très-extraordinaire dans l'organe. Dès que le grand monsieur se fut tu, Kinglin resta tout étourdi et très-embarrassé de répondre, parce qu'il n'était pas préparé à converser avec le diable. Cependant, la question adressée à Kinglin était aussi simple que courte, et le membre de l'Institut le plus concis n'en eût pu rien retrancher : *Que veux-tu de moi?* C'est toujours là ce que demande le diable à ceux qui le forcent de paraître.

Kinglin balança long-temps entre les mille et un dons qu'il pouvait obtenir, car il est encore de règle que le diable n'en accorde qu'un. Tantôt le Bas-Breton penchait pour une chose; l'instant d'après, il inclinait pour une autre, et le grand monsieur attendait, d'un air soumis et révérend, qu'il lui plût de se décider.

Kinglin se rappela enfin que l'avenir, pour lui si riche, si beau, si séduisant, avait constamment abusé de son ignorance, et qu'il dépendait de lui d'y lire désormais aussi facilement que dans le petit Office de la Vierge. Il jugea que le don de deviner était un don dont les avantages s'étendaient à tout, qui réglerait sûrement sa conduite et ses démarches, et le ferait aller au-devant de tous les biens imaginables. C'est ainsi, qu'après des réflexions ou des combats inutiles, on en revient à sa marotte. Un paysan eût demandé la grêle sur tous les champs voisins du sien; un pauvre prêtre, le rétablissement des biens du clergé; un rentier, la restauration de l'ancien régime; une vieille coquette, le retour de ses appas; un vieux libertin, le retour de sa vigueur; un fournisseur, l'éternité de la guerre; et Despaze, l'immortalité, que le diable n'eût pu lui donner.

Kinglin ordonna donc au grand monsieur de lui dévoiler l'avenir à l'oreille, chaque fois qu'il l'interrogerait. Le grand monsieur y consentit avec beaucoup de politesse. Il tira de sa poche un carré de papier marqué, sur lequel était une donation en bonne forme de l'ame du demandeur ; il piqua de son ergot le petit doigt de Kinglin, qui signa, de son sang, la donation, et le grand monsieur disparut, après avoir fait une profonde révérence.

Kinglin pense d'abord au plus pressé ; c'est de manger. Il demande à son démon familier où il trouvera, le lendemain, un bon repas qui n'appartienne à personne, car si Kinglin est capable de s'être donné au diable, il ne l'est pas de rien dérober. « A quatre heures du matin, lui dit tout « bas l'esprit, sors de chez toi, marche au soleil « levant, tu trouveras un tas de pierres ; une « d'elles est taillée en pilastre, tu la leveras. »

Kinglin ne comprenait pas trop comment il trouverait, sous une pierre, un repas tout apprêté qui n'appartiendrait à personne ; mais comme le diable ne se trompe jamais, et qu'un estomac vide commande la foi, il fit exactement ce que prescrivait l'oracle. Il marcha long-temps sans trouver le tas de pierres. Enfin, il rencontra ce qu'il cherchait, rue de l'Université, au coin de la rue du Bac. Il regarda autour de lui s'il n'était vu de personne, et, comme personne à Paris ne se lève à quatre heures du matin, il entra avec sécurité dans ces pierres, qui dérobaient le trésor le plus précieux pour un homme affamé.

Après avoir fait quelques tours, il trouva le pilastre sous lequel était un levier ; il retourna

la masse, sous laquelle étaient trois bouts de
planches ; il leva les planches, sous lesquelles
était un trou ; dans le trou était un grand plat
chargé d'un dindon, de deux poulets et de six
cailles rôtis; à côté du plat, deux pains au lait,
deux biscuits de Savoie, proprement enveloppés
dans du papier, une bouteille de Clos-Vougeot,
et une de Madère. Kinglin, extasié à la vue de
tant de belles choses, ôta son gilet, le seul qui
lui restât ; il enveloppa dedans le contenu du
bienheureux trou, et regagna son chenil à pas
précipités.

Il ne mange pas, il dévore. Les poulets, les
cailles, la moitié du dindon, et les deux bouteilles
de vin, sont expédiés dans une demi-heure. Il se
disposait à digérer agréablement, et à consulter
son démon sur des objets plus importans, quand
le ventre commença à lui gargouiller d'une étrange
manière. Bientôt les maux de cœur s'ensuivirent,
et Kinglin rendit, du haut et du bas, ce qu'il avait
mangé, puis la bile, puis le sang. Le diable,
toujours pressé de jouir, espérait qu'il rendrait
l'ame à la suite de tout cela ; mais il fut trompé
pour cette fois. Kinglin en fut quitte pour quinze
jours passés à l'Hôtel-Dieu, à maudire le repas
vraiment diabolique qu'il avait trouvé, et à se
plaindre amèrement de l'esprit, qui n'était pour
rien dans cette affaire. Voici le fait :

Vous avez sans doute entendu parler du marquis de Bagueville, qui s'est cassé une cuisse sur

un bateau de blanchisseuses, en essayant de voler d'un bord de la Seine à l'autre ; qui fit pendre, dans son écurie, un de ses chevaux qui avait cassé la jambe à son voisin, et qui s'est enfin rendu célèbre par d'autres originalités, ou sottises du même genre. Ce marquis de Bagueville voulait faire rebâtir son hôtel, qui était très-beau, parce qu'il est ennuyeux, disait-il, d'habiter toujours la même maison, et voilà pourquoi il y avait tant de pierres au coin de la rue du Bac. Le marquis avait un cuisinier qui entretenait une petite couturière aux dépens de son maître, qui lui portait ce qu'il avait de mieux dans la desserte ; et voici comment il arriva que le fameux repas fut déposé sous le pilastre, et y acquit la vertu purgative.

Malgré son insouciance, le marquis s'était aperçu des infidélités de son cuisinier ; il avait fait tapage, et n'y avait rien gagné. Un autre eût renvoyé ce domestique ; mais le marquis était gourmand, et cet homme lui faisait d'excellentes sauces. Bagueville prit le parti d'examiner ses démarches de plus près, et de visiter, de temps à autre, son office et son garde-manger. Le cuisinier soutint cette guerre sourde avec avantage, en changeant fréquemment de cachettes. Elles furent successivement découvertes, et il fut enfin réduit à établir son dépôt hors de l'hôtel. Il passa une nuit tout entière à arranger le trou que vous connaissez. Il y faisait, dans le jour, plusieurs voyages à la dérobée, et, quand le magasin était tout-à-fait rempli, il partait le soir avec un panier bien chargé, et allait faire bombance avec ses amis chez sa belle.

Le marquis avait donné un grand souper, ce qui avait retenu le cuisinier à l'hôtel plus tard que de coutume. Après le départ de ses convives, le marquis, au lieu de dormir, passa le temps à rêver à quelque mécanique propre à lui casser tout-à-fait le cou, et son appartement donnait du côté de l'amas de pierres. Il entendit le bruit du levier. Sans doute ce n'étaient pas les maçons qui travaillaient à cette heure ; ce ne pouvait être non plus des voleurs ; que diable ! on ne vole pas des pierres : c'était quelque chose pourtant, et le marquis voulut savoir à quoi s'en tenir. Muni d'une lanterne sourde, il descendit, chercha comme Kinglin, et, plus heureux que lui, trouva le trou découvert, mais absolument vide. Un amoureux ne pense pas toujours à tout, et le cuisinier avait oublié de replacer le pilastre. Le marquis ne savait que penser de ce trou qu'il n'avait pas vu la veille ; il sauta dedans, présenta sa lanterne de tous les côtés ; un peu de fromage à la crême attaché à la terre, quelques marrons glacés qui étaient tombés dans le fond, lui donnèrent la clé de l'énigme.

Il jugea que son cuisinier était incorrigible, et il se promit de lui faire, au moins, une niche dont il se souviendrait long-temps. La nuit même où Kinglin s'était donné au diable, le marquis était retourné au dépôt, qui était déjà passablement garni, et qu'il retrouva facilement, bien qu'il fût exactement fermé. Il saupoudra d'émétique et de rhubarbe, volailles et biscuits, et telle fut la cause de la violente évacuation de Kinglin, et de sa colère contre le diable. Il me semble, cependant, que loin de s'en prendre à lui, il lui devait de la reconnaissance, car s'il n'avait pas répondu à des questions qu'on ne lui avait pas faites sur les conséquences de ce repas, il avait, d'ailleurs, accompli l'oracle dans tous ses points. Kinglin avait trouvé un magasin de vivres qui n'appartenait à personne, puisque le cuisinier n'y avait aucun droit, et le marquis, en se ménageant le petit plaisir de purger ceux qui tâteraient de ces mets, avait évidemment renoncé à sa propriété.

Laissons M. de Bagueville et son cuisinier s'arranger comme ils l'entendront, et retournons à l'Hôtel-Dieu. Kinglin, parfaitement purgé, prenait de la santé pour dix ans, à l'aide de bons restaurans, seul remède que le médecin avait cru devoir lui prescrire, et qui avait le double avantage d'être très-agréable à prendre, et de ne rien coûter au preneur. Cependant le moment approchait où il faudrait sortir d'un lieu qui n'est pas établi pour les gens en bonne santé, et il était bon de penser à ce qu'on deviendrait. Kinglin était revenu des repas cachés sous des pierres;

d'ailleurs, la bonne chère ne suffit pas aux désirs d'un homme qui peut en former d'illimités. Le Bas-Breton, pour en finir, voulut avoir ce qui procure tout le reste, et il demanda à son démon où il trouverait un trésor qui ne fût à personne. « Dans les entrailles du Mont-Cénis est
« une mine d'or inconnue... — Et comment veux-
« tu que je l'exploite? Comme tu voudras, cela
« ne me regarde point. — Allons, voyons un
« autre trésor.—Depuis le Pérou jusqu'au Groen-
« land, l'or, l'argent, les diamans des naufragés
« sont roulés par les vagues... — Et comment
« veux-tu que j'aille prendre cela au fond de la
« mer? — Ce ne sont pas mes affaires. — Pas de
« mauvaises plaisanteries, monsieur Lucifer. In-
« diquez-moi un trésor que je puisse m'appro-
« prier. — Un gros célibataire place tous les deux
« ans, à fonds perdus, le fruit de sa parcimo-
« nieuse économie. A mesure que la somme s'ar-
« rondit, il enterre son argent dans un bois...
« — Mais cet argent est à son maître. — Mais
« ce maître doit mourir subitement ce soir, et
« comme il se cache de ses collatéraux, qu'il craint
« parce qu'il en agit mal avec eux, ils n'ont et
« n'auront jamais connaissance de ce trésor : ce
« soir donc, il ne sera à personne. — Et où est-
« il ce trésor-là ? — près de Bordeaux. — Je se-
« rai mort de faim avant d'y arriver. — Dame,
« arrange-toi. — Va me chercher le trésor. —
« Nous ne sommes pas convenus que j'irais : tu

« as demandé le don de deviner ; tu l'as, mes
« obligations sont remplies. »

Diable! diable! disait Kinglin en se grattant
l'oreille, ce qui ne l'avançait de rien, et il se
promenait de long en large dans sa salle. Il se
promena jusqu'à ce qu'on lui rapportât sa chemise, son gilet et sa culotte, qu'on lui rendit en
lui signifiant qu'il fallait faire place à d'autres. Il
sortit et regagna son grenier, qu'il trouva loué
à un nouveau venu, parce qu'il ne payait pas.
Il avait bien dîné, et il pouvait se passer de souper ; la soirée était belle, et quand on n'a rien
à perdre, on peut dormir à la belle étoile ; mais
l'avenir ? C'était toujours là ce qui le tourmentait, et cet avenir devait commencer le lendemain
à l'heure du déjeuner. Il y rêva, dans les rues de
Paris, jusqu'à onze heures du soir, et, se trouvant alors sous les piliers des Halles, il se coucha, et s'endormit d'un profond sommeil.

Il fut réveillé assez tard par un colporteur de
billets de loterie, qui criait d'une voix aigre :
On la tire aujourd'hui. « Voilà, dit Kinglin, une
« ressource qui me dispensera de m'ensevelir dans
« les entrailles du Mont-Cénis, dans le fond de la
« mer; et de faire le voyage de Bordeaux. » Il
entre chez un fripier, lui présente son gilet, en
tire quinze sous, et demande à son diable quels
sont les numéros qui vont sortir : « 7, 32, 49,
« 65, 81. » Et Kinglin court au prochain bureau ;
il met douze sous sur ce quine : le buraliste lui

rit au nez en faisant sa mise. « Rira bien qui rira
« le dernier, lui dit Kinglin, en prenant son
« billet. » Et avec les trois sous qui lui restent,
il achète une livre de pain, qu'il humecte de
deux verres de tisanne, se promettant bien de
dîner comme un prince.

Midi sonne, la roue a tourné, l'aveugle déesse
a rendu ses décrets, et le diable s'est montré
fidèle à tenir ses engagemens. Les cinq numéros
sortis assurent, à Kinglin, environ soixante-quinze
mille livres. Il retourne au bureau ; le buraliste
ne rit plus ; il avance un fauteuil à l'enfant gâté
de la fortune, et lui dit, en soupirant, que le
lot est trop fort pour être payé ailleurs qu'à l'administration
générale ; mais qu'il espère n'y perdre
rien. Kinglin ignore que les buralistes ne se
bornent pas à cinq pour cent de bénéfice sur les
mises, et qu'ils rançonnent impitoyablement le
pauvre diable qui regagne une fois, en sa vie,
une faible partie de ce qu'il a perdu au plus sot
et au plus fripon de tous les jeux : il faut que
son homme s'explique clairement. Kinglin, qui
n'est pas toujours bête, l'envoie promener ; il
prend un fiacre, il trotte à l'administration, on
lui pèse ses espèces, les sacs s'amoncèlent dans
la voiture, et il se fait conduire sous les piliers
des Halles, chez M. Rubit, le plus famé et le
mieux fourni des fripiers de ce temps-là.

On ne laisse pas soixante-quinze mille livres à

la garde d'un cocher de fiacre, bien qu'il s'en trouve de très-probes parfois, ce qui, pourtant, n'est pas commun. Kinglin envoie son cocher faire une battue aux environs, il revient avec tailleur, lingère, chapelier, cordonnier, perruquier et fourbisseur. Le fiacre est d'abord transformé en boutique de coiffeur. Le Bas-Breton est assis sur la partie basse, entre les deux banquettes, un bras sur chacun des coussins chargés de ses sacs. Le perruquier, à genoux, tantôt à une portière, tantôt à une autre, parvient à le raser, le papillote, le frise et le poudre à blanc. La canaille et les imbécilles s'amassent autour du fiacre, selon l'usage de Paris, où on semble n'avoir vu le monde qu'à travers le trou d'une bouteille; on hue, on siffle le nouvel enrichi, qui jette une poignée d'écus à droite et à gauche, et pendant que la *gredinaille* se gourme et se roule dans les ruisseaux pour un écu de plus ou de moins, la lingère succède au coiffeur, à celle-ci le tailleur, à celui-là le cordonnier, le chapelier, et enfin le fourbisseur. Tous font leur métier à force de temps et dans la plus gênante des attitudes, et personne ne murmure, parce que Kinglin a déclaré qu'il ne marchande jamais, et l'artisan de Paris, laborieux et patient, se prête à tout pendant les six jours de la semaine, pourvu que le dimanche il se dédommage en prenant l'habit neuf, en cachant ses mains noires ou calleuses dans des gants blancs tricotés, et en faisant, tant bien que mal, le monsieur dans la foule dont il est inconnu.

Un sac de douze cents francs vidé sur la place, Kinglin se fait conduire à un superbe hôtel garni qu'il avait remarqué en face de celui de son cousin le maréchal de France, qu'il compte bien narguer complètement à son tour. Il loue le plus bel appartement sur la rue ; il arrête un remise en attendant qu'il ait un équipage ; il prend un laquais que son hôte lui présente, en attendant qu'on lui ait trouvé un valet de chambre ; et il se fait servir un dîner somptueux, où rien n'est apprêté à l'émétique ni à la rhubarbe.

On ne passe pas d'une position désespérée à un état brillant, sans perdre un peu la tête : Kinglin, qui l'avait plus faible qu'un autre, la perdit tout-à-fait. Il arrêta d'abord qu'il satisferait toutes les fantaisies qui lui passeraient par le cerveau, et il lui en passa mille pendant qu'il dînait. Celle qui le chatouillait davantage était la fantaisie des femmes, qui est assez générale, qu'il avait essayée au séminaire, et qu'il pouvait maintenant satisfaire dans toute son étendue. Après s'être entretenu, en sortant de table, avec un carrossier et un bijoutier, il céda à un besoin plus pressant, peut-être, que celui de l'amour sur un cœur ulcéré, le besoin de la vengeance. Il écrivit à son cousin le maréchal de France, qu'il était informé du dérangement de ses affaires, et qu'ayant besoin d'un hôtel, il désirerait acquérir le sien, qui, depuis cent ans, appartenait à la famille, et dont, par cette considération, il offrait cent mille francs au-delà de sa valeur.

Vous trouverez que le cousin Kinglin va vite pour un homme qui ne possède que soixante-quinze mille francs ; mais la loterie se tire deux fois par mois, et Kinglin se promettait bien de ne pas s'en tenir à jouer le quine à dix sous.

Une idée saugrenue en amène quelquefois une bonne. Après avoir écrit à son cousin le maréchal de France, il écrivit à son cousin le maréchal-ferrant : « Vous m'avez envoyé six francs « quand j'étais pauvre, et c'était tout ce que « vous pouviez. Moi, je vous envoie cent louis, « et c'est moins que je ne peux ; mais ne vous « gênez pas, mon coffre-fort est à votre service. »

La somme et les deux lettres expédiées, Kinglin se livra sans réserve à son goût favori. Or, comme il pressentait que Plutus ne doit pas trouver de cruelles, il ne se donna pas la peine de chercher un objet intéressant à qui il pût plaire. Il demanda à son démon où il trouverait une fille qui lui parût la plus jolie et la plus aimante. Le diable l'envoya à la Comédie Française, dans la loge du roi, et avant de partir, Kinglin mit de l'or en quantité dans ses poches.

Il n'y avait encore dans cette loge que deux femmes, l'une sur le retour, l'autre dans tout l'éclat de la jeunesse, et dont l'ensemble parut à notre amoureux réunir ce qu'il pouvait imaginer de plus séduisant. Il aborda ces dames avec la noble hardiesse que donne l'opulence. La jeune personne lui parut timide, et il en augura bien ; il se déclara, on lui répondit avec candeur : la modestie jointe à la beauté, c'est plus qu'il n'en faut pour enflammer un cœur qui cherche à se donner. Rien ne rend éloquent comme une passion vraie : Kinglin parla bien, et, à la fin de la première pièce, on paraissait déjà l'écouter favorablement. La tante (car c'est ainsi que la jeune dame nommait l'autre), la tante se mit en tiers dans la conversation, et parut flattée des sentimens que sa nièce inspirait. Pendant la petite pièce, Kinglin glissa quelque chose sur l'état brillant de sa fortune. Cela ne pouvait rien déranger aux dispositions, déja très-favorables, d'une jolie femme, et il crut s'apercevoir que celle-ci devenait plus attentive. A la fin du spectacle, il présenta le poignet. Un équipage simple, mais élégant, attendait les dames à la porte ; Kinglin renvoya son remise, et monta en carrosse avec elles ; on le retint à souper, et il fut servi avec cette délicatesse qui annonce l'usage du plus grand monde.

Pendant le repas, il apprit que ses hôtesses étaient de province, que la tante venait solliciter, à Paris, un procès d'où dépendait sa fortune, et qu'elle avait saisi cette occasion de faire voir la capitale à sa nièce. Kinglin avait ouï dire que le bon droit ne suffit pas toujours, quelle que soit l'intégrité de nos juges ; il pensa qu'un millier de louis ne nuirait pas, dans l'esprit du rapporteur, à la bonté de la cause, et il les offrit franchement. On les refusa avec politesse, et certain air d'embarras lui fit soupçonner qu'on n'était pas en argent comptant. Il insista ; on se rendit, mais à condition qu'il recevrait une reconnaissance en bonne forme. Madame Latour passa dans son cabinet pour la faire, et le laissa seul avec la charmante Rose.

A la suite d'un prêt de mille louis, on peut hasarder quelques libertés. Kinglin s'en permit de très-prononcées, que l'innocence repoussa avec fermeté, mais sans aigreur : la vertu est toujours assez forte pour imposer au vice. Cependant l'amour, le vin, les liqueurs rendaient Kinglin entreprenant comme un page ; il ne se possédait plus. Rose, incapable de ces éclats qui nuisent toujours à la réputation d'une femme, se contentait d'opposer des mains très-actives aux attaques multipliées du téméraire ; en se défendant, elle marcha, malheureusement, sur la queue de sa robe, et broncha ; Kinglin la poussa ; elle tomba sur une ottomane, et ma foi...

La pauvre petite pleura en se relevant, et Kinglin recueillit et essuya ses larmes. Effrayé de l'indignité de sa conduite, il supplia Rose de ne rien faire paraître devant sa tante ; il lui jura qu'il l'épouserait aussitôt qu'il aurait rempli les formalités d'usage. Rose parut rassurée par cette promesse; ses jolis yeux se séchèrent; madame Latour rentra, ne s'aperçut de rien, et Kinglin les invita, l'une et l'autre, à venir dîner chez lui le lendemain.

En rentrant à l'hôtel, il trouva un officier que son cousin, le maréchal de France, avait chargé de répondre, verbalement, à sa lettre impertinente. La réponse fut excessivement dure, et Kinglin était fier, surtout depuis qu'il était riche. Il ferma sa porte; mit l'épée à la main, bien qu'il ne sût pas se mettre en garde, et reçut, à travers le bras, un coup qu'il fut très-heureux de n'avoir pas reçu ailleurs. Sa blessure le désespéra, parce qu'elle pouvait retarder un mariage dont la douce expectative lui tournait la tête. Il ne changea pourtant rien à ses dispositions du lendemain, parce qu'on dîne très-bien avec un bras en écharpe. C'est même un moyen à peu près sûr de paraître plus intéressant.

Le dîner fut tantôt gai, tantôt sentimental. Il faisait excessivement chaud, et madame Latour fut prendre l'air au jardin. Rose avait été surprise la veille, elle fut faible ce jour-là, et cela devait être : elle aimait pour la première fois, et elle estimait trop Kinglin pour douter qu'il tînt sa promesse.

Il en commença l'exécution au sein même des plus tendres caresses. L'aimable Rose voulut bien lui servir de secrétaire, et il dépêcha son laquais à l'officialité, avec une lettre dans laquelle il exposait que sa conscience était engagée à rendre l'honneur à une jeune personne respectable, et sa blessure pouvant avoir des suites funestes, il demanda une dispense de bans. Comme ces dispenses se payaient bien, l'official les accordait toujours, pourvu que la demande fut colorée d'un prétexte plausible. Le laquais revint avec l'expédition en bonne forme ; il n'y avait que quatre jours à passer jusqu'à la célébration; Rose et Kinglin étaient dans l'enchantement. Madame Latour partageait sincèrement leur satisfaction. On se quitta avec peine, on se promit de se réunir le lendemain, et on passa le temps à monter, sur le meilleur ton, la maison de madame Kinglin.

Le futur époux, passionné pour sa belle, renonça, en sa faveur, aux projets d'élévation qui l'avaient si long-temps occupé. Il ne voyait plus de bonheur que dans l'union de deux cœurs bien assortis, et il ne désira connaître l'avenir que pour combler son épouse de tous les dons de la fortune. Il devina les numéros du prochain tirage, et joua la plus forte somme qu'on puisse mettre sur un quine. A cette opération succédèrent les festins, les doux épanchemens, les emplettes de toute espèce. Un nombreux domestique fut choisi par Rose et sa tante, à la prière de Kinglin, qui ne s'entendait pas à cela; pour dernière preuve de confiance et d'estime, il leur abandonna l'administration de ses finances; enfin, le jour très-long, qui devait être suivi du jour le plus heureux, Kinglin, dont la blessure allait bien, sortit, malgré les tendres prières de Rose, pour aller acheter un riche écrin, qui devait ménager une agréable et dernière surprise, et le notaire fut mandé pour le soir.

Après avoir tout acheté, tout payé, Kinglin n'avait plus, chez lui, qu'une douzaine de mille francs; mais la loterie allait amener des millions, et il se promettait bien de toujours prodiguer l'or, de combler de bienfaits continuels celle qui l'enivrait de plaisirs. Il revint, son écrin en poche, pressé de voir Rose parée et embellie de ses diamans. Il entre... personne. Rose, sa tante, les valets, tout est sorti. Il interroge le maître de la maison. On lui répond que ces dames et leurs gens sont allés l'attendre à l'hôtel qu'il a acheté, et où il doit s'établir le soir. Kinglin n'a pensé à rien de cela, et il commence à entrevoir du galimatias. Il va à son armoire; sa caisse est partie avec ces dames, et au lieu de son argent, il trouve un billet : « Quand une fille rencontre « un benêt, elle le dupe, c'est la règle. Puisse la « leçon, M. de Kinglin, vous être profitable ! »

Kinglin jure, tempête, tonne, écume; il n'est pas au bout : certaine incommodité se manifeste d'une manière effrayante, et il s'en prend au diable qui l'a si cruellement trompé. « Je « t'ai répondu, lui dit l'esprit, et je te répon-

« drai toujours juste. — T'avais-je demandé une
« catin? — Tu m'as demandé où tu trouverais
« une fille qui te paraîtrait la plus jolie et la plus
« aimante. Rose t'a paru un objet enchanteur;
« Rose t'a paru animée par la plus pure et la plus
« vive tendresse : Rose est donc précisément ce
« que tu as voulu. — Mais l'honneur, les mœurs,
« la délicatesse? — As-tu pensé à rien de tout
« cela? — Et que puis-je faire de mieux à pré-
« sent...? — Prends des pilules. — Des pilules!
« Et mon argent? — Il est perdu. — Ce n'est pas
« que j'y tienne ; mais être aussi indignement
« joué! Il faut que je me venge, que je dépouille
« la perfide. Où la trouverais-je? — Au Palais-
« Royal. — Qu'y fait-elle? — Elle se moque de
« toi avec un maître d'armes, dont elle avait fait
« un de tes valets, et qui l'a aidée à te dévaliser.
« — Un maître d'armes! Il me tuera. Il vaut
« mieux aller demander justice à la police. — Et
« de quoi? Tu ne sais donc pas que dans un pays
« bien policé, il est permis de se ruiner pour
« une gourgandine, mais qu'il est défendu de lui
« rien reprendre, eût-on mis à la mendicité, pour
« elle, sa femme et dix enfans. — La jolie mé-
« thode! — C'est la vôtre, et vous vous croyez
« le peuple par excellence.

« Ah ça, puisque nous voilà en train de cau-
« ser, fais-moi deviner les motifs de la conduite
« de cette fille-là, qui me paraît inexplicable.
« Elle m'a escroqué trente-quatre mille francs;

« mais, en restant avec moi seulement un an, elle
« se fût gorgée d'or. — Tu lui étais insupporta-
« ble. — Bah ! — Et la signature du contrat ne
« laissait pas de l'embarrasser. Pour conserver le
« nom sous lequel elle s'est annoncée à toi, il
« fallait qu'elle fît un faux, et, pour ce délit-là,
« on est pendu. — C'est ce que je lui souhaite.
« — C'est ce qui lui arrivera quelque jour. »

Heureusement, Kinglin avait dans sa poche son billet de loterie, dont mademoiselle Rose fût sans doute devenue propriétaire ; s'il eût jugé à propos de lui avouer son commerce avec le diable, et ses moyens de se procurer de l'argent. Une indiscrétion de cette espèce l'eût singulièrement embarrassé, car il lui restait dix louis au plus, et l'habitude de gagner sans travail, et celle de dépenser sans discernement, qui se contracte avec tant de facilité, lui eussent rendu bien dures des privations qu'il comptait ne plus connaître, et qu'il eût fallu supporter jusqu'à un second tirage. Il attendit le premier en contractant des dettes, et sans autre dissipation que la triste et utile société de son chirurgien, qui, parfaitement d'accord avec le diable, lui fit prendre des pilules par *picotins*.

Le moment arriva où il devait monter à un degré d'opulence inconnu même à des princes du sang royal. Plein de joie, il se rendit, pour la seconde fois, à l'administration générale, conduit par sa confiance en la véracité de son démon. Il était attendu par quelques-uns de ces messieurs à qui on marque beaucoup d'égards, et qu'on n'aime à rencontrer nulle part.

Les cinq numéros étaient à peine sortis, que le buraliste, effrayé de l'énormité du lot qu'avait gagné Kinglin, tira à part le lieutenant de police et les administrateurs généraux. Il leur annonça qu'il y avait douze millions à payer à un homme à qui on venait de compter soixante-quinze mille livres, qui avait la manie de jouer le *quine sec*, et le bonheur de toujours gagner. Monseigneur de la police, qui devinait tout ce qu'on lui disait, sentit qu'en quatre mises un tel joueur devait écraser la loterie, et épuiser le trésor de sa Majesté. En conséquence, il donna, avant de se retirer, des ordres précis à cinq ou six des messieurs ci-dessus mentionnés.

Kinglin avait un air triomphant en entrant dans les bureaux; il regardait, avec complaisance, douze à quinze crocheteurs, qui devaient, à trente sous par tête, ployer sous le poids de la plus forte somme qu'ait jamais palpée un particulier. Il exhiba son billet d'un air tout-à-fait gracieux; l'administrateur qui le prit, le mit en pièces; les cinq à six messieurs le prirent par les bras et par les jambes, et, sans égard pour ses clameurs et ses jurons, ils le portèrent dans un fiacre, en assurant, d'un ton de bonhomie, aux gens qui se trouvèrent sur leur passage, que Kinglin était un fou, qui prétendait qu'on lui payât le quine, sans qu'il eût mis à la loterie, et qu'ils le conduisaient à Charenton.

Il fut traité, dans cet hôpital, d'après l'opinion que les gens de la police n'avaient pas manqué de donner de lui. On lui prodigua douches et remèdes. Plus on le tourmenta, plus il se répandit en injures contre les fripons qui déchirent les bons billets, et qui font mettre les gagnans entre quatre murs. Plus il parlait de son quine, plus on augmentait les douches et les remèdes. On les augmenta au point, que Kinglin, n'y pouvant plus tenir, rossa complètement deux frères de la Charité. La communauté se rassembla à leurs cris, et tomba en masse sur le pauvre Breton; on le saisit, on le lia, on le fouetta jusqu'au sang, et on le jeta, nu, dans un cul-de-basse-fosse.

« Il faut avouer, dit-il, que je suis bien à plain-
« dre, et c'est moi qui l'ai voulu. Quand je cul-
« tivais la terre, j'étais mécontent de mon sort;
« sans cesse heureux dans l'avenir, j'ai eu la ma-
« nie d'être duc de Bretagne, maréchal de France,
« intendant, pape. Je me suis fait moquer de moi
« par la noblesse et la robe de Rennes; j'ai été
« obligé de vendre mes chemises pour vivre, et
« je me suis fait chasser du séminaire. Cet avenir,
« dont la connaissance était l'objet de tous mes
« désirs, se dévoile à mes yeux : je suis sur le
« point d'être empoisonné avec de l'émétique, je
« reçois un coup d'épée, une fille me vole mon
« argent et ma santé, enfin, on m'enferme à Cha-

« renton, où on me donne le fouet, où on me
« traite d'une maladie que je n'ai pas, et où on
« me laisse celle que j'ai... C'était bien la peine de
« me faire sorcier! Avais-je besoin de rien savoir!
« sinon que la terre nourrit celui qui travaille?
« Et ne suis-je pas fou, en effet, de n'avoir pas
« continué à manger, en paix, mon pain noir et
« mes féveroles? »

Ces réflexions très-sages, mais trop tardives, n'empêchaient pas Kinglin d'être fouetté deux fois par jour, et baigné quatre. Son corps n'était qu'une plaie, et sa tête commençait à se déranger tout de bon. Cent fois il avait prié, supplié, conjuré son démon de le tirer de là, et son démon, très-laconique, lui avait toujours répondu : *Nous ne sommes pas convenus que j'agirais.*

« Puisque tu ne veux pas agir, dis-moi, du
« moins, quand je sortirai d'ici? — Quand tu
« auras écrit au lieutenant de police. — Et que
« faut-il que je lui écrive? — Que tu as eu, en
« effet, le cerveau affecté, mais que les soins
« charitables des bons frères t'ont rendu à la rai-
« son; que la preuve la plus sûre que tu en puisses
« donner, est de déclarer, et que tu déclares
« n'avoir pas mis à la loterie; que tu renonces à
« la somme exorbitante que tu as eu l'extrava-
« gance de demander avec des éclats indécens,
« et que tu espères que monseigneur daignera te
« rendre la liberté. — Quoi! il faut que celui

« qu'on vole, qu'on enferme, qu'on maltraite,
« s'abaisse à demander grace! — Ou continue à
« recevoir le fouet et des douches. Ne vois-tu pas
« que tu es une victime que demande l'intérêt
« de l'état? — Écrivons, reprit Kinglin en sou-
« pirant. »

Il n'est pas aisé à un fou, qu'on n'écoute jamais, d'obtenir du papier, des plumes et de l'encre. Kinglin fut fessé quatre jours encore, avant de trouver le moment de faire au supérieur la confession qu'il se proposait d'écrire au lieutenant de police.

Quand le supérieur vit ce pauvre diable doux comme un mouton, et renonçant à son quine, il s'applaudit singulièrement de lui avoir donné le fouet et des douches, et il regarda cette cure comme la plus belle qu'on eût faite dans la maison. Il donna au patient ce qui était nécessaire à la rédaction de son placet, et il y joignit une lettre pour le magistrat, dans laquelle il s'étendait, avec complaisance, sur ses moyens curatifs et sur leurs heureux résultats. Il finissait en certifiant, avec le plus profond respect, que son prisonnier était aussi sein d'esprit que lui-même. Le lieutenant de police rit, dans sa barbe, de la vanité et des talens prétendus du cher frère supérieur; il signa la sortie de Kinglin, et il ordonna, à celui qu'il chargeait de l'aller mettre dehors, de lui défendre, tout bas, de jamais jouer le quine sec, ni même le quaterne, à peine d'être mis à Bicêtre, et étranglé dans un cachot.

Ce n'est pas que le lieutenant de police, qui n'était pas sorcier, crût à l'existence de ceux qu'on disait tels. Il se défiait du bonheur du Bas-Breton, et comme la loterie doit être tout à l'avantage du gouvernement, il faut faire en sorte que tous les pontes y perdent, ce qui arrive assez généralement.

La défense expresse du lieutenant de police était fort inutile. Kinglin était revenu de tous les jeux qui mènent à Charenton, et il pensa à monter assez haut pour n'avoir plus à craindre l'autorité arbitraire des gens en place, qui ne s'exerce, communément, que sur les gens qui n'ont pas de consistance dans le monde. D'abord il voulut être prince du sang, avec un apanage considérable. Son diable lui démontra que sa puissance ne pouvait faire qu'il ne fût pas le fils de Jérôme Kinglin, et qu'il n'y avait pas de généalogiste qui pût l'agréger à la race des Bourbons, déja très-féconde en apanagistes. Kinglin voulut, au moins, être fermier-général ; le diable lui répondit que rien n'était plus aisé, moyennant un présent considérable au contrôleur-général, et un fort pot-de-vin à la compagnie, qu'il pourrait payer avec le produit du premier quine. Kinglin fit la grimace, et se tut un moment.

« Parbleu, reprit-il, je suis bien bête de me
« borner aux rangs inférieurs, tandis qu'il ne m'est
« pas plus difficile d'occuper le premier. Un

« royaume ne s'achète pas ; ainsi, pas de diffi-
« cultés à ce que je sois roi de France. Je serai le
« premier de ma race, car il y a commencement
« à tout, et, une fois sur le trône, je jouerai à la
« loterie tant qu'il me plaira, et j'enverrai, à son
« tour, le lieutenant de police à Charenton, où
« je le ferai fouetter, ainsi que tous les frères
« fouetteurs. Voyons, comment s'y prend-on pour
« être usurpateur ? — Il faut, d'abord, être heu-
« reux, et tu ne l'es pas. Il faut être né avec de
« grandes qualités, et tu n'en as que de très-min-
« ces. — Ah ! cela vous plaît à dire. — Es-tu un
« général consommé ? Jouis-tu de l'estime de la
« nation, et de la considération des étrangers ?
« As-tu une tête organisée de façon à tout voir
« et tout faire en grand ? As-tu un parti considé-
« rable, des finances acquises ou du crédit ? Quand
« tu auras tout cela, je te dirai, si tu m'inter-
« roges : montre-toi, et joue à chances égales ta
« tête contre une couronne. — Quoi ! il en coûte
« la tête à ceux qui ne réussissent pas ? C'est en-
« core pis que de gagner le quine. Dis-moi donc
« ce que j'entreprendrai, car tu sais bien qu'il
« faut que je prenne un parti ? — Tu sais bien,
« toi, que je ne me suis pas plus engagé à con-
« seiller qu'à agir. »

Kinglin employa quelques jours à passer en revue toutes les professions honorables ou lucratives de la société, et son diable lui prouva, par des raisons aussi claires que solides, qu'il n'en était pas une à laquelle il fût propre. Kinglin, entêté comme un Breton, se fâchait contre son diable, qui soutenait son dire avec un opiniâtre et imperturbable sang-froid.

Kinglin ne réfléchissait pas, et ne voyait pas que ses dix louis diminuaient à chaque projet nouveau, par le temps qu'il lui faisait perdre, et par la dépense que cause l'oisiveté. Il ne pouvait tarder à vendre une montre et une assez jolie bague, tristes restes d'un moment de splendeur, qu'on n'avait osé lui retenir à Charenton, et il ne se lassait pas de faire des châteaux en Espagne.

Comme il n'avait pas de quoi payer ses dettes, il n'était pas retourné à son hôtel garni, et comme il n'est pas amusant de s'occuper les jours entiers à penser à ses revers ou à s'entretenir avec le diable, Kinglin s'était lié avec un garçon-imprimeur, qui imprimait des almanachs de Liége à Paris, rue Saint-Jacques. L'imprimeur assurait qu'il s'en vendait quarante mille par an, quoiqu'il fût farci de plats mensonges et de niaiseries. Combien donc s'en vendrait-il, disait Kinglin, si je le faisais, moi qui annoncerais, avec précision, le beau et le mauvais temps, la paix et la guerre, les naissances et les morts ! A cette seule idée, son imagination s'enflamme. Il lui reste sept louis ; il peut en tirer quarante de sa montre et de sa bague ; il n'en faut pas tant pour acheter une presse et du papier ; il propose au garçon-imprimeur une association et des avances. Celui-ci, qui n'a rien à perdre, accepte les propositions de Kinglin, sans s'embarrasser s'il se couvrira de ses frais, et voilà le ci-devant duc de Bretagne, connétable ou maréchal de France, pape, intendant, prince du sang, fermier-général et roi, auteur et éditeur, dans un grenier, d'un almanach écrit sous la dictée du diable.

Indépendamment du chaud, du froid, de la pluie, du vent, de la grêle, des éclipses de lune ou de soleil, il prédit le tremblement de terre qui renversa Lisbonne, Sétubal, Fez et Méquinez; il prédit la guerre qui allait ensanglanter ce globe qui s'écroulait sous nos pieds; il annonça la perte du Canada, la prise du Port-Mahon, le supplice de l'amiral Bing, la gloire de Frédéric, la déroute de Rosback, celle de Minden et de Crévelt, la mort du comte de Gisors, la fin honorable du chevalier d'Assas, la blessure du prince de Brunswick, etc. Il n'en fallait pas tant pour mettre un almanach en réputation : cependant celui-ci ne se vendait pas, parce qu'il n'était point couvert en papier bleu, qu'il n'était pas de la façon de maître *Mathieu Lænsberg, célèbre astronome*, qu'il n'offrait aucun de ses petits contes qui amusent les servantes et les enfans, que la vérité y était présentée dans le style de Kinglin, c'est-à-dire, dénuée des ornemens qui la font supporter à des gens qui ne sont pas sorciers; il ne se vendait pas enfin, parce qu'il n'était pas l'almanach à la mode.

Kinglin et son garçon-imprimeur se désolaient, parce qu'ils se voyaient à la veille de manquer de tout. Kinglin demanda à son diable ce qu'il fallait faire pour débiter son édition : « Attendre, « lui répondit le démon. Tous les hommes cou- « rent au-devant du mensonge; les sots craignent « la lumière, les envieux la repoussent. Galilée « est mort dans les prisons de l'inquisition, pour « avoir deviné le mouvement de la terre autour « du soleil. »

Cependant un mitron qui apprenait à lire, et à qui il était indifférent de se servir d'un livre ou d'un autre, avait donné, à Kinglin, un petit pain pour un exemplaire de son diabolique ouvrage. A mesure que les variations de l'atmosphère arrivaient à la minute, ainsi qu'elles étaient prédites, le mitron était frappé d'étonnement et de respect. Il vanta son almanach à son maître et à sa maîtresse, qui lui rirent au nez, parce que le maître était un ivrogne, et que Kinglin annonçait que les vignes gèleraient; la maîtresse tirait les cartes, et se croyait infiniment au-dessus de tous les faiseurs d'almanachs nés et à naître. Mais, ma foi, l'incrédulité céda à l'évidence, quand la gazette de France donna les détails du désastre de Lisbonne. *La bourgeoise* fit cadeau d'un *Kinglin* à son bourgeois, le bourgeois le passa à son compère, le compère à sa prétendue, la prétendue à son confesseur, et le confesseur à son archevêque. L'archevêque, étonné de la conformité des prédictions avec les événemens, fit défendre l'almanach au prône, comme une production de l'esprit malin, et lança les foudres de l'église sur quiconque oserait le lire. Dès cet instant, les Parisiens, dignes fils du premier homme, et courant, comme lui, après le fruit défendu, coururent en foule chez Kinglin, et se moquèrent d'une religion qui tombait de vétusté, et que la persécution révolutionnaire a étayée pour quelques années encore. Quatre éditions du fameux almanach s'épuisèrent en six semaines, et le public oublia, pendant quelque temps, maître *Mathieu Lœnsberg*, et même maitre *Nostradamus*.

L'auteur et son associé préparaient gaiement l'almanach de l'année suivante. Déja Kinglin avait écrit que M. de la Touche, officier trop peu connu, serait assiégé, dans Pondichéry, par une armée de quatre-vingt mille hommes; que, suivi de trois cents Français, il pénétrerait, la nuit, dans le camp des ennemis, leur tuerait douze cents hommes, n'en perdrait que deux, jetterait l'épouvante dans cette grande armée, et la disperserait tout entière. Il annonçait la catastrophe du malheureux Lally, la perte de Chandernagor, de la Corée, de Québec, de la Martinique, et la ruine du commerce français dans les deux Indes. Il se proposait d'imprimer cet ouvrage sur papier vélin, de l'orner de vignettes de la façon de Longueil, et d'en faire relier cinq cents exemplaires en maroquin rouge pour l'usage de la cour, qui devait être très-flattée de ces prédictions, lorsqu'un incident qu'il ne prévoyait pas, bien que devin, dérangea la glorieuse et lucrative spéculation.

Depuis la maréchale d'Ancre, qui était aussi sorcière que Kinglin, on n'avait pas brûlé de sorciers en France, quoique rien ne soit si agréable au ciel, et aussi propre à ranimer la foi, que cette édifiante cérémonie. L'archevêque de Paris, ardent et zélé théologien, celui qui refusait les sacremens et la sépulture à ses frères en Jésus-Christ qui n'acceptaient pas, à l'article de la mort, la bulle *Unigenitus* qu'ils n'entendaient point, et le prélat pas beaucoup, cet archevêque imagina que rien n'ajouterait autant à la considération du clergé, et ne mortifierait plus la cour, avec qui il était au plus mal, que de faire griller, *de par Dieu*, un faiseur d'almanachs. Il dressa, contre Kinglin, une dénonciation adressée aux chambres du parlement assemblées. Cet écrit, absurde par le fond et la forme, ne pouvait être accueilli que dans un temps où la magistrature affectait de braver l'autorité du roi, qui s'efforçait de dissiper, par la douceur, les factions superstitieuses et les folles prétentions des cours de justice. Kinglin fut décrété de prise de corps, et il eût été indubitablement rôti, si l'archevêque ne se fût pas avisé de faire imprimer sa dénonciation, qu'il regardait comme un petit chef-d'œuvre, tout-à-fait propre à préparer les fidèles au spectacle dont il comptait les régaler.

Le frère du compagnon de Kinglin, imprimeur aussi de son métier, travaillait à l'imprimerie de l'officialité. Il courut avertir les associés du danger qui les menaçait : il était temps ; le décret venait d'être lancé ; l'almanach indiquait le domicile de l'auteur, et les limiers de la justice allaient se mettre à ses trousses. Kinglin et son ami partagèrent trois cents louis, et, comme un homme se cache plus aisément que deux, ils se séparèrent, portant chacun leur petit paquet sous le bras, et ils furent chercher un autre gîte et prendre un autre nom.

Kinglin, après quelques momens de réflexion, frémit du supplice où l'avait exposé la connaissance de l'avenir. Il adressa de nouveaux reproches à son démon, qui ne l'avertissait jamais des accidens qui accompagnaient toutes ses entreprises, et le démon lui répondit encore qu'il ne s'était pas plus engagé à conseiller qu'à agir. « Et « à quoi donc, esprit infernal que tu es, me « mène l'art de deviner ? — A faire des sottises, « comme en feront tous ceux qui voudront franchir les bornes que leur a prescrites la nature, « et à être plus malheureux que lorsque tu te conduisais d'après l'instinct qu'elle t'a donné. »

Kinglin, qui trouvait mauvais que le diable ne

le prévînt pas sur les choses les plus simples, ne pensa pas lui-même à l'interroger sur sa plus essentielle affaire. Au lieu de désirer des choses inutiles ou funestes, il aurait pu demander les moyens de recouvrer la paix de l'ame, premier bien dont les hommes s'occupent si peu. Il dut son salut à la prévention des huissiers, beaucoup moins adroits que les espions de la police. Kinglin, considéré comme sorcier, devait, selon eux, avoir l'air sinistre, l'œil hagard, les cheveux hérissés, les ongles allongés en façon de griffes ; comme auteur, un habit sec, le ventre plat, et les joues cavées. Pendant les courts instans d'abondance et de calme dont il avait joui, il s'était passablement refait ; sa mise propre et décente déjouait les alguazils, et, tous les jours, il passait auprès de quelqu'un d'entre eux sans en être remarqué. Il n'en était pas moins l'être le plus infortuné. Quand la grillade lui revenait à l'esprit, il croyait voir des huissiers dans tous les passans ; il regardait autour de lui d'un œil inquiet ; si on le fixait, il courait çà et là ; le bruit du vent l'empêchait de s'endormir, et des songes affreux le réveillaient en sursaut.

Dans d'autres momens, semblable à l'autruche, qui croit que le chasseur l'a perdue de vue quand elle s'est fourré la tête dans un trou, il se persuadait qu'il suffisait d'avoir changé de domicile et de nom, pour n'être pas découvert. Il cherchait alors à s'étourdir sur sa triste situation. Il fréquentait les spectacles, les bals, les promenades, où on ne penserait pas à le chercher, parce que tout le monde sait que les plaisirs innocens font, sur le commun des sorciers, l'effet de l'eau sur un enragé.

Il était à la Comédie Française. On allait donner une nouveauté de l'auteur à la mode, car la mode en France s'étend jusqu'à l'esprit, et il y a long-temps qu'on n'y veut plus de celui du Misanthrope. Quand cette pièce n'est pas jouée par l'acteur du jour, la bonne compagnie va au boulevart, et les comédiens ont bien de la peine à faire accepter des billets à leur tailleur, à leur marchande de modes, à leurs parens et à leurs créanciers.

Ce jour-là la foule était prodigieuse. Les amis de l'auteur, les femmes charmantes à qui il avait adressé des madrigaux, celles plus charmantes encore qui avaient écouté, avec bienveillance, la lecture de l'ouvrage, les enthousiastes de la scène française, ceux qui font métier de soutenir les pièces nouvelles, placés et groupés habilement dans toutes les parties de la salle, préconisaient le chef-d'œuvre qu'on allait entendre, disposaient ceux qui les entouraient à le trouver admirable, et ne balançaient pas à mettre l'auteur au-dessus de Molière, qu'il est plus aisé et qu'il serait plus sage d'admirer que de prétendre égaler. Pour contrebalancer cet engouement de coteries, s'étaient répandus, comme des fourmis, les écoliers qui ne trouvent rien de supportable après Plaute, Aristophane et Térence ; les jeunes gens qui trouvent tout mauvais, parce qu'il est plus commode d'improuver sans distinction, que de critiquer avec justesse, et de louer avec discernement ; plus, les auteurs jaloux, les auteurs tombés, qui, par des sarcasmes lancés sous une enveloppe décente, préparent la chute de leurs confrères ; enfin, les gens étrangers à l'art, qui vont à la comédie pour y parler affaires, chasse, chevaux, y nouer une intrigue ou la conduire à sa fin.

Entre tant de personnes si diversement affectées, et parlant de la pièce nouvelle d'une manière si différente, Kinglin ne savait quelle opinion adopter ; mais l'amour-propre veut qu'on en ait une qui soumette, qui entraîne les autres, et notre faiseur d'almanachs se sentit chatouillé de l'idée de prononcer définitivement sur le sort d'un ouvrage dramatique, même avant la représentation : rien ne donne autant de consistance à un pauvre hère, dont la décision est justifiée par l'évènement. Kinglin consulta son oracle ordinaire, et, d'après sa réponse, il annonça que la pièce tomberait. Un malheureux auteur, qui se consolait de sa nullité par les disgraces des autres, sourit agréablement à Kinglin ; un garçon brasseur, cousin de la cuisinière du poète qu'on allait juger, appliqua un vigoureux coup de talon sur le pied du prophète, en jurant que la pièce était excellente, et qu'elle prendrait malgré la cabale. Kinglin, qui n'était pas endurant, répondit au cousin par un grand coup de poing sur l'œil ; le cousin le prit aux cheveux, et le jeta sous la banquette ; la garde, à qui il était égal qu'un parti ou l'autre l'emportât, mais qui était là pour maintenir l'ordre, voulut arrêter les deux champions. Le brasseur se saisit d'un fusil, meuble incommode et inutile dans un parterre, le prit à deux mains par le bout du canon, donna de la crosse sur la tête de ceux qui l'approchaient de trop près, et s'esquiva ; les autres tombèrent sur Kinglin, embarrassé dans les jambes de ses voisins, lui meurtrirent de trente coups de bourrades l'estomac et les reins, le traînèrent au corps-de-garde, dont un sergent lui notifia qu'il ne sortirait qu'à la fin du spectacle.

Kinglin trouvait fort extraordinaire qu'après avoir donné son argent, il ne pût s'amuser qu'autant et de la manière dont les autres le trouveraient bon. Il trouva plus mauvais encore, que des soldats, entretenus des deniers publics, assommassent, à tort et à travers, des bourgeois rassemblés dans un lieu de plaisir. Il en demanda la raison à son diable. « C'est que l'homme est
« né méchant, qu'il tend sans cesse à opprimer,
« et que le sentiment de sa faiblesse le ramène
« seul à ces égards qui lui en méritent de la part
« des autres. Or, des soldats, dont le métier est
« de tuer, des garçons brasseurs, vigoureux et

« grossiers, ne doivent connaître que le droit de
« la force. »

Pendant que le diable tranchait du philosophe, à propos d'un billet de comédie, Kinglin fut vengé et son humeur calmée par le bruit des huées et des sifflets, qui parvint jusqu'à lui. Le parterre, à qui l'auteur n'avait pas adressé de madrigaux, ne permit pas que la pièce finît, et en dépit des femmes charmantes, des amis, de souteneurs de nouveautés, qui criaient à tue-tête : *A bas la cabale ;* malgré la patience imperturbable des comédiens, qui attendirent une demi-heure le moment de continuer, il fallut que le génie se laissât rogner les ailes ; le rideau tomba, Kinglin sortit du corps-de-garde, et il oublia les gourmades qu'il avait reçues, en répétant, d'un air triomphant, à ceux qu'il rencontrait : Je l'avais dit.

Il filait le long de la rue Dauphine, sifflottant un petit air, faisant jabot d'une main, se caressant le gros de la cuisse de l'autre, lorsqu'un homme lui dit à l'oreille : Entrez, monsieur, la société est superbe. « Je viens d'être battu et ar-
« rêté en très-bonne compagnie, se dit-il à lui-
« même ; il pourrait m'arriver pis ici. Je veux
« désormais tout prévoir, et interroger mon dia-
« ble sur les conséquences de mes moindres dé-
« marches. » Il lui demanda donc ce qu'il trouverait dans cette maison. « — La fortune. — Et

« quand j'en sortirai ? — Un sommeil paisible. —
« Et demain ? — La fortune. — A la bonne heure ;
« entrons. »

Il entre. Il voit une salle très-bien décorée, très-bien éclairée, un buffet où les rafraîchissemens se distribuent *gratis* et avec politesse, une longue table couverte d'un tapis vert, près de laquelle sont rangés circulairement, assis ou debout, un certain nombre de personnages de bonne ou mauvaise humeur. Au milieu de la table est un monsieur qui a devant lui des piles d'argent, des rouleaux d'or, et des cartes à la main. Kinglin regarde quelque temps, il conçoit la marche du jeu, et n'a pas besoin de l'intervention du diable pour deviner la cause du chagrin et de la joie qui passent alternativement d'un visage à l'autre.

Un jeune homme d'une figure intéressante jouait avec acharnement, et perdait des sommes considérables. Il souffrait d'autant plus qu'il s'efforçait de ne rien laisser paraître. Cependant sa poitrine se gonflait, les muscles de son visage étaient agités de mouvemens convulsifs, ses yeux enflammés ne cherchaient, ne fixaient que des cartes et de l'or : quelquefois il se tournait douloureusement vers le ciel. « Qui a pu, demanda
« Kinglin à son diable, imaginer cet affreux mé-
« tier-là ? — Parbleu, c'est moi. — Qui a pu amener les hommes à le considérer comme un jeu ?
« — C'est encore moi. — C'est donc aussi toi qui

« pousses au meurtre, au suicide, à l'empoison-
« nement, au parricide, à tous les crimes enfans
« d'une aveugle fureur? — Quoi, tu es encore à
« reconnaître la main ennemie et puissante qui
« entraîne le genre humain d'excès en excès ! ce
« sont là nos jeux à nous, et tu n'es qu'un sot. »

Bien que choqué d'une apostrophe déplacée, surtout à l'égard d'un gentilhomme Bas-Breton, Kinglin crut devoir en pardonner l'acrimonie pour sauver la fortune et, peut-être, la vie de celui auquel il s'intéressait. Il s'approcha de lui, et interrogeant son diable, aussi amicalement que s'il en eût reçu des complimens, il indiquait, à chaque coup, la couleur gagnante au jeune homme qui levait les épaules, qui continuait à jouer de travers, qui perdait toujours, et qui, excédé de s'entendre donner des conseils salutaires qui, disait-il, dérangeaient ses combinaisons, quoiqu'il n'en eût suivi aucun, les fit brusquement cesser par un : Hé f....., monsieur, mêlez-vous de vos affaires !

Kinglin, stupéfait de l'entêtement de ce jeune homme, passa de l'autre côté sans lui répliquer un mot. « Selon les apparences, se dit-il, je ne
« serais pas mieux reçu des autres ; ainsi, taisons-
« nous, et, pour passer le temps d'une manière
« utile et agréable, voyons un peu ce qui se
« passe dans l'intérieur de certains individus,
« dont les figures annoncent une passion effré-
« née, et sachons comment ils doivent finir. »

A la fin de ce monologue, le jeune homme qui répondait si mal à la bienveillance qu'on lui marquait, se leva d'un air furieux, et sortit. « Où va-t-il, demanda Kinglin au démon ? — Se « noyer. — Je cours l'en empêcher. — Garde-« t'en bien ; c'est ce qu'il peut faire de mieux. « — Et pourquoi cela ? La jeunesse a toujours « des ressources. — Aucune, quand elle a perdu « l'honneur. » Et le diable conta à Kinglin que ce jeune homme avait commencé par perdre ce qu'il possédait ; que l'espoir de rétablir ses affaires l'avait porté à risquer le montant de plusieurs lettres de change que lui avait confiées un négociant dont il était le commis, et que la totalité venait de passer dans les mains du banquier. — « Tu as raison, dit Kinglin, qu'il se noie ; la mort « est le seul asile qui lui reste contre l'infamie.

« Quel est ce gros coquin qui rit également « quand il perd et quand il gagne, qui ne sait « sur quelle épaule fixer la bourse de sa perru-« que, et qui embarrasse son épée dans les jam-« bes de ses voisins ? — C'est un chanoine de « Notre-Dame, qui ne peut jouer dans son cloître, « qui se déguise pour venir ici, qui y perd tous « les ans la moitié de sa prébende, et qui mange « gaiement l'autre avec deux gouvernantes, dont « l'aînée a vingt-deux ans. — Je croyais que la « *bonne* d'un ecclésiastique devait en avoir au « moins quarante. — C'est ce que l'archevêque « lui a fait observer ; mais, le chanoine a répondu

« à son éminence qu'il avait pris une gouvernante
« en deux volumes.

« Et cet autre qui se ronge un poing et s'ar-
« rache un côté de cheveux? — C'est un notaire
« qui a reçu un dépôt qui devait être sacré pour
« lui. Il va le perdre en entier, et se brûlera la
« cervelle en rentrant dans son cabinet.

« Pourquoi cet officier de cavalerie déchire-t-il
« les paremens de son habit? — On lui a donné
« vingt-mille francs pour aller en remonte, et le
« banquier est sur le point de mettre le régi-
« ment à pied. L'officier déshonoré se cachera,
« tombera dans la misère, se liera avec de mau-
« vais sujets, volera, assassinera, et sera rompu
« vif.

« — Que d'horreurs! Ah!... pourquoi cet ado-
« lescent est-il si calme et si froid? — Celui-là
« commence à jouer, et ne perd' encore que des
« bagatelles. Bientôt il volera son père, et l'as-
« sassinera ensuite pour satisfaire librement une
« passion qui deviendra insurmontable. Égaré,
« hors de lui, il ira se livrer à la justice, et dans
« un moment de honte, de douleur, de remords,
« il s'étranglera dans sa prison.

« Ces gens-là sont donc nés avec des qualités
« perverses? — Pas du tout; ce sont des aveu-
« gles qui trouvent un abîme sous leurs pieds,
« et qui s'y précipitent. — Et le gouvernement
« laisse l'abîme ouvert? — Il a besoin d'argent,
« le banquier en fournit. — Ce banquier est un

« fripon. — Et ceux qui l'autorisent? — Que
« m'arrivera-t-il si je dis tout haut ce que j'en
« pense? — Tu iras pourrir à la Bastille. — Je
« me tais.

« Il me semble, reprit Kinglin, après quel-
« ques instans de méditation, que je ne ferais
« pas mal de reprendre à ce coquin de banquier
« les dépouilles de ces malheureux, et de m'en-
« richir, puisque je ne puis les empêcher de s'é-
« craser : il n'est pas défendu de ramasser ce qu'un
« insensé jette par la fenêtre.

« Encore un mot avant que j'opère; j'ai le temps
« de faire passer cet or du tapis dans ma poche,
« et plus on en perdra, plus je gagnerai. Quel
« est cet autre jeune homme qui hasarde ses louis
« en tremblant, qui palpite de crainte pendant
« qu'on tire les cartes, qui paraît si douloureu-
« sement affecté, et qui, cependant, a encore une
« forte somme devant lui? — C'est un homme
« bien élevé, aimable, spirituel, honnête, qui a
« signé hier son contrat de mariage avec une fille
« accomplie qu'il adore, et dont il est tendre-
« ment aimé. Il avait touché la dot, qu'il allait
« avantageusement placer, lorsqu'il a été ren-
« contré par un être qu'il croit son ami, et que
« la banque paie pour amener des dupes. Ce
« drôle a usé d'adresse pour le faire entrer ici.
« C'est la première fois qu'il y vient, et il a joué
« d'abord quelques louis en plaisantant. Il s'est
« échauffé insensiblement, il s'enfile, et, dans ce

« moment, son unique désir est de regagner ce
« qu'il a perdu. — Et ne jouera-t-il plus, si je
« rétablis la dot dans son entier? — Il en est in-
« capable. — Faisons une bonne action. Ah ! le
« gouvernement ne veut pas fermer ces repaires!
« je les fermerai, moi ; je ferai sauter toutes les
« banques.

« Écoutez, monsieur, dit Kinglin au jeune
« homme, ce jeu-ci, que vous ne connaissez pas,
« ressemble infiniment à la loterie, que je connais
« beaucoup. Tous deux *sont des impôts sur les
« mauvaises têtes*. Vous êtes comptable à votre
« beau-père de la fortune de sa fille ; vous l'êtes
« de la vôtre à vos enfans à venir. Ne risquez plus
« rien, et, en quelques coups, je ne vous laisserai
« que le souvenir de l'orage qui est prêt à vous
« accabler. » Le jeune homme, naturellement
doux, ne prit pas ces conseils en mauvaise part.
Cependant il ne concevait pas qu'un étranger
qu'il n'avait jamais vu, pût être au courant de ses
affaires. Il ne concevait pas davantage qu'il parlât avec cette assurance de fixer des chances qui
semblent ne dépendre que du hasard. Il fut tenté
de le croire fou ; mais, comme il s'agissait de
conserver ou de perdre l'objet le plus chéri, et
que, dans ce cas, rien ne pouvait lui paraître indifférent, il cessa de jouer, pour voir comment
Kinglin jouerait lui-même, et Kinglin, enchanté
de sa docilité, conclut qu'en effet il n'était pas
né joueur.

Le Bas-Breton a cinquante louis dans sa poche, il les joue à la fois. Il gagne, il double, triple, quadruple, quintuple, sextuple enfin, et enlève quatre mille six cents louis qui étaient sur la table. Au dernier coup, le banquier chercha de mauvaises défaites pour se dispenser de payer. Sept à huit joueurs, qui avaient perdu jusqu'à leurs montres, leurs boîtes et leurs bagues, sur lesquelles monsieur de la chambre avait donné de l'argent, et qu'ils ne pouvaient plus retirer, applaudirent à la ruine du banquier, qui ne leur rendait rien, et jurèrent que s'il ne payait à l'instant, ils le jeteraient par la fenêtre. Kinglin toucha ce qui lui était dû; il frappa sur l'épaule du futur époux, et sortit avec lui.

Quelques malheureux le suivirent : ils ne demandaient rien ; mais ils avaient le teint livide, les yeux humides, et ils avançaient involontairement la main. Kinglin, élevé par une mère d'une foi robuste, possédait son écriture sainte. Il en parodia un passage d'un air de dignité, en donnant un rouleau à chacun de ces infortunés : « Allez, leur dit-il, et ne jouez plus. »

Il conduisit chez le meilleur restaurateur des environs celui à qui il allait rendre le plus signalé des services : « Un homme comme vous, « lui dit-il, ne peut pas me tromper; je le sais « de quelqu'un qui ne ment jamais. Voyons, « combien avez-vous perdu ? — Bien près de dix « mille francs. — Les voilà. Soupons, et, pour

« l'intérêt de mon argent, je me prie de la noce. »

On ne trouve pas tous les jours des gens disposés à faire de pareils cadeaux. Si le jeune homme avait été frappé des discours de Kinglin, il admira son procédé si rare. « Oui, certes, lui dit-il, « vous serez de la noce ; vous ferez plus, vous « permettrez que je sois le plus sincère et le plus « chaud de vos amis. » A ces mots, si flatteurs pour Kinglin, succédèrent les embrassades, et aux embrassades, des questions bien naturelles en pareille circonstance. Le jeune homme voulait savoir qui l'avait obligé ; comment l'homme obligeant avait su qu'il se mariait et qu'il jouait la dot de sa future. A tout cela, Kinglin, devenu prudent, à ce qu'il croyait, répondit vaguement, prit le nom et la demeure de M. Rousseau, s'informa du jour et de l'heure où le bienheureux *oui* serait prononcé, et garda le plus profond silence sur ce qui le concernait personnellement. Rousseau respecta son secret : on servit ; le souper fut aussi intéressant qu'il devait l'être entre deux hommes, dont l'un était reconnaissant, et l'autre sensible au plaisir d'obliger. Ils se quittèrent tard ; ils se promirent de se revoir bientôt. Kinglin se retira chez lui, se coucha, et dormit d'un sommeil paisible, comme le diable le lui avait promis. « Ah ! ah ! dit-il, les bonnes « actions rafraîchissent le sang, et raniment le « cœur : j'en ferai tous les jours. »

Il s'était promis de fermer successivement,

par le plus lucratif des moyens, les maisons de jeu que le diable lui indiquerait. Ces maisons n'ouvrent qu'à midi, il n'était encore que huit heures. Il sortit désœuvré et ne sachant à quoi il passerait le temps : on bâille assez communément quand on n'a que de l'argent et point d'occupation.

Les cafés commençaient à se garnir. Une foule d'une activité remarquable se pressait dans celui de la Régence; il était égal à Kinglin de déjeuner là ou ailleurs. En prenant sa tasse de chocolat, il sentit quelque envie d'apprendre ce qui mettait en mouvement ce peuple qui parlait un français qu'il n'entendait pas. C'étaient des agioteurs, qui ont, en effet, leur dictionnaire particulier, comme les filous, les théologiens, les révolutionnaires, et une mise et une moralité qui les distinguent des honnêtes gens. Kinglin, bon par nature, délicat par habitude, ne concevait pas ce que c'est qu'un agioteur. « Ce sont,
« lui dit le diable, des êtres qui ne tiennent à la
« société que pour en dévorer la substance, et
« qui engraissent ou maigrissent selon que la
« misère publique augmente ou diminue. » Pour rendre sa donnée plus claire, le démon raconta une gentillesse qu'avait imaginée un de ces messieurs, et qui n'était qu'un de leurs tours de passe-passe assez ordinaires.

Les Anglais étaient débarqués en Bretagne ; le duc d'Aiguillon marchait contre eux, et un gazetier, de moitié avec l'agioteur, avait imprimé que les Français étaient battus, et l'ennemi entré à Saint-Malo. De là, la grande agitation qui régnait parmi ces joueurs d'une autre espèce. Ils s'empressaient de vendre leur papier à vil prix ; l'auteur de la nouvelle se hâtait d'en prendre ce qu'il en pouvait payer ; la vérité, que sut Kinglin, est que. M. d'Aiguillon était vainqueur à Saint-Cast, et que les effets publics remonteraient considérablement quand la nouvelle de sa victoire se répandrait dans Paris. L'agioteur comptait bien revendre alors, et Kinglin ne trouva pas le moindre inconvénient à profiter de la baisse que venait d'amener l'intrigue. Il acheta aussi pour une somme considérable, et gagna effectivement le lendemain vingt-cinq à trente pour cent.

En sortant du café, il rencontra un malheureux étendu sur le pavé, exposant au public qu'il voulait attendrir, une plaie affreuse qui lui rongeait la jambe. Le premier mouvement de Kinglin fut de lui faire l'aumône ; mais il réfléchit que six francs mal donnés sont un vol fait à l'honnête homme malheureux. « Pourquoi, de« manda-t-il à son diable, la jambe de ce cul-de« jatte ne guérit-elle point ? — Il serait bien fâché « qu'elle guérît, sa plaie est son gagne-pain. C'est « un fainéant à qui on donne beaucoup, qui « s'enivre le soir, en se moquant des dupes qu'il « a faites dans la journée. et qui s'applaudit le

« matin en voyant sa jambe plus envenimée que
« la veille.

« Et cette femme entourée de ses quatre en-
« fans couchés à terre sur des haillons? — Autre
« coquine qui n'a jamais été mère, bien qu'elle
« ait fait plus qu'il ne faut pour cela. Elle a volé
« ces enfans-là pour attirer la compassion, et elle
« les pince de temps en temps pour les faire
« pleurer.

« Quel est donc celui qui mérite que je lui
« donne, car je veux continuer à donner, cela
« fait bien dormir? — Vois-tu ce crocheteur qui
« plie sous le faix sans se plaindre? — Il a l'air
« gai et bien portant. — Pour avoir droit à tes
« secours, faut-il n'avoir plus figure humaine?
« Cet homme a une jolie petite femme, bien la-
« borieuse et bien sage, qui l'a déja rendu père
« de six enfans, et à qui il en fera encore six. Il
« n'a que du pain à leur donner ; mais il le mange
« gaiement avec eux. — Courons, courons. » Et
Kinglin met deux louis dans la main du crocheteur. « Je t'en donnerai autant tous les mois ;
« ménage tes forces ; fais des enfans à ta petite
« femme : les secours augmenteront avec ta fa-
« mille. »

Il alla ensuite de tripot en tripot. Partout il
vengea les victimes des banquiers, en leur enle-
vant jusqu'à leur dernier écu. Il se trouva à la fin
du jour possesseur d'une somme énorme ; et,
fidèle à la promesse qu'il s'était faite de ne rien

entreprendre sans interroger son diable, il lui demanda ce qui lui arriverait s'il cherchait à augmenter sa fortune. « Tu seras assailli par les in-
« quiétudes, et tu t'imposeras les privations,
« compagnes inséparables de l'avarice. — Ne pen-
« sons plus à thésauriser; cherchons à jouir de
« nos richesses raisonnablement, et, par consé-
« quent, sans regrets. — Il n'était pas nécessaire
« de te donner au diable pour trouver cela. —
« J'éviterai les filles, les intrigans, les flatteurs,
« les libertins. — Comme tu voudras. — Je vi-
« vrai avec des gens aimables, aimans, bons, sur-
« tout. — A la bonne heure. — Et, pour prolon-
« ger cette manière agréable d'exister, je placerai
« avantageusement mon argent. Que deviendra-
« t-il si je le confie au gouvernement? — Zéro.
« — Si je forme une entreprise de théâtre ? —
« C'est le moyen le plus sûr de faire banque-
« route. — Si je m'associe à un négociant famé?
« — Il fera ses affaires aux dépens des tiennes. —
« Si j'achète une grande charge ? — Tu augmen-
« teras le nombre des ignorans décorés. — Si je
« fais valoir mes fonds sur la place ? — Tu ne
« seras plus qu'un usurier. — Et que diable fe-
« rai-je donc ? — Je ne conseille jamais. — Ah!...
« si j'achète cette belle terre qui est à vendre
« dans ma province ? — Tu relèveras l'éclat de
« ta race, et, si tu te conduis comme tu le pro-
« jetais tout à l'heure, tu auras, dans ta vie, quel-
« ques momens de bonheur pur : c'est tout ce

« que l'homme peut espérer. — Achetons la
« terre. »

Kinglin va chez le notaire chargé de vendre ;
il prend les renseignemens nécessaires, il marchande, il conclut ; il dépose ses fonds, il signe
le contrat, et il ne pense plus qu'à la noce où il
doit s'amuser le lendemain.

Une noce est une fête où on a un peu plus,
un peu moins de plaisir, où on boit, danse et
rit avec des gens qui se conviennent plus ou
moins. Ce qui peut y arriver de pis, c'est de se
donner une entorse, et pour semblables niaiseries, ce n'est pas la peine de déranger le diable
de son enfer : ainsi pensait le prévoyant Kinglin.
Il se mit comme un prince, et fut prendre de
bonne heure son ami Rousseau, qui le présenta
à sa future et à son père, comme le meilleur de
ses amis, en observant pourtant un profond silence sur l'origine de leur amitié.

On partit pour l'église. Rousseau était enchanté ;
sa maîtresse était rayonnante. Leur joie faisait,
sur Kinglin, une impression qu'il n'avait pas encore éprouvée. Il pensa qu'une femme qui l'aimerait comme madame Rousseau aimait son mari,
ajouterait beaucoup aux agrémens de sa terre. Il
rêva à cela pendant la cérémonie, il y rêva en
revenant, il y rêva plus que jamais pendant le
dîner, et pour cause : on l'avait placé à côté d'une
sœur de la mariée, qui lui parut aussi bien élevée
que modeste et jolie. Il lui fit constamment sa

cour ; il lui sembla qu'il ne déplaisait point, et il en fut d'autant plus flatté, que la jeune personne ignorait qu'il eût une terre de quarante mille livres de rente, et qu'il fût de l'illustre maison de Kinglin.

Il dansa avec elle, et ne dansa pas mal pour quelqu'un qui n'a eu de maître que le désir de plaire. Un peu formé par l'usage du monde, et la société du diable, il entretint fort agréablement mademoiselle Caroline, quand elle jugea à propos de se reposer. On soupa, et il se trouva encore à côté d'elle, soit que ce fût l'effet du hasard, soit qu'elle eût disposé les choses en conséquence. Beaucoup d'amour, un peu de vin, et un grain de vanité, le portèrent à parler de son bien et à décliner son nom. Il comptait par-là avancer ses affaires auprès de la demoiselle, et se concilier les bonnes graces du père, qui changea, en effet, de visage au moment où le Bas-Breton se nomma.

Ce beau-père était huissier au parlement ; la plupart des convives l'étaient aussi. La révolution des visages fut générale ; les traits mignons de Caroline et ceux de Rousseau se décomposèrent aussi. Kinglin était trop préoccupé, et avait un peu trop bu pour s'en apercevoir.

Ces messieurs sentaient quel mérite ils pouvaient se faire auprès de nos seigneurs de la cour, en leur livrant un homme qu'on cherchait depuis si long-temps. Cependant, le plus grand nombre pensait à part soi, qu'il serait inconvenant d'arrêter, au milieu d'une fête de famille, un individu que semblaient défendre les droits sacrés de l'hospitalité. Un d'eux, plus huissier que les autres, jugea que le devoir devait l'emporter sur les convenances ; il sortit sans rien dire, et fut avertir ses gens.

L'honnête Rousseau se rappela, en apprenant le vrai nom de son ami, la manière prophétique dont il lui avait parlé au tripot de la rue Dauphine, l'assurance avec laquelle il avait joué, et cette suite de prédictions accomplies ne lui paraissait pas tout-à-fait dans l'ordre de la nature. Bien qu'il fût ce qu'on appelait alors un esprit fort, il ne put s'empêcher de conclure qu'il pouvait y avoir un peu de magie dans tout cela. Il ne se crut pas moins obligé d'être reconnaissant envers un homme qui faisait un si noble usage de sa sorcellerie. Il connaissait le caractère froidement atroce de celui qui venait de sortir ; il prit à part son beau-père et ses confrères, et pendant qu'il s'épuisait en raisonnemens pour sauver le pauvre Kinglin, celui-ci, impatient de valser avec mademoiselle Caroline, sortit pour ramener les ménétriers, à qui on n'avait donné qu'une bouteille de vin par tête, et qui achevaient de s'enivrer au cabaret en face, pendant que les gens de la noce finissaient de souper.

A peine a-t-il le pied dans la rue, que douze à quinze gredins le saisissent par les quatre membres, lui ôtent son épée, le jettent dans un fiacre, et l'écrouent à la Conciergerie. Le geôlier le fait descendre dans le plus profond des cachots, lui met les fers aux pieds et aux mains, et l'attache au travers du corps, avec une chaîne de fer, à un poteau scellé dans le pavé, parce qu'il est de notoriété publique que les sorciers s'échappent à travers les murs ou par le trou des serrures.

Kinglin passa une nuit bien différente de celle que lui promettaient les charmes et l'amabilité de mademoiselle Caroline. La tête appuyée sur une pierre, le corps étendu sur un peu de paille infecte, il déplorait amèrement son sort. « Quoi,
« disait-il, je serai brûlé pour avoir deviné qu'un
« honnête homme allait perdre son argent et sa
« maîtresse, pour lui avoir rendu l'un et l'autre,
« et m'être fait un plaisir de partager leur joie à
« tous deux ! Chienne de noce, où je croyais
« n'avoir à craindre qu'une entorse ! Imbécille
« que je suis, de n'avoir pas consulté mon dé-
« mon ! Mais pour prévoir que je me trouverais
« au milieu de ceux mêmes qui me cherchaient,
« il aurait fallu être le diable en personne. Mau-
« dite manie de pénétrer l'avenir, tu me seras
« donc toujours fatale ! »

Le lendemain on le conduisit à l'interrogatoire. Le juge marqua tant de passion, le procès prit une tournure si vive, que l'accusé n'eut pas même le courage de consulter le diable sur son issue, qui n'était que trop claire.

Fort heureusement pour Kinglin, le roi, fatigué des tracasseries du parlement et de l'archevêque, exila le premier à Pontoise, et le second à Conflans. Le Châtelet fut chargé de suivre les affaires civiles et criminelles. Les pièces relatives au Bas-Breton furent examinées à leur tour, et ses nouveaux juges, jaloux de la suprématie que s'arrogeait le parlement sur les autres tribunaux, enchantés de prouver à la cour par excellence qu'elle faisait des sottises comme les autres, annulèrent la procédure par un décret qui portait que l'accusation roulant sur des chimères, l'accusé serait mis en liberté.

Kinglin, sorti de prison, oublia facilement, selon un usage heureux, ce qu'il avait souffert. Il goûta même quelques momens d'un bonheur pur, en pensant que ses fonds, déposés à propos chez le notaire, lui assuraient la paisible possession de sa terre, et il fut agréablement trompé en retrouvant le reste de son argent, ses bijoux, ses effets les plus précieux, qui avaient échappé à la rapacité et aux recherches des gens à scellés et à saisies. Il en était redevable à Rousseau, qui les avait prévenus en courant à son domicile au moment de son arrestation.

Il ne manquait à sa satisfaction que de faire dame d'une terre à clocher, mademoiselle Caroline, qui ne demandait pas mieux. Le père, qui ne s'était pas prêté à son malheur d'une manière directe, mais qui n'avait rien fait aussi pour le prévenir, fut au-devant de lui quand il fut certain qu'il n'avait plus rien à craindre de la justice ecclésiastique ou séculière. Il le ramena facilement par quelques démarches amicales et polies, et rejeta tout ce qui s'était passé sur son confrère, qui n'était pas là pour lui répondre qu'il avait souvent fait pis.

Cependant, le souvenir de tant d'évènemens fâcheux avait rendu Kinglin extrêmement circonspect. Toujours en garde contre cet avenir, dont la connaissance devait être pour lui la félicité suprême, il vivait au milieu des craintes et des précautions. Jamais diable ne fut aussi occupé que le sien : il ne cessait de voyager de l'enfer à Paris, et de Paris en enfer. Si Kinglin toussait, il voulait savoir s'il ne devenait pas poitrinaire ; avait-il froid, il demandait si c'était la fièvre quarte qu'il allait avoir, ou la tierce, ou la continue ; prenait-il un verre de vin, il s'assurait qu'il ne lui monterait pas à la tête ; un œuf frais, qu'il ne lui causerait pas d'indigestion. Son diable, toujours à son oreille, ne pouvait plus faire broncher une jolie fille, rendre une épouse infidèle, une prude féconde, ni désoler un vieux jaloux. Si ce diable eût été seul de son espèce, le genre humain fût promptement revenu à cet état d'innocence dans lequel végétaient tristement Adam et Ève, avant qu'ils fussent tentés de goûter d'une pomme moins tentante qu'un ananas. Mais, bien qu'il y eût de tout dans le paradis terrestre, il n'y a pas d'ananas dans le pays où on a écrit l'histoire véritable d'Adam ; ainsi, il faudrait être de bien mauvaise humeur pour reprocher au romancier de n'avoir pas donné la préférence à ce fruit délicieux. Après tout, il ne serait pas plus gai d'être damné pour un ananas que pour une pomme. J'espère que nous ne le serons pas du tout.

Revenons. Le mariage de Kinglin était arrêté, et vous pensez bien que, toujours timoré, il avait fait au diable toutes les questions possibles sur les qualités physiques et morales de mademoiselle Caroline. L'aimait-elle véritablement ? L'aimerait-elle long-temps ? Ne serait-elle pas tentée d'être infidèle ? Conserverait-elle ses charmes autant que Ninon ? Lui donnerait-elle de beaux enfans ? ses couches seraient-elles heureuses, son lait de première qualité ? Sa conversation serait-elle toujours vive et pourtant sensée, attachante sans pédantisme, et variée sans prétention ? Les réponses de l'esprit malin furent toutes à l'avantage de mademoiselle Caroline.

Il était enchanté, le bonhomme Kinglin. Cependant il connaissait le goût de son diable pour les réticences qui lui étaient constamment fatales. La veille des fiançailles il craignit d'avoir omis quelque chose d'important ; et, pour forcer l'oracle à répondre catégoriquement, il résuma, en quatre mots, toutes les interrogations faites et à faire. « Tu m'assures donc que je n'éprouverai

« aucun chagrin de la part de Caroline? — Je
« n'ai pas dit cela. — Ah, diable!... Hé, qu'ai-je
« donc à craindre d'elle ? — Elle est exigeante,
« emportée ; elle se contraint parce qu'elle veut
« un mari ; mais quand tu seras le sien, qu'elle
« n'aura plus d'intérêt à te ménager, le caractère
« percera, elle te désolera, te tourmentera ; tu
« la battras, elle t'empoisonnera. — Ah, bon
« dieu !... Vite, écrivons au père que je lui rends
« sa parole, et que je retire la mienne. »

Kinglin rompit, en effet, et très-brusquement avec le papa, dont les procédés antérieurs dispensaient de ménagement. Il se jeta dans le grand monde, ce qui est toujours très-facile quand on a de l'argent ; il fut accueilli partout, ce qui ne manque pas d'arriver quand on a de l'argent ; et il s'ennuya souvent, parce que l'argent, les meubles, les chevaux, les livrées ne sont pas le plaisir, qu'on croit fixer au milieu de tout cela, qui s'échappe et se réfugie quelquefois dans un grenier.

Kinglin ne rencontrait pas une jolie fille, qu'il ne sentît encore des démangeaisons de mariage, et elles avaient toutes un défaut capital qui l'arrêtait au moment de conclure. L'une était trop sensible pour n'aimer qu'un seul homme ; l'autre avait un penchant décidé à la prodigalité ; celle-ci était une étourdie, incapable de gouverner sa maison ; celle-là exigerait qu'il fût sans cesse aux petits soins avec elle, et qu'il l'épousât régulièrement deux fois par jour, ce qui est pénible à la longue. Kinglin se fâcha, et il eut tort : perfection et humanité, sont deux mots incohérens. Il ne réfléchit pas qu'il était lui-même un composé d'imperfections ; il déclama partout contre les femmes, qui, pourtant, nous valent bien, et il renonça au mariage, qui est quelquefois supportable.

Pour s'étourdir sur les désagrémens du célibat, il donna des dîners somptueux, après s'être assuré, selon sa coutume, qu'ils n'entraîneraient pas de suites fâcheuses. Il passait la matinée à ordonner son repas, quatre heures à en faire les honneurs, et la soirée à dire ou à écouter des sornettes, ou à remuer des cartes, ou à gober la poussière des Champs-Élysées : c'était autant de temps de passé.

Bâillant un jour au milieu de ses convives, qui cherchaient pourtant à lui plaire, et trouvaient charmantes les platitudes qui lui échappaient de temps en temps, comme à bien d'autres qui passent pour avoir de l'esprit, il lui prit fantaisie de savoir ce que pensaient précisément de lui ceux qui l'aidaient, de si bonne grace, à manger son revenu. Curiosité dangereuse, qui armerait la moitié de l'univers contre l'autre, si nous n'étions dans l'heureuse impossibilité de la satisfaire. La difficulté de se bien marier avait indisposé le Bas-Breton contre les femmes, la faculté de lire dans l'intention des hommes les lui fit

tous haïr. Tel le félicitait sur le noble usage qu'il faisait de son bien, et accusait, intérieurement, la fortune d'avoir comblé de ses faveurs un être aussi insignifiant. Tel autre louait la délicatesse de son esprit, et écrivait ses balourdises, qu'il se proposait de faire imprimer quand il en aurait un recueil complet. Un troisième lui demandait, pour vingt-quatre heures, cent louis, qu'il comptait bien ne jamais lui rendre. Un quatrième le comblait de marques d'attachement, et attendait le moment de l'entraîner dans de mauvaises affaires. Tous s'accordaient à penser que ses magnifiques dîners étaient trop achetés par l'ennui de le voir et de l'entendre; et la plupart ne venaient chez lui que parce qu'il est reçu parmi les gens bien élevés, qu'il faut savoir s'ennuyer quelquefois. Kinglin, outré, eut envie de leur reprocher les pensées offensantes ou malhonnêtes qu'il surprenait à chacun d'eux, et de les chasser avec éclat; mais le diable, consulté sur les résultats de cet acte de justice, répondit : « Tu
« prouveras, jusqu'à l'évidence, que tu es sorcier,
« à des gens considérés, qui le prouveront à des
« gens puissans, et gare la grillade. — Il est pourtant bien dur d'être traité avec cette indignité,
« et de ne pas se venger. — Va voir ce que pense
« de son oncle ce neveu qui le caresse tant, parce
« qu'il est son héritier; quelle opinion a de son
« général cet officier qui lui fait la cour, parce
« qu'il en espère de l'avancement? Vois avec quel

« charme, avec quelle délicatesse ce jeune homme
« peint l'amour à cette femme qu'il se propose
« d'abandonner quand il aura obtenu ses faveurs ;
« vois ce fils ingrat, qui désire la mort de son
« père, cette épouse, celle de son mari, ce frère,
« celle de ses sœurs. Vois le sourire sur leurs
« lèvres, le miel sur leur langue, quand ils ap-
« prochent des objets dont ils abrégeraient la
« carrière, si vous n'aviez pas des juges et des
« bourreaux. Vois ces infamies, et plains-toi !
« Tout parmi vous est fausseté ou perfidie. Tu
« ne diffères des autres qu'en ce point ; ils ne
« soupçonnent pas les atrocités qui les menacent,
« et tu sais qu'on se moque de toi. — On ne
« s'en moquera plus, du moins à ma table. Je
« ferai bonne chère tout seul, ou avec Rousseau,
« qui, dis-tu, ne m'estime pas extraordinaire-
« ment, mais qui a pour moi une sincère affec-
« tion. »

Cependant Rousseau, très-attaché à sa petite femme et à ses affaires, n'était pas avec Kinglin aussi souvent que celui-ci l'eût désiré. La solitude, le désœuvrement, la jeunesse, une forte nourriture, ne sont pas des calmans qui éteignent le vœu le plus impérieux de la nature, et Kinglin jugea qu'il fallait lui opposer des occupations suivies, ressource des Pères du Désert et des Trapistes, contre la tentation : le commun des moines l'éloigne en y succombant.

A quoi s'occupera notre homme ? Il ne savait

rien faire : il ne pouvait qu'être auteur. Les belles-lettres, d'ailleurs, ne lui étaient pas étrangères : n'avait-il pas rédigé un almanach, qui n'était pas plus soporatif que le *Fanal?*

Il chercha quel genre de production lui convenait davantage, et lui ferait le plus d'honneur. Le madrigal, l'idylle, les bouquets à Cloris, le ramèneraient à un sentiment qu'il s'efforçait d'éteindre; le poème épique, la tragédie, la comédie, étaient au-dessus de ses forces; il se décida pour la satire, genre facile, quand on se borne à une nomenclature qui dispense d'avoir des idées, et qui donne des lecteurs, parce qu'il flatte la malignité.

Voilà mon Kinglin feuilletant son Richelet, broyant du noir, et croyant diffamer ceux dont les noms s'arrangeaient, à tort et à travers, avec le rhythme. Son amour-propre goufla à mesure qu'il accouplait des vers, et il éprouva le besoin insurmontable de faire résonner ses rimes à l'oreille d'autrui.

Un jeune auteur, plein de génie, demeurait dans son voisinage. Il se présenta poliment chez lui, son manuscrit à la main, et le força d'accorder quelque attention à la lecture de son ouvrage. Le jeune auteur voulut bien le trouver admirable, et le mot ne fut pas plutôt lâché, que Kinglin courut chez un imprimeur.

Il se modéra, pourtant, en arrivant à la porte. Sa belle ardeur céda au désir assez naturel de

savoir, avant que d'entrer, ce que lui vaudrait sa diatribe. « Quelques coups de pistolet, si tu
« es brave ; des coups de bâton, si tu ne l'es pas.
« —Quoi ! pour avoir fait de bons vers ?... — Sur
« quoi les juges-tu tels ? — D'après le suffrage
« d'un homme d'un mérite reconnu... — Qui t'a
« loué, en reconnaissance du mal que tu n'as
« pas dit de lui, ou par la crainte de celui qu'il
« te plairait en dire. Analysons quelques-uns de
« ces vers sublimes qui l'ont si vivement frappé.
« Qu'est-ce qu'un siècle

  Qui commence sa brillante *carrière !*

« Tu ne sais donc pas que le temps est la car-
« rière même que vous parcourez, vous autres
« mortels ! Qu'est-ce que des graces

  Qui désertent par *essaim.*

« Tu finiras, bourreau, par mettre trois abeilles
« dans une ruche. Qu'est-ce que des femmes qui
« étalent

  Sur leurs *hideux appas*, trop dignement ornés,
  Des lambeaux palpitans en *joyaux façonnés.*

« Je ne connais d'appas que ce qui plaît, ce
« qui attire. Une femme hideuse est sans appas,
« et celle qui charme n'est pas hideuse. On *fa-*
« *çonne* en bagues, en bracelets, en boucles d'o-
« reilles, en *joyaux* enfin, l'or, la perle, le dia-
« mant. Quelle espèce de *joyaux* peut-on faire de

« membres palpitans? L'ouvrier qui *façonne*, doit
« se servir du terme *façonner;* mais un poëte!...
« barbare!... Il ne suffit pas de chercher à étourdir
« par de grands mots. Pour qu'une image soit
« belle, il faut qu'elle ne soit pas exagérée; il
« faut qu'elle soit vraie, surtout. Je ne finirais
« point, si je disséquais ceux de tes vers qui ne
« t'ont pas valu d'éloges.

« Quoique je ne me sois pas engagé à te don-
« ner d'avis, je veux bien te conseiller, pour cette
« fois, et sans tirer à conséquence. Fais des vers
« qui, peut-être, ne seront pas lus, mais qui ne
« te feront pas d'ennemis. La satire, qui attaque
« des individus dont on n'a pas à se plaindre,
« n'est qu'un libelle méprisable. Si Boileau n'eût
« parlé, dans les siennes, que des bons et des
« mauvais écrivains de son siècle, il y a long-
« temps qu'on ne le lirait plus. Ce n'est pas le
« coup de fouet qu'y reçoit Cottin, qui l'a fait
« mépriser, et l'injustice du poëte envers Per-
« rault, n'empêche pas l'homme impartial d'ad-
« mirer la colonnade du Louvre. »

La leçon était sage; Kinglin eut le bon esprit
d'en profiter. Il brûla son manuscrit et son
Richelet, et se remit à bâiller, ce qui ne le
brouilla avec personne.

En bâillant, il pensa à son cousin, le maréchal-
ferrant, qui l'avait aidé dans sa misère, et qu'il
oubliait depuis long-temps. Il lui écrivit une
lettre amicale, et il ne bâilla plus. Il lui proposa

de se charger de quelques-uns de ses enfans, et il retrouva sa belle humeur. Il joignit un cadeau honnête à la lettre, et il dîna de meilleur appétit.

Une santé robuste, jointe à une continence rigoureuse, doit désorganiser la machine. Kinglin, malgré sa prévoyance, fut attaqué, tout à coup, d'une fièvre violente, accompagnée du transport au cerveau, qui ne lui permit plus de consulter l'oracle. L'ami Rousseau mit auprès de lui une garde entendue, et lui amena les deux plus célèbres médecins de Paris : c'est beaucoup trop.

Les gazetiers ne disent rien, quand le gouvernement leur défend de parler, et n'en remplissent pas moins leurs feuilles. Les dîners de Kinglin avaient fait quelque bruit, et sa maladie fut annoncée comme une chose qui devait intéresser, sinon le public, du moins les gourmets et les gourmands. Le cousin, maréchal de France, apprit que Kinglin était riche et garçon ; il envoya, régulièrement, demander de ses nouvelles, et, quand les médecins eurent prononcé qu'il n'en reviendrait pas, il alla s'installer dans l'appartement du mourant, qu'il n'approchait pas, parce que la maladie était contagieuse ; mais il avait l'œil à ce que rien ne fût soustrait.

Le cousin, maréchal-ferrant, lisait la gazette chez son curé. Il se mit en route, à pied, et se fit accompagner par sa fille Clotilde, parce qu'il fallait des soins au parent, et il louait un âne d'un village à l'autre, quand la cousine était fatiguée de marcher et de porter son petit paquet. Il avait laissé ses autres enfans à la maison, malgré l'invitation du malade, de peur de causer trop d'embarras.

Quand ils arrivèrent chez Kinglin, ils trouvèrent le maréchal de France donnant ses ordres pour l'enterrement, et s'emparant des clés des armoires. Ils ôtèrent leurs souliers ferrés, et s'approchèrent du lit sur la pointe du pied. Le maréchal de France, chamarré de cordons et de ridicules, leur demanda, d'un ton arrogant, ce qu'ils voulaient. — « Je v'nons voir l'cousin. — Il « n'a pas de cousin de votre espèce. — Il en a « bien de la vôtre. — Qu'on sache que je suis « son unique héritier, et qu'on se retire. — Ah! « héritez tant qu'il vous plaira; mais souffrez que « je l'aidions jusqu'au dernier moment. »

A la fin de ce dialogue, que je n'ai pas écrit en bas-breton, parce que je ne le sais pas, la fièvre baissa considérablement; le délire se dissipa avec elle, et Kinglin reprit toute sa connaissance. Il vit, devant son lit, le maréchal de France, l'œil sec et le teint animé; le maréchal-ferrant, courbé au-dessus de sa tête, les mains jointes, retenant son haleine, et Clotilde se détournant pour essuyer ses jolis yeux avec le coin de son tablier. Il n'était pas besoin de consulter le diable pour les bien juger. Il fit signe, à Rousseau, d'avancer des siéges à Clotilde et à son père, puis, se faisant soulever, il adressa, assez distinctement, ces mots au maréchal de France : « Allez-vous-en, « homme dur et intéressé. Si je meurs, voilà mes « seuls héritiers : qu'on m'aille chercher un no- « taire. » L'officier général entreprit d'excuser la manière dont il avait traité monsieur l'abbé à sa sortie du séminaire. Kinglin, malgré son extrême faiblesse, lui rit au nez en levant les épaules, et il fut obligé de sortir.

Après cet acte de justice, Kinglin se hâta de profiter du moment où il avait toute sa tête pour connaître son sort. « Comment les médecins ont- « ils pris ma maladie?—Tout de travers.—Est-elle « mortelle? — Non. — Que faut-il faire pour « guérir? — Congédier tes deux docteurs, et « laisser agir la nature : ils la secondent, quel- « quefois; mais il n'y a qu'elle qui guérisse. »

La nature, la diète et l'eau agirent, en effet, et si bien, que les accidens se calmèrent, et la fièvre disparut tout-à-fait. La convalescence fut longue; mais Kinglin eut le loisir de connaître l'excellent cœur de la petite Clotilde, dont les soins ne se ralentirent pas. Ce n'était pas une fille *bien élevée*, faite comme les graces, et folâtrant comme elles. C'était une femme sensible, franche, gaie, une femme, enfin, comme il en faudrait beaucoup, car l'honnête homme a plus souvent affaire à la femme bonne qu'à la femme aimable. Kinglin demanda au diable quelle preuve de re- connaissance la flatterait davantage? « Ta main.

« — Elle m'aime donc ? — Oui. — Beaucoup ?—
« Comme on doit aimer pour aimer long-temps.
« — Et je ne me repentirai jamais de l'avoir
« épousée ? — Jamais. — J'épouse la cousine. »

Le maréchal-ferrant fut étonné et charmé de la demande; Clotilde y répondit avec la naïve candeur de l'innocence. Une affaire qui convient à tout le monde est bientôt terminée. Le mariage se fit à la grande satisfaction des parties intéressées, et on disposa tout pour aller habiter la terre, où madame de Kinglin, étrangère au grand monde, et où son mari, qui le connaissait trop, se proposaient de jouir librement d'eux-mêmes. Kinglin regretta Rousseau ; mais il éprouva bientôt qu'il n'est pas de perte dont une femme aimante ne console.

Le maréchal-ferrant s'établit au château avec sa famille, et s'accoutuma bientôt à faire le gros dos. Il avait du bon sens, ce qui vaut bien de l'esprit. La maman était une grosse réjouie, dont la tête était farcie de *rébus*. Elle faisait rire son gendre, quand il ne caressait pas sa femme, ou qu'il n'épanchait pas son cœur dans le sien, sous une allée solitaire. Les paysans du village aimaient beaucoup leur seigneur, qui n'était pas fier, et leur faisait du bien. Toutes choses allaient déjà à merveille, et la grossesse de Clotilde les fit aller encore mieux. Kinglin était enchanté de son sort, quand un souvenir assez désagréable lui rembrunit l'imagination et empoisonna tous ses plaisirs.

Il se rappela qu'il devait acheter de si douces jouissances par sa damnation : c'est payer le bonheur au plus haut intérêt.

Dès ce moment, plus de repos, plus de gaieté. Les soucis, la tristesse, remplirent l'ame de Kinglin. Clotilde souffrait d'autant plus de ses peines, qu'elle en ignorait la cause. Les plus tendres caresses, les plus instantes prières n'avaient pu lui arracher son secret.

Il voulut savoir, au moins, si l'éternel bûcher ne s'allumerait, pour lui, qu'à une extrême vieillesse. Il allait demander, au diable, quel jour il mourrait, et ajouter, par cette fatale connaissance, aux maux que lui avait déja causés la sorcellerie, lorsque Clotilde se présenta, inopinément, les larmes dans les yeux et la plainte à la bouche. Elle accusa son mari de ne plus l'aimer. Se tairait-il s'il avait un autre secret? Ne le déposerait-il pas dans le sein d'une épouse qui en partagerait, qui en adoucirait l'amertume? Kinglin ne put résister à ces reproches. Il avoua, avec confusion, avec repentir, le pacte qui le perdait à jamais.

Clotilde, élevée chrétiennement, frémit, et n'osait plus vivre avec un réprouvé. Elle tremblait que la réprobation ne fût un mal contagieux qui se communiquât par la cohabitation. Jeune, et sans expérience, elle confia sa position alarmante à sa mère, en qui son confesseur lui avait recommandé d'avoir toujours une confiance sans réserve.

La grosse maman, qui ne s'effrayait de rien, s'écria qu'il serait affreux qu'un si honnête homme fût damné, et qu'elle n'entendait pas qu'il le fût. Elle arrêta que le bon curé du lieu lui mettrait le bout de son étole sur la tête, et lui réciterait l'évangile de St.-Jean, parce que l'évangile de St.-Jean et un bout d'étole ont une puissance prodigieuse; qu'on y joindrait celle de trois ou quatre exorcismes, et que, bon gré mal gré, il faudrait bien que le diable rendît la donation.

Le diable est toujours aux aguets; il ne néglige pas des intérêts aussi majeurs, et il ne se laisse pas souffler une ame de sang-froid. Il dit à Kinglin que s'il se tournait seulement vers l'église, il lui tordrait le cou. A cette menace, Kinglin jeta les hauts cris, et vite la grosse maman lui glissa, dans la poche de côté de sa culotte, un petit flacon rempli d'eau bénite, avec injonction expresse de ne pas se déculotter. Clotilde observa, avec sa naïveté ordinaire, qu'il était bon que l'évangile fût dit à l'instant, parce qu'il ne serait pas commode, pour son mari, de coucher avec sa culotte.

On partit pour l'église. Le diable, furieux de se voir joué, tournait autour de Kinglin, dont l'éloignait la vertu magique du flacon, et la grosse maman riait de sa colère impuissante. Monsieur le curé se hâta d'opposer enchantemens à enchantemens. Kinglin écuma un peu, se tordit un peu les bras et les jambes, rapprocha un peu les coins de sa bouche de ses oreilles, et, à la suite de ces contorsions d'usage, la donation tomba aux pieds de l'autel. On dit même que l'ange gardien de Kinglin parut un moment au-dessus de sa tête, avec ses cheveux blonds, ses ailes azurées et sa tunique blanche.

Le curé confessa l'exorcisé pour la forme, parce qu'il n'avait pas le droit de l'absoudre de son crime abominable. Il le renvoya au grand pénitencier, le pénitencier à l'évêque, et l'évêque au pape. Clotilde, qui ne craignait plus la contagion, voulut faire le voyage de Rome avec son mari. Par la grace de Dieu, elle revint, dans sa terre, grosse de son second enfant, et quand elle entendait quelqu'un dire : Ah! si je prévoyais ci, si je pouvais deviner ça, elle répondait pieusement: « Supportez le malheur que vous n'aurez pu évi-
« ter; jouissez du présent quand il vous sera fa-
« vorable, et laissez l'avenir au seul être qui puisse
« en percer les voiles, sans compromettre sa gloire
« inaltérable, ni son éternelle béatitude. »

MÉTUSKO,

OU

LES POLONAIS.

MÉTUSKO,

OU

LES POLONAIS.

TROISIÈME NOUVELLE.

Les Sarmates avaient perdu une partie de ces coutumes barbares, qui avaient rendu la moitié de l'univers connu méprisable aux anciens Romains. Les Romains modernes, déchus de leur antique splendeur, concentraient, dans la capitale du monde chrétien, les arts utiles ou agréables, à l'ombre desquels s'élevèrent, avec rapidité, les préjugés religieux et l'ignorance des principes, enfans dangereux de l'avilissement et de la langueur du corps politique.

Les papes régnaient par l'opinion; les empereurs d'Allemagne se soutenaient par la force des armes, ou par les divisions qui agitaient l'Europe; les faibles souverains opposaient l'intrigue à l'ambition; les grands vassaux foulaient les peuples, et le vulgaire naissait, travaillait et mourait pour des maîtres injustes et ingrats.

Les Sarmates, les Scandinaves et les peuples du Nord se rappelaient à peine leurs ancêtres, dont la valeur balança si long-temps la fortune des aigles romaines ; mais les Sarmates, devenus Polonais, conservaient, au milieu des orages qui bouleversaient l'Europe, cette fierté nationale, ce courage fougueux, qui les distinguèrent toujours. Ils alliaient, selon l'usage de ces temps, des vertus grossières, et quelquefois sublimes, aux vices les plus révoltans ; les plus hauts faits s'accordaient avec les pratiques les plus superstitieuses, et le christianisme avec des usages absurdes ou cruels, qu'avait consacrés la plus aveugle idolâtrie.

A la fin du douzième siècle, les Polonais étouffaient encore les enfans qui naissaient avec quelque imperfection ; ils abrégeaient la vie des vieillards infirmes ; les Palatins avaient droit de vie et de mort sur leurs paysans, et ne pouvaient être arrêtés pour aucun crime, avant d'en être juridiquement convaincus. Le viol, cet abus de la force, qui dépouille un sexe faible du droit si légitime et si doux de céder au vœu de son cœur, le viol n'était puni de mort que lorsque la femme, outragée dans son honneur et dans ses affections, refusait d'effacer, par le don de sa main, la tache que lui avait imprimée un amour féroce. L'esprit chevaleresque balançait seul ces institutions monstrueuses, et maintenait une apparence d'ordre au milieu des germes de l'anarchie.

Cependant, un état faible, dont les membres étaient divisés d'intérêt ou d'inclination; des diètes où les affaires les plus importantes se discutaient le sabre à la main ; le droit de mourir pour la patrie réservé aux nobles, qui seuls en avaient une ; des armées intrépides, mais indisciplinables ; tant de causes devaient mettre la Pologne sous le joug, et elle avait subi celui des empereurs d'Allemagne.

Ces fiers Polonais étaient devenus tributaires d'une puissance étrangère, qui alla jusqu'à nommer les maîtres qui devaient les gouverner. Rodolphe, que son mérite seul avait porté au trône impérial, et qui fut le fondateur de cette maison d'Autriche, qui fait, depuis des siècles, l'admiration et les malheurs du monde, Rodolphe appesantit le joug qui fatiguait les Polonais, mais qui n'avait pas éteint le caractère national.

Un Palatin, brave, magnanime, mais emporté, mais jaloux de ses droits, puissant par ses vassaux, par la considération dont il jouissait, instruit dans l'art de la guerre, par vingt ans de travaux, Métusko fit entendre, le premier, le cri *liberté*, toujours si cher aux Polonais.

Ce cri vole de Palatinat en Palatinat. Le nom de Métusko ranime l'espoir presque éteint, et commande la confiance. On se lève, on se rassemble, on marche sans ordre, et la valeur tient lieu de discipline. Quelques détachemens de troupes impériales sont battus par des gentilshommes sans chef, mais conduits par le noble orgueil d'affranchir leur patrie. Une armée nombreuse se compose de cent corps, qui viennent, de toutes les parties de la Pologne, se réunir près de Canisco, et qui, d'une voix unanime, nomment, pour les commander, l'intrépide et ardent Métusko.

Le guerrier n'avait pas brigué l'honneur du premier rang. Il s'en sentait le plus digne, et il accepta, avec une noble franchise, le grade que lui conférait l'estime générale. Il jura de la justifier, et fut fidèle à son serment.

Parmi ceux qui s'étaient volontairement rangés sous ses étendards, on distinguait le jeune Sobieski, souche précieuse de cette famille, qui, depuis, illustra la Pologne. Il joignait aux qualités qui font les grands hommes une modestie rare, une extrême sensibilité, et ces agrémens personnels qui désarment jusqu'à l'envie. Élevé dans la haine des oppresseurs, loin d'une cour que son père méprisait, son adolescence s'écoulait au château de Moulnicza, où les exercices militaires occupaient la plus grande partie de son temps. Il employait ce qu'il en pouvait dérober à ses inférieurs et à ses égaux, à cultiver son esprit en secret, de peur de se rendre ridicule aux yeux de ceux qui faisaient alors de l'ignorance un des attributs de la grandeur.

A quelques lieues de Moulnicza, vivait, au château de Blonie, le vieux Polinski, jadis compagnon d'armes du père de Sobieski. Ils s'étaient couverts de lauriers ensemble, dans les guerres contre les Turcs et les Hongrois, et maintenant les glaces de l'âge les réduisaient à ne former que des vœux pour la liberté de leur patrie. Les deux vieillards se voyaient souvent, et les mêmes habitudes, les mêmes opinions politiques resserraient leur antique amitié.

Polinski avait une fille. Seize ans, une figure enchanteresse, une taille haute et bien prise, des formes déjà prononcées, la douceur d'un ange, et un cœur tendre, voilà le portrait de Polinska.

Sobieski la vit pour la première fois, à cet âge où les organes se développant avec une force entraînante, l'homme semble né uniquement pour aimer; où son cœur, semblable à un foyer ardent, communique sa chaleur à tout ce qui l'approche. Sobieski vit Polinska et ne vécut désormais que par elle et pour elle. Il n'avait pas déclaré son amour, et la beauté, toujours observatrice, s'applaudissait de ne s'être pas prévenue en faveur d'un ingrat.

Dans une de ces fêtes où la gaieté s'allie à l'austère décence, où les jeux, les chants, la danse, le tumulte, la clarté mystérieuse des flambeaux, échauffent une imagination déjà exaltée, électrisent un cœur déjà tourmenté du besoin de s'épancher, Polinska, alarmée d'un état si nouveau pour elle, s'échappe du milieu de la foule, et va chercher, sous une allée solitaire, ce calme des sens que ramène la fraîcheur d'une belle nuit. Assise sur un banc de gazon, elle rêvait, en effeuillant des lys, dont pourtant elle effaçait la blancheur.

Rien n'échappe à l'œil attentif d'un amant. Sobieski l'avait vue sortir. Comme elle, il était tourmenté par des désirs qui le pressaient, sans qu'il eût cherché encore à les bien définir. L'intimité qui venait de s'établir entre eux, et surtout les ténèbres enhardissent l'aimable jeune homme. Il est aux genoux de Polinska ; il parle, et elle tressaille de plaisir ; il fait l'aveu de sa tendresse avec cette candeur qui en atteste la sincérité ; Polinska avait toute son innocence, et l'innocence ne sait pas dissimuler : elle ne répondit rien ; elle laissa tomber sa main dans celle de son amant.

Leurs pères virent naître, avec transport, une passion que chaque instant semblait accroître. Dès long-temps ils s'étaient proposé de ne plus former qu'une famille ; ils se rendirent aux vœux impatiens de leurs enfans, et fixèrent le jour qui devait les unir.

Sobieski et Polinska comptaient les heures, les minutes ; mais ils les comptaient ensemble. Heureux temps de l'amour, où il se nourrit d'espérances, d'illusions, de caresses pures, de riens charmans, moins piquans sans doute, mais plus doux que la jouissance, et qui, comme elle, n'amènent ni la satiété, ni les regrets.

Le couple aimable se promenait sous cette allée solitaire, témoin discret et chéri de ses premiers sermens. Des bras entrelacés jouaient amoureusement; deux mains, encore oisives, se cherchaient, se trouvaient, se caressaient. L'œil animé de Sobieski couvrait le front de Polinska de l'incarnat de la pudeur; c'est un bouton de rose qui voudrait se développer, qui attend et qui craint le rayon du soleil. Tout à coup la trompette se fait entendre dans Blonie; le son aigu pénètre sous la voûte de feuillage, asile paisible des amours. Sobieski et Polinska frémissent sans savoir pourquoi; mais quand on touche au bonheur, on commence à sentir qu'il n'est qu'une ombre fugitive toujours prête à s'échapper.

Sobieski sort des jardins à pas précipités. Son père et Polinski le cherchaient. La joie qui brille sur leurs visages dissipe un moment ses alarmes; un froid mortel glace son sang, lorsqu'il entend ces mots : « Réjouissez-vous, mon fils, la Pologne
« a trouvé des vengeurs, et le nom de Métusko
« enfante des armées. Joignez-vous à la noblesse
« des environs, qui se rassemble à Blonie. Allez,
« servez votre pays, comme vous savez plaire à
« la beauté; revenez libre, et les palmes de la
« gloire vous seront présentées par les mains de
« l'amour. »

Le jeune Sobieski soupire, et ses regards se portent sur son amante, pâle, tremblante, inanimée. Il ose dérober un baiser; il s'éloigne en silence; il saute à cheval, il tire son cimeterre, et jure de se montrer digne de Polinska.

Rodolphe, adoré de ses troupes, estimé de ses sujets, confiant en sa puissance, sommeillait au sein des délices qui entourent le trône, et ne soupçonnait rien de l'orage qui grondait dans le lointain. Avec la nouvelle de l'insurrection des Polonais, il apprit que Métusko avait des forces supérieures aux siennes; qu'il venait de créer cette fameuse pospolite, cavalerie composée de l'élite de la nation, qui depuis, sous les Jagellons, fut quelquefois défaite, sans jamais être vaincue. Il sut que les recrutemens se faisaient avec célérité; que des magasins étaient établis et distribués avec ordre; qu'un plan de finances était conçu et commençait à s'exécuter, méthode inconnue encore en Europe, où les vassaux suivaient leurs seigneurs à la guerre, sans approvisionnemens, sans solde, et rentraient dans leurs foyers quand des défaites, des fatigues excessives, le temps des moissons, ou l'approche de l'hiver les y autorisaient, d'après un usage dont l'origine se perdait dans les siècles les plus reculés.

Rodolphe, chef de l'empire, mais sans états, sans autorité directe sur des souverains indépendans, ne pouvait lever ni troupes ni impôts que de l'assentiment des Cercles. Il convoqua une diète à Ratisbonne, et, pendant qu'on y délibérait sur les demandes de l'empereur, Métusko prenait Varsovie, renversait du trône le fantôme de roi qu'avait nommé Rodolphe, dispersait, dépouillait ses partisans, s'en faisait chaque jour de nouveaux, et se préparait à repasser la Vistule, pour marcher, par Sandomir, au-devant des troupes qu'on enverrait contre lui de l'Autriche par la haute Hongrie.

Un comte de Munich, fidèle au parti de l'empereur, avait rassemblé, à la hâte, les garnisons de Lencici, d'Iczow et de Rava. Il avança à marches forcées vers Varsovie, pour disputer à Métusko le passage du fleuve, lui faire perdre du temps, et donner, aux forces réunies des Cercles, celui d'entrer en Pologne avant que les Palatinats, contenus encore par les troupes impériales, se déclarassent pour les insurgés. S'il avait du désavantage, il comptait se retirer dans les places qu'il venait d'évacuer, et devant lesquelles il pouvait arrêter long-temps Métusko.

Son plan était sagement conçu et pouvait réussir, si son adversaire ne l'eût pénétré. Le fier Polonais dompta un moment son caractère fougueux. Il paraissait craindre les Impériaux ; il se retirait dans la ville dès que leurs archers se montraient à l'autre rive de la Vistule ; il entamait des négociations, les rompait, se présentait de nouveau pour passer la rivière, et fuyait aux premiers traits qui lui étaient lancés.

Le général allemand connaissait l'intrépidité de Métusko; ses manœuvres ne pouvaient être l'effet de la crainte : il voulait donc l'engager lui-même à passer la Vistule, pour le combattre avec plus d'avantage dans le désordre qu'entraîne une semblable opération. Munich était trop inférieur en forces pour hasarder une tentative de cette nature. L'irrésolution apparente des Polonais secondait ses secrets desseins : il prit aussi le parti de temporiser, et campa à deux traits d'arbalète de la rivière.

Métusko sentait bien qu'il passerait aisément malgré les Impériaux; mais il fallait perdre du monde, et il voulait encourager de nouvelles troupes par un avantage éclatant qui ne leur coûtât ni sang ni effort. Il avait remarqué, dans les combats partiels qui s'étaient précédemment livrés, l'intelligence, la sagesse et la bravoure de Sobieski. Lorsque le comte s'était approché de Varsovie, il avait détaché le jeune Palatin à la tête de six mille chevaux; il lui avait ordonné de suivre la rivière jusqu'à Ploczko, de forcer la ville, le sabre à la main, d'y laisser mille hommes d'armes, de passer la Vistule, et de venir, en toute diligence, prendre le comte de Munich à dos. Dès que Sobieski paraîtrait dans la plaine, il devait, lui, se jeter dans le fleuve avec toute sa cavalerie, et attaquer les Allemands avec fureur. Tels étaient les motifs de la conduite vague et incertaine qu'il affectait depuis quelques jours.

Cependant Munich était un vieux général qu'on ne surprenait pas facilement. Ses éclaireurs lui rapportèrent qu'un corps nombreux paraissait sur les derrières, et se déployait en avant de Sohaczow. Le comte conçut alors l'étendue du danger où il était exposé ; il ignorait quel était ce gros de cavalerie; il décampa aussitôt, et marcha à Sobieski, espérant le battre avant que Métusko eût connaissance de son arrivée.

Les voltigeurs allemands n'avaient reconnu que l'avant-garde, et Munich fut étonné d'avoir en tête un corps d'armée assez fort pour disputer long-temps la victoire. Il chercha à se l'assurer par une position avantageuse. Il se rangea sur une hauteur défendue, d'un côté, par un marais inaccessible aux chevaux, et de l'autre, par un bois épais où il cacha cinq cents arbalétriers. Ses troupes, toutes composées d'infanterie, pouvaient se porter partout, selon les circonstances, et avec facilité.

Sobieski sentit tout l'avantage de cette position. Cependant une impétuosité naturelle à la jeunesse le portait à attaquer seul, et à ne partager avec personne l'honneur de cette journée : un moment de réflexion le ramena à des sentimens plus généreux. Il se reprocha d'avoir voulu sacrifier à son ambition la vie de tant de braves gens. Il dépêcha quelques ordonnances à Varsovie, dont l'accès était libre par la retraite de

Munich ; il informait Métusko de la position du comte, et lui demandait ses ordres.

Cette retraite même annonçait trop clairement que les Impériaux avaient été avertis de l'approche de Sobieski, pour que Métusko eût besoin de cet avis. Les envoyés du jeune Palatin le trouvèrent déja en avant de Varsovie, marchant en ordre de bataille, et étendant sa gauche vers Czersko, pour empêcher l'ennemi de fuir du côté de Sandomir et de Cracovie qui tenaient encore pour l'empereur : toute autre retraite lui était coupée par la position de Sobieski.

Métusko fit dire au jeune guerrier de mettre pied à terre avec tout son monde, de laisser les chevaux à la garde des valets, et d'attaquer à l'instant par le marais. Il comptait arriver assez tôt pour seconder puissamment Sobieski, envelopper Munich de toutes parts, et passer au fil de l'épée ce qui refuserait de mettre bas les armes.

Sobieski exécuta les ordres de son général avec la valeur d'un soldat et la prudence d'un vieux général. Il passa le marais à travers une grêle de flèches, qui s'émoussaient à la vérité sur les armures de ses hommes d'armes ; mais, lorsqu'il tenta de gravir la hauteur, les troncs d'arbres, les quartiers de pierres roulèrent sur ses troupes, et renversèrent des pelotons entiers. Il jugea, par l'intelligence et l'ordre que Munich mettait dans sa défense, par ses efforts constamment dirigés contre lui, que Métusko n'avait point attaqué encore. Il ne le croyait pas capable d'une trahison ; mais, quelle que fût la cause de ce retard, il vit bien qu'il fallait vaincre seul ; il s'en applaudit, et s'y prépara.

Il n'était pas possible que les Allemands eussent, en si peu de temps, garni toute la crête du mont de troncs d'arbres et de pierres ; ces masses ne pouvaient être facilement transportées sur les différens points où il porterait son attaque : il descendit la montagne, la tourna, en partie, avec célérité, monta d'un autre côté, n'ayant à redouter que des flèches impuissantes, joignit les Allemands corps à corps, et le cimeterre, l'épée à deux mains, la massue, cherchèrent dans la mêlée, pourfendirent, écrasèrent Impériaux et Polonais. Métusko était arrivé à la lisière du bois que les arbalétriers défendaient pied à pied ; ils avaient jetés leurs arcs, leurs carquois, s'étaient embusqués dans les broussailles, derrière des arbres, et la hache d'armes abattait les Polonais qui osaient s'approcher, et qui recevaient le coup de la mort avant d'avoir vu leur ennemi. Métusko, furieux, traitait de lâches les Allemands, et les défiant, selon l'usage de ces temps, de combattre à découvert, voyait tomber ses plus braves gentilshommes, et n'avançait pas.

Cependant il entendait le cliquetis des armes, et les cris des combattans qui s'égorgeaient sur la montagne. Sobieski avait affaire à des forces trop supérieures, et devait infailliblement succomber. Métusko, aussi généreux que brave, se décida à le dégager ou à périr. Il prit l'élite de ses troupes, ne laissa dans le bois que ce qu'il fallait de monde pour tenir l'ennemi en échec, marcha au marais, le traversa sans être aperçu, monta avec vivacité, et se jeta, tête baissée, entre les Impériaux et Sobieski : il était temps, il ne restait au jeune héros, et aux siens, que l'espoir de mourir en braves. L'amant de Polinska avait prononcé, pour la dernière fois, le nom chéri, et allait se précipiter sur les lances allemandes. Un prodige seul pouvait le sauver ; Métusko l'opéra.

Déja les soldats de Munich poussaient des cris de victoire : ils sont étonnés de voir une armée nouvelle qui se range entre eux et ce Sobieski qu'ils avaient cru accablé. Le combat recommence avec fureur ; mais les Allemands, fatigués, ne portent plus que des coups faibles et incertains. Un acharnement féroce, le mépris de la vie, une force de corps extraordinaire, rendent ceux de Métusko terribles et sûrs. Ses hommes d'armes, irrités d'une aussi longue résistance, imitent leur chef, et portent partout la terreur et la mort. Les Polonais crient victoire à leur tour, et la fixent en effet. Ce qui reste d'Impériaux jette ses armes et demande la vie. Métusko ajoute à sa gloire, en épargnant des ennemis dont l'opiniâtre résistance a rendu son triomphe plus éclatant.

Il ne restait qu'à déloger les arbalétriers du

bois. Il donna des ordres ; Sobieski les avait prévenus. Tourmenté du désir d'être utile encore, il avait inspiré sa noble émulation à ceux qui venaient de partager ses dangers, et, lorsque Métusko parut, il recevait la parole d'honneur du chef des arbalétriers, qui, se voyant attaqué sur ses derrières, jugea que la bataille était perdue, et se rendit prisonnier avec sa troupe.

Deux guerriers, assez grands pour ne pas connaître la jalousie, doivent nécessairement s'aimer. Sobieski admirait Métusko; Métusko voyait avec intérêt, dans le jeune Palatin, l'espoir de la Pologne et son digne successeur. Il le combla d'éloges sur le champ de bataille, et s'empressa de lui donner des marques réelles d'estime et de confiance.

Il le chargea d'aller attaquer et prendre les trois villes que Munich avait évacuées, d'y lever des contributions, et d'engager la noblesse du pays à se rallier à la cause commune.

La mission était honorable, sans doute ; mais Sobieski avait laissé à Blonie plus que sa gloire, plus que sa vie. Avant de voler à de nouveaux exploits, il brûlait de recueillir le prix le plus doux de ses premiers faits d'armes, un sourire, un mot flatteur de Polinska. L'intérêt de sa patrie l'emporta sur les plus chers sentimens de son cœur. D'ailleurs, comment dérober à la gloire des momens qui n'appartenaient pas à l'amour ? Métusko ne savait que combattre, vaincre ; il n'avait jamais aimé, et on ne compâtit pas aux peines qu'on ignore. Sobieski se disposa à obéir ; il écrivit sur le lieu même où il avait combattu ; il écrivit avec cette chaleur, ce charme, ce désordre qui jaillissent d'un cœur amoureux comme d'une source inépuisable. Son vieil écuyer Wilfrid, qui, dans les combats, prodiguait sa vie pour veiller sur la sienne, partit avec le précieux paquet, chargé de dire, de répéter ce qui n'était pas exprimé dans la lettre, qui, pourtant, disait tout.

Laissons Sobieski suivre le cours de ses conquêtes, s'enfoncer dans le nord de la Pologne, à la tête d'une armée que son courage, sa douceur, son extérieur séduisant et son éloquence, grossissaient à chaque pas ; laissons-le couvrir la frontière, et tantôt attaquant, tantôt se tenant sur la défensive, déjouer tous les projets de l'électeur de Saxe, qui cherchait à pénétrer dans le pays, par les marches de Brandebourg. Revenons à Métusko, contre qui Rodolphe s'avançait, en personne, par l'Autriche, la Moravie et la Silésie.

L'art de vaincre est peu de chose sans celui de profiter de la victoire : Métusko ne voulut pas perdre un moment. Ses troupes reposèrent sur le champ de bataille ; au point du jour on se mit en marche, et cette marche fut un triomphe. Les Polonais accouraient de toutes parts, pour voir le héros de la patrie ; les jeunes gens s'enrôlaient sous ses étendards ; les mères le montraient à leurs enfans, trop jeunes encore pour s'associer à sa gloire; les vieillards le comblaient de bénédictions; les jeunes filles semaient de fleurs les chemins par où il devait passer.

Métusko s'avança ainsi jusqu'à Blonie; il en était à peu de distance, lorsqu'il vit un grand nombre d'habitans qui venaient au-devant de lui au son des fanfares. Ils étaient conduits par Polinski, courbé sous son antique armure, qu'il avait voulu revêtir encore en ce jour mémorable. Sa fille, parée de ce que l'art peut ajouter aux dons de la nature, marchait à côté de lui, montée sur un superbe palefroi, qui paraissait fier du fardeau qu'il portait. Polinska avait reçu la lettre de Sobieski. Elle ne devait pas le voir; mais elle pouvait au moins entendre son éloge de la bouche même de son général, et l'amour ne connaît pas de demi-jouissances.

Métusko reçut Polinski comme un homme doublement respectable par son âge et ses anciens exploits. Polinska, encouragée par cet accueil flatteur, allait parler de celui pour qui seul elle respire. Métusko la regarde; son œil enflammé ne peut se détacher d'elle. Polinska rougit, baisse la vue, et le nom chéri expire sur ses lèvres.

Le fier Polonais avait passé sa vie dans les camps, et, jusque alors, il avait considéré l'amour comme une faiblesse indigne d'un grand cœur. Il conservait, à quarante ans, les forces de sa première jeunesse, et jamais il n'avait souri à la beauté. Il éprouva, à la vue de Polinska, non ce trouble qui précède un amour vrai et délicat, mais le besoin d'être heureux. Extrême en tout, il devait aimer comme il faisait la guerre.

Polinski lui avait offert son château, et le logeait avec ses principaux officiers. Sa fille, intimidée par cet air farouche qui alarme toujours la pudeur, s'était retirée au milieu de ses femmes. Elle seule manquait à un festin somptueux, où les éloges, les honneurs, les marques de déférence et de respect furent prodigués à Métusko. Uniquement occupé d'une passion naissante, mais déja dans sa force, parce qu'elle était le premier tribut d'un cœur neuf, Métusko ne s'aperçut que de l'absence de Polinska. Il se dérobe aux hommages dont on le comblait ; il cherche, il trouve l'appartement de la jeune Palatine. Il ne connaît pas ces tournures délicates qui font, quelquefois, sourire l'innocence ; il annonce ses feux avec cette clarté, cette concision, cette énergie qui forcent une réponse positive. Il offrit sa main avec la franchise sauvage d'un soldat qui sait aimer, et qui ne sait pas le dire ; il prit et baisa celle de Polinska avec la confiance d'un homme à qui rien ne doit résister, et qui pense honorer la femme, quelle qu'elle soit, qu'il daigne élever jusqu'à lui.

Polinska, frappée d'une proposition aussi brusque, sentit les dangers d'un refus. Elle gardait un profond silence, et sa pâleur et ses yeux éteints auraient éclairé tout homme qui aurait eu l'expérience qui manquait à Métusko. Il attribua à la seule modestie une incertitude et des alarmes qui flattaient en secret son orgueil. Il n'était pas dans son caractère de douter que la jeune personne partageât les fers qu'elle donnait au libérateur de la Pologne; il rentra dans la salle du festin, et s'adressant à Polinski : « Un guerrier compte les « momens, dit-il, et ceux-ci me sont précieux. « Les lauriers qui ornent mon front aujourd'hui, « peuvent demain ombrager ma tombe. Votre « fille est sensible à l'ardeur qu'elle m'a inspirée; « mon nom, mon rang, ma fortune, je mets « tout à ses pieds. Que le ministre des autels « consacre, à l'instant, mes vœux et les siens. « Aux premiers rayons du soleil, je m'arrache des « bras de mon épouse, je marche contre Rodol- « phe, et de nouvelles victoires illustreront votre « gendre et votre maison.

Avec beaucoup d'usage du monde, on peut être embarrassé, interdit. Il est aisé de pressentir l'état où se trouva un vieux chevalier qui ne connaissait que la loyauté franche des siècles reculés. Il se recueillit quelques minutes, et pensa que l'unique moyen d'éteindre un amour qui s'annonçait avec cet emportement, était de dissiper jusqu'à l'espoir.

Pour la première fois, Polinski descendit à la feinte. Il se plaignit que des engagemens antérieurs l'empêchassent de s'allier au plus grand homme dont s'honorât la Pologne; mais il se prévalut de l'inviolabilité de la parole d'un noble Polonais; il insista sur l'obligation qu'impose la nature à un père, d'assurer le bonheur de ses enfans; il déclara enfin, avec modération, avec des marques de déférence, qu'il regrettait qu'un amour, consacré par son consentement, unît Sobieski à Polinska.

Métusko se tut à son tour; mais il était aisé de juger, à l'altération de ses traits, de ce qui se passait dans son ame. Furieux d'un refus qui l'humiliait en présence de ses lieutenans, sa poitrine se gonflait, son air était menaçant, sa main pressait la poignée de son cimeterre, il semblait défier Polinski. Il se contint cependant: une victoire facile était au-dessous de lui. Il se retira avec ses officiers.

Polinski ignorait que sa fille eût refusé les propositions de Métusko. Il passa dans son appartement, et la trouva dans un état difficile à décrire.

Tout ce qui peut affliger, alarmer l'amour malheureux, agitait, tourmentait l'amante de Sobieski; elle eût inspiré la pitié à Métusko lui-même, si un sentiment de plus eût pu trouver place dans son cœur. Elle écouta son père sans sortir de son profond accablement; elle lui reprocha, avec douceur, d'avoir nommé son amant, de l'avoir indiscrètement exposé à la haine, à la vengeance de son général.

Il fallait, disait-elle, ménager son orgueil, employer des défaites, gagner du temps, laisser partir cet homme terrible, qui eût bientôt oublié, au sein de ses glorieuses entreprises, une femme qu'il n'aurait vue qu'un moment. Polinski, placé entre les craintes qu'inspirait Métusko, les dangers qui menaçaient Sobieski, la douleur qui pénétrait sa fille, Polinski ne savait à quoi se déterminer. Il consola, il chercha à rassurer Polinska, éplorée ; il lui peignit Métusko trop grand pour qu'une affaire de cœur influât sur ses sentimens envers Sobieski, et lui fît sacrifier, à une passion aveugle, les grands intérêts dont il était chargé. Sa fille parut se rendre à ces raisons ; il la crut tranquille, il l'embrassa, et appela sur elle le sommeil, qui, de long-temps, ne devait fermer ses paupières.

Métusko, renfermé avec ses officiers, s'entretenait de l'affront qu'il croyait avoir reçu. Il ne concevait pas qu'on pût lui préférer un enfant, qui, à peine, avait tiré l'épée. Cependant cet enfant, beau, brave, riche, aimable, n'était pas un rival à dédaigner, et la seule idée d'avoir à lui disputer un cœur, irritait son amour-propre blessé; ajoutait à des désirs, déja trop violens. Prétendant soumettre une femme comme il réduisait l'ennemi, il se laissait emporter à mille projets différens ; il voulait punir Sobieski du bonheur de plaire, en le livrant aux Impériaux ; il voulait traîner Polinska à l'autel, et la forcer à recevoir sa main ; il voulait que son père, que le ministre des autels, se montrassent, comme lui, insensibles à la résistance et aux pleurs de la beauté ; il voulait... Que ne voulait-il pas ?

Un officier, un de ces hommes qui n'ont d'autre mérite que de savoir braver la mort, Ragotzi, capable de tout sacrifier au désir de plaire à son chef, Ragotzi, plus féroce que lui, peut-être, indiqua un moyen affreux, qui tranchait les difficultés, qui mettait Polinska dans la dure nécessité de se donner à Métusko, ou de rougir devant tous les hommes. Qu'importait le don de son cœur, premier besoin d'un amour délicat ? C'est sa personne que le palatin voulait, dont il pouvait s'assurer, et des gens à lui répondraient, pendant son absence, de la vertu et des moindres démarches de son épouse.

Ce conseil atroce devait flatter l'impatiente frénésie d'un homme accoutumé à tout voir ployer devant lui ; il n'envisagea point les suites de cet horrible attentat. Le souvenir des charmes de Polinska, l'idée plus enivrante qu'il se formait de ses appas secrets, de la facilité de se satisfaire, troublèrent sa raison, égarèrent ses sens. Il jette, loin de lui, les différentes pièces de cette armure qu'il honora dans les champs de la gloire, et dont le poids l'empêcherait de se dégrader ; il traverse, avec la rapidité de l'éclair, ces longs corridors qui conduisent à l'asile de l'innocence. C'est un torrent destructeur qui menace, qui va tout renverser. Il entre dans la chambre où, déja, les femmes de Polinska se dépouillaient de leurs vêtemens; son visage enflammé, son œil hagard, son geste menaçant, l'heure, le lieu, tout se réunit pour inspirer les plus vives alarmes. Elles accourent au-devant de lui; elles espèrent défendre l'entrée du sanctuaire, où le seul Sobieski doit pénétrer un jour. Les bras nerveux de Métusko les saisissent, les rassemblent, les poussent; la porte est fermée sur elles, Polinska est sans défense.

La malheureuse victime pensait à son amant. Elle lui parlait comme s'il eût pu l'entendre; elle lui jurait fidélité, comme si Métusko devait respecter ses sermens... Il paraît. Les remontrances, les prières, les menaces, les pleurs, les sanglots de la beauté, rien ne le ramène à la raison. Le désordre où il l'a mise porte son délire au comble. Il ne se connaît plus, il ose tout; Polinska pousse un cri perçant... Elle est déshonorée.

Ses femmes avaient couru à l'appartement de son père, et le vieillard s'avançait, aussi promptement que le permettait son âge. Il était suivi de ses plus fidèles domestiques, et il portait, dans ses débiles mains, cette épée, jadis si redoutable aux Turcs et aux Hongrois. Il entre... Un spectacle affreux l'éclaire; le glaive est levé, il va frapper... « Je suis sans armes, lui dit froi-
« dement Métusko, et ce n'est pas contre toi
« que je me servirais des miennes. Frappe, si tu
« veux que l'infamie de ta fille soit éternelle;
« écoute, si tu veux lui rendre l'honneur : Je n'ai

« pas voulu commettre un crime inutile et ob-
« scur ; j'ai prétendu m'assurer la possession
« d'une femme sans laquelle je ne pouvais vivre,
« et ses suivantes et mes officiers savent qu'elle
« est à moi. C'est à toi d'achever. Fais venir ton
« chapelain, nomme-moi ton gendre, je suis heu-
« reux, et tout est réparé. »

Ce parti était, en effet, le seul que pût adopter
un père. C'était, peut-être aussi, l'unique qui
convînt à Polinska. Mais comment s'accoutumer
à envisager, sans horreur, l'homme qui venait
d'élever une barrière éternelle entre elle et Sobieski ? comment se prêter à d'odieuses caresses ?
comment partager des transports qui lui rappel-
leraient, à chaque instant, le bien suprême qu'elle
avait rêvé si long-temps ? comment, enfin, se
lier, pour jamais, à un monstre, par la seule
raison qu'il s'est rendu criminel ? « Non, non,
« s'écria-t-elle, enveloppée dans ses draperies,
« celui qui n'a de l'amour que la brutalité, qui
« m'a rendue indigne de l'homme qui était tout
« pour moi, et pour qui seul je voulais vivre,
« ne me rangera point sous ses lois. Je pleurerai
« ma honte et la perte que j'ai faite ; mais ce
« barbare n'obtiendra pas le prix de son lâche
« attentat. Qu'il retourne à son camp, qu'il verse
« le sang à flots, qu'il s'en abreuve, qu'il s'en
« gorge, ce sont là ses plaisirs : il n'en doit pas
« connaître d'autres. »

Polinski était chevalier, et, par conséquent,

incapable de ces froids calculs de convenance et d'intérêts qui dirigent la plupart des hommes. Il ne voyait, dans Métusko, qu'un infame qui avait violé les droits de l'hospitalité, avili une fille digne de ses respects, rompu un hymen sur lequel reposait la consolation de ses derniers jours.

Désespéré que la faiblesse de son bras ne lui permît pas de venger son outrage en champ clos, il appelait, il invoquait Sobieski; il marchait à grands pas; il s'arrêtait devant sa fille; il la fixait douloureusement; il essuyait ses pleurs, et s'adressant, enfin, à Métusko : « Sors, lui dit-il ; « fuis d'un asile que tu as profané; délivre-nous, « pour jamais, de ton odieuse présence. »

Toute idée de morale ne s'éteint entièrement que dans l'homme profondément pervers. Métusko, soumis à des passions indomptables, incapable de souffrir aucun frein, était loin, pourtant, d'être un scélérat. Sa première effervescence fut à peine calmée, que la raison reprit quelque empire, et les discours de Polinska et de son père lui firent sentir le trait aigu du remords. Cet homme, si fier, embrassa les genoux de Polinski, descendit, à son tour, à la prière, et ne recueillit, de ses derniers efforts, que des reproches, d'autant plus amers, qu'il sentait les avoir mérités. Il se leva sans répliquer; sortit sans oser lever les yeux sur sa victime; rassembla tous ses chefs, et fit sonner la boute-selle. « L'action que tu m'as conseillée, dit-il à Ragotzi

« en montant à cheval, est d'un tigre ou d'un
« lâche. Choisis lequel des deux tu veux être.
« Mon bras va châtier le premier, ou chasser
« l'autre d'une armée où il n'est pas digne de
« servir. — Si celui qui conseille est un tigre,
« que dira-t-on de celui qui exécute? — Qu'il s'est
« repenti, et qu'il a su punir l'homme froidement
« atroce, à qui une passion désordonnée ne pou-
« vait servir d'excuse. »

Ragotzi était brave ; mais la force du corps dé-
cidait tout alors, et personne ne pouvait résister
à Métusko. Les deux guerriers sont à peine à
cent toises de leurs escadrons, qu'ils se chargent
avec fureur. Ragotzi, frappé à la poitrine d'un
coup de lance qui fausse sa cuirasse, perd les ar-
çons et roule sur la poussière. Métusko saute de
cheval, l'aide à se relever, et tirant l'épée : « Ta
« vie était à moi, lui dit-il, selon les lois de la
« chevalerie ; mais je n'ai pas voulu ajouter à
« l'attentat que tu m'as fait commettre, l'infamie
« de tuer un adversaire sans défense. Que le
« glaive décide entre nous. » Il attaque, il pare,
il avance, il rompt, il s'alonge, il se raccourcit ;
il joint la vivacité à l'adresse. Le feu jaillit des
deux armures sous les coups multipliés ; le heaume
de Ragotzi vole en éclats ; une feinte le trompe
et lui ouvre le crâne. « Si le crime n'est pas ré-
« paré, dit Métusko en remontant à cheval, il
« est au moins lavé dans le sang du premier cou-
« pable. Il ne reste plus qu'à me rendre justice

« à moi-même, et je jure de me faire tuer à la
« première rencontre. » Partout, en effet, il chercha la mort, et partout il trouva la victoire.

On sera étonné, peut-être, que Polinski, dont
le courage était devenu impuissant, n'armât point
les lois contre un criminel qui avait encouru la
peine de mort. Mais faire retentir les tribunaux
de ses plaintes, c'était divulguer la honte de sa
fille, et ce malheureux secret était concentré
entre les officiers de Métusko, qui s'éloignaient,
et des femmes dont le dévouement était éprouvé.
D'ailleurs, que peuvent les lois contre un guerrier à qui tout est soumis, et qu'environnent
sans cesse l'amour et l'admiration aveugle de ses
troupes ?

L'infortunée Polinska restait abandonnée à
l'horreur de son sort. Seule avec son père, qui,
lui-même, avait besoin de consolation, elle se
rappelait, en pleurant, ces rêves de bonheur qui
devaient être suivis de jours si sereins et si doux.
C'est lorsqu'on a perdu, sans retour, un amant
adoré, qu'on cherche, qu'on détaille ses agrémens, ses qualités, ses vertus, et que souvent
l'imagination, toujours créatrice, le pare de charmes qu'il n'a point. Polinska était sans cesse occupée de Sobieski, et le moindre souvenir, un
mot de son père, la plongeait dans des angoisses
mortelles. Ces scènes douloureuses n'étaient suspendues que par une image plus déchirante encore : le jour, la nuit, au milieu même d'un

sommeil, cent fois interrompu, Métusko se présentait à elle tel qu'il fut à ce moment terrible qu'elle voudrait, qu'elle ne peut oublier. En proie à ce qu'ont d'affreux les songes, elle veut fuir, elle veut jeter des cris : ses pieds et sa voix lui refusent leur secours. Ses bras s'agitent, s'alongent ; elle croit saisir ou écarter le monstre : ce sont les colonnes de son lit qu'elle a frappées de ses mains délicates. Les contusions la réveillent ; elle est à demi-renversée, ses longs cheveux flottent sur le marbre, une sueur froide mouille tout son corps.

Son malheureux père souffre d'autant plus qu'il s'efforce de renfermer son chagrin. Sa fille est-elle devant lui? Le calme est sur son front et la mort dans son cœur. Souvent au milieu de ces entretiens, où chacun croit éloigner de l'autre des idées insupportables, Polinska s'échappe pour dérober ses sanglots à son père ; elle rentre. Le bon vieillard la fuit à son tour. Elle l'appelle, elle le cherche, elle le trouve dans un coin reculé du château, dans les jardins, sur les terrasses. Il s'essuie les yeux à son approche, et s'efforce de lui sourire.

Les lettres de Sobieski ajoutaient encore, s'il est possible, à l'horreur de leur situation. Toujours tendre, toujours fidèle, il faisait des vœux pour la paix, qui pouvait seule le ramener auprès de son amante. Il espérait forcer, de son côté, l'ennemi à reconnaître l'indépendance de la

Pologne, et il ne doutait pas qu'un aussi grand homme que Métusko n'abaissât, du sien, l'orgueil impérial. Alors il revolerait à Blonie ; il reverrait cette allée solitaire, où la beauté reçut ses premiers sermens, où elle daigna y répondre. Il reconnaîtrait, il marquerait, avec elle, l'arbre sous lequel il l'avait trouvée assise ; ils cultiveraient ensemble ces lis qu'elle effeuillait en pensant à lui. C'est sous cette allée solitaire que le premier gage de leur union essaierait ses premiers pas ; c'est là que, des bras de sa mère chérie, il passerait dans ceux de son trop fortuné père.

Et c'est sous cette allée même, à la place que désignait Sobieski, que Polinska lisait, relisait, dévorait ces lettres désespérantes ; c'est là que ses pleurs et ses baisers effaçaient des caractères qui passaient du vélin dans son cœur. Alors elle laissait tomber sa tête sur sa poitrine ; un profond accablement succédait à la crise qui l'avait agitée, et, revenant tout à coup au sentiment de son malheur, elle s'écriait d'un ton de voix lugubre : « Le crime m'a souillée ; tu ne reverras « plus l'allée solitaire, tu n'as plus d'épouse, tu « n'embrasseras jamais ton fils ! »

Cet état violent durait depuis plusieurs mois ; il avait ruiné les organes déjà usés du vieillard, et embrasé le sang de sa fille. Tous deux furent frappés, en même temps, d'une maladie qui les conduisit rapidement aux portes du tombeau. Le père y trouva un asile contre la douleur ; la jeunesse de Polinska, les soins assidus de Clotilde, celle de ses femmes qu'elle affectionnait le plus, la rendirent enfin à la vie. En reprenant l'usage de ses sens elle nomma, elle demanda son père : elle apprit qu'elle restait abandonnée à son courage... Hélas ! elle n'en avait plus. Ses yeux se refermèrent, elle invoqua la mort, elle eût fini par se la donner peut-être... Des mouvemens prononcés l'avertissent que ses jours ne sont plus à elle, et qu'elle est condamnée à vivre pour un être qui n'est pas coupable du crime de son père.

Les premières lettres qu'on avait répondues à Sobieski portaient l'empreinte de la plus douce sensibilité et du charme de l'espérance ; celles qu'il avait fallu lui écrire après le fatal évènement, étaient contraintes, obscures, froides quelquefois. On craignait d'y laisser percer un sentiment qu'il fallait surmonter ; on craignait surtout de flatter le malheureux jeune homme d'un bonheur, auquel ni l'un ni l'autre ne pouvaient plus prétendre : on lui écrivait cependant. Pouvait-on se refuser cette triste consolation ? Pouvait-on rompre, sans ménagemens, avec ce qu'on aimait, ce qu'on aimerait toute la vie ?

De toutes les passions qui font la félicité ou le tourment de l'homme, il n'en est point qui s'alarme aussi facilement que l'amour. Sobieski ne retrouvait plus ce style animé, enchanteur, qui l'aidait à supporter une longue séparation.

L'absence l'aurait-elle déja changée ? Irait-elle jusqu'à oublier des engagemens que la mort seule devait rompre ? Un rival heureux serait-il parvenu à lui plaire ? Peut-être ils insultent ensemble à sa crédulité ; peut-être le fer ennemi ne l'a respecté que pour le livrer à tous les maux qui peuvent empoisonner l'existence. Déja il est en proie à la défiance, aux soupçons, à la jalousie, qui, pour n'avoir pas encore d'objet déterminé, n'en est pas moins poignante ; il ne peut supporter l'anxiété qui le tue : que devient-il quand la maladie de Polinska l'a mise hors d'état de lui écrire ? Il compte les jours, les semaines ; vingt courriers sont expédiés pour Blonie ; ils reviennent sans réponse, sans avoir pu même approcher Polinska. Sobieski, désespéré, est prêt à abandonner furtivement son armée, à venir disputer la dame de ses pensées à l'audacieux qui croit la lui ravir ; il a donné ses ordres au fidèle Wilfrid, qui sent les inconvéniens de cette démarche ; mais qui est assez faible pour préférer le repos de son maître à sa gloire. Les chevaux sont tirés à l'écart ; Sobieski se dérobe de son camp au milieu de la nuit.

A peine a-t-il fait quelques pas, qu'il s'arrête, effrayé de sa désertion. Que dira la Pologne entière, qui a sur lui les yeux ? que pensera la postérité, qui juge sans passion ? qu'il a sacrifié son honneur à l'amour, et sa patrie à une femme inconstante ; qu'il a livré, pour elle, au glaive des

Impériaux, la fleur de la noblesse polonaise. Il voit sa mémoire flétrie, et son nom rangé parmi ceux des traîtres. Il frémit, il cache son visage dans ses mains, comme si le soleil éclairait déjà sa honte, comme si trente mille témoins la publiaient autour de lui... « Non, dit-il, non, ja-
« mais. Laissons la perfidie à un sexe astucieux ;
« brisons d'indignes fers, et ne pensons plus
« qu'au salut de la Pologne. »

Il rentre dans sa tente, et passe le reste de cette nuit cruelle à combattre alternativement l'amour et le devoir. Il aimait trop pour que Polinska ne conservât point des droits que sa raison s'efforçait en vain de proscrire. Il voulut s'assurer d'un malheur dont il croyait ne pouvoir plus douter ; il voulut le connaître dans les moindres particularités ; il voulut que la multiplicité des torts armât son orgueil contre son cœur. « Pars, dit-il à Wilfrid ; entre en secret à Blonie ;
« informe-toi, avec adresse, de ce qu'elle fait, de
« ce qu'elle dit, de ce qu'elle pense même, si
« cela est possible ; sache surtout le nom de ce-
« lui que l'ingrate me préfère. » Wilfrid, également attaché et soumis, monte à cheval à l'instant, et promet à son maître de suivre fidèlement ses instructions.

C'était un vieillard simple et bon, à qui la ruse était étrangère, et qui n'était jamais plus facile à pénétrer que lorsqu'il essayait la dissimulation. Son hôtelier, et tous ceux à qui il parla à Blonie, jugèrent d'abord que les alarmes de Sobieski étaient la cause de son voyage ; mais le fatal évènement n'avait pas percé au-delà des murs du château, et les officiers polonais, qui auraient pu en parler, étaient déja aux prises avec les Impériaux. Wilfrid apprit seulement que Polinska relevait à peine d'une maladie mortelle ; que, depuis le départ de son amant, elle vivait très-retirée, ne recevait aucun homme, et ne voyait les dames de la ville qu'autant que les bienséances l'y forçaient. Il sut encore du médecin de la jeune personne que, pendant la durée de son délire, elle n'avait pensé qu'à son maître, et n'avait prononcé que son nom. Wilfrid était rassuré par ces détails satisfaisans ; mais comment les accorder avec ces lettres glacées, qui avaient d'abord blessé Sobieski ; avec le silence que gardait Polinska depuis sa convalescence ? Un homme plus pénétrant que Wilfrid eût été embarrassé comme lui.

Il pensa que la jeune dame était conduite par des motifs qu'elle seule pouvait expliquer. Son maître ne lui avait pas défendu de l'approcher, et, puisqu'il était encore aimé, quel inconvénient que son écuyer demandât un entretien qui devait justifier l'amante, dissiper les soupçons de l'amant, et rétablir l'harmonie entre deux cœurs évidemment faits l'un pour l'autre ?

Il arrive au château : personne aux portes. Il entre, il passe d'une pièce dans une autre, comme au temps où la beauté modeste allait au-devant de lui, souriait en recevant ses messages, rougissait en lui confiant les siens. Il rencontre enfin Clotilde. Il s'attendait à l'accueil affectueux qu'il en recevait autrefois ; elle fuit à son approche ; les portes se ferment après elle. Il reste stupéfait, anéanti.

Une des compagnes de Clotilde entre dans la salle par une autre porte, lui dit deux mots seulement : *attendez ici*, et se retire. Wilfrid s'assied, et cherche en vain à se rendre compte de cette conduite mystérieuse. Une heure s'écoule ; une seconde ensuite : Polinska, Clotilde, personne ne paraît. L'écuyer ne sait que penser, que faire, que devenir. Fatigué d'attendre inutilement, il se lève, et il allait sortir, lorsque Clotilde rentre, lui remet une lettre, s'échappe, et referme de nouveau les portes, sans vouloir répondre à une seule des questions qui se succèdent avec rapidité. Wilfrid remonte à cheval, et reprend le chemin du camp, en prononçant que la raison de la jeune dame et celle de ses suivantes sont indubitablement altérées.

Polinska avait appris l'arrivée de l'écuyer à Blonie, et sa présence inattendue ajoutait à sa peine et à son embarras. Comment se défendre du désir de le voir, et d'entendre de sa bouche les moindres choses qui ont rapport à un homme adoré ? Mais aussi comment paraître devant lui, dans l'état où le crime l'a mise ?

Depuis qu'elle en a la triste certitude, elle a rompu toutes ses liaisons. Clotilde et une de ses compagnes sont les seules devant qui elle consente a rougir. Cependant cet état ne se manifeste pas encore à un point qu'il ne puisse échapper aux yeux peu exercés d'un vieillard. Si, pourtant, il en soupçonnait quelque chose, ou si sa confusion la décelait, Sobieski pourrait-il croire qu'elle n'ait point été complice de l'atroce Métusko ? En admettant qu'il rendît justice à sa pudeur, que pouvait désormais attendre de lui une femme déshonorée ? Ne devait-elle pas persister dans le dessein de lui résister, si un amour aveugle le portait à braver l'opinion publique ? « Sa com-
« passion, dit-elle en sanglottant, voilà tout ce
« qu'il doit à Polinska... Mais ne pas voir son
« écuyer ; mais le laisser plus long-temps en
« proie aux alarmes qui le tourmentent sans
« doute... Non, l'affreuse vérité sortira de ma
« plume ; je romprai avec lui. Le sacrifice est
« horrible; mais il est indispensable. Je vais re-
« noncer au bonheur de ma vie, et je la sup-
« porterai pour l'enfant... Ah ! »

Elle écrit, et l'amour dicte pour la dernière fois. Le commencement de sa lettre est brûlant ; son cœur est un foyer d'où s'échappent, par torrent, des feux si long-temps concentrés. Cependant ces phrases préliminaires ne disent rien encore. Il faut entamer l'horrible récit... Sa plume tombe de sa main ; elle n'a pas la force de tracer

ce tableau d'infamie, et sa lettre est en morceaux. « Qu'il me croie capricieuse, ingrate, par-
« jure; mais qu'il ignore à jamais que son amante
« est avilie. Le temps fermera sa blessure ; il ap-
« prendra à prononcer mon nom avec indiffé-
« rence ; peut-être d'autres amours... Et moi, je
« lui serai fidèle en secret. Seule avec cet enfant,
« le premier mot qu'il apprendra à prononcer
« sera le nom de Sobieski. Cruel enfant, que tu
« coûtes cher à ta malheureuse mère ! » Elle
écrit de nouveau ; cette lettre, plusieurs autres,
sont déchirées encore. Celle-ci est enfin remise
à Wilfrid :

« Nos affections ne dépendent pas de nous. Je
« vous ai beaucoup aimé ; le temps et l'absence
« ont changé mes sentimens. Je renonce à vous
« sans retour, et vous feriez de vains efforts pour
« vous rapprocher de moi. Quelque opinion que
« vous ayez de mon inconstance, recevez ma
« dernière et inviolable promesse, que jamais
« nul homme n'aura de droits sur mon cœur, ni
« de prétentions fondées à ma main. »

Ce billet devait jeter Sobieski dans le dernier
désespoir ; mais il fallait qu'il perdît totalement
l'espérance ; il fallait qu'il fût profondément
blessé, pour trouver le courage de combattre
son amour, et Polinska l'aimait assez pour désirer sincèrement qu'il pût se détacher d'elle.

Le jeune Palatin entra, en effet, en fureur
après avoir lu ; mais ce qu'avait prévu son amante

arriva. Le dépit, l'amour-propre, toutes les petites passions qu'il partageait avec les hommes ordinaires, lui furent utiles cette fois, et commandèrent des efforts sur lui-même, qui le ramenèrent à un état supportable. Les travaux de la guerre éloignèrent son imagination d'un objet qui lui fut constamment cher, mais qui, du moins, ne l'occupa plus que par intervalles.

Cependant Polinska supportait seule le poids de leurs malheurs communs, et souvent sa raison, qu'elle invoquait sans cesse, était insuffisante. Elle semblait s'être attachée plus fortement encore à Sobieski, par le sacrifice qu'elle avait eu la force de consommer. Quelquefois elle désirait qu'il revînt, qu'il lui arrachât son secret, qu'il fût convaincu de son innocence, et qu'il imposât silence à sa délicatesse. Elle se laissa aller à ces illusions qui ont toujours des charmes pour une femme sensible, et qui font trève à ses douleurs ; mais si ses yeux se portaient alors sur elle-même, si des tressaillemens intérieurs se faisaient sentir, elle se réveillait aussitôt; le songe s'évanouissait; elle retrouvait sa misère, et, devant elle, se présentait le long et douloureux avenir.

Elle traîna ainsi son existence jusqu'au moment où elle devint mère. Ce moment, si doux pour l'épouse chérie qu'entourent une maman prudente et attentive, un époux qui attend le premier cri de l'enfant désiré, la jeune amie qui elle-même est mère, et qui l'encourage à supporter des douleurs que doivent suivre tant de jouissances nouvelles, ce moment fut aussi dur pour l'infortunée Polinska que les jours qui l'avaient précédé. Seule avec Clotilde et sa compagne, qui, toutes deux, ignoraient cet art bienfaiteur qui aide à la nature; sans autre appui que leurs plaintes stériles; sans espérer qu'aucune consolation succédera au mal aigu qui la déchire, elle donne le jour à un fils, qui a causé tous ses malheurs, et que, pourtant, elle arrose de ses larmes maternelles.

La fidèle Clotilde avait éloigné les gens du château sous différens prétextes. Elle s'enveloppe dans sa cape; elle cache soigneusement l'enfant; elle sort de Blonie par les rues les moins fréquentées; elle entre dans la campagne, sans savoir à quelles mains elle confiera le dépôt dont elle est chargée. La crainte d'être connue de quelques-uns des serfs qui demeurent dans les environs de la ville, la détermine à marcher long-temps. Elle arrive à la lisière d'un bois; elle entend résonner la hache, dont le bruit sourd se mêle au chant rustique du bûcheron. Elle s'approche avec timidité. Un homme frais et dispos, dont la figure pleine, colorée et ouverte, atteste la paix intérieure, attaque un chêne vieux comme le monde. Sa jeune femme sourit à ses efforts. Elle est assise à peu de distance; un enfant de l'amour, potelé comme lui, est attaché à un sein blanc comme l'albâtre ; sa jeune sœur, qui se soutient à peine, joue avec les cheveux de sa mère, et les quitte, de temps en temps, pour aller jeter des copeaux sous le vase de terre où cuit le repas de l'heureuse famille. Ce tableau de bonheur enhardit Clotilde. Jeune et jolie comme la jeune femme, elles s'intéressent mutuellement ; quelques rapports d'humeur et de goût, établissent bientôt l'intimité entre elles. Le bûcheron quitte sa coignée, et vient se mêler gaiement à la conversation. Clotilde s'explique : on était disposé à tout faire pour elle ; de l'or, présenté à propos, achève de persuader. L'innocent partage, avec le nouveau-né, le lait et les soins de la jeune femme, qui se félicite de pouvoir ménager ainsi quelques momens de repos au père de ses enfans. C'est désormais dans ce bois que Polinska, déguisée en femme du peuple, ira, avec mille précautions, s'affliger et s'applaudir d'être mère.

Quatre ans s'écoulèrent, et les fléaux, enfans de la guerre, avaient, alternativement, pesé sur les Polonais et les Impériaux. Les grands talens de Métusko, ceux qu'avaient insensiblement acquis Sobieski, avaient enfin fixé la fortune. Rodolphe, forcé de renoncer à ses prétentions, avait affranchi la Pologne du tribut qu'elle payait, et avait consenti qu'elle se choisît des maîtres. Les Polonais se livraient à la joie, et oubliaient, au milieu des fêtes, leurs sacrifices, leur misère, et le sang qu'ils avaient versé.

Sobieski, rassasié d'honneurs, et rendu au repos, retrouva dans l'oisiveté le germe des sentimens qu'il avait crus éteints, et qui n'étaient que comprimés au fond de son cœur. L'image de Polinska se reproduisait sans cesse, telle qu'elle était lorsqu'elle répondait avec des graces naïves aux expressions de son amour. Elle n'aimait plus, elle l'avait écrit; cependant, fidèle à sa promesse, elle évitait les regards de tous les hommes, et la renommée ne parlait d'elle que pour rendre hommage aux vertus modestes qu'elle cultivait dans le recueillement.

Peut-être la présence de l'amant qui lui fut si cher ranimera ses premiers feux; peut-être sa résolution bizarre cédera aux prières, aux supplications, au besoin d'aimer, si naturel à vingt ans. Il suffit d'espérer pour hasarder quelque chose, et qu'a-t-on à ménager, quand on a tout perdu? Sobieski part du palatinat de Posnanie; il traverse les montagnes de Lutomirsk, presque seul et dégagé de cette pompe qui embarrasse toujours, et qui satisfait si rarement. Suivi de Wilfrid et de quelques valets, il poussait son coursier, et trompait l'ennui du chemin, en s'abandonnant aux douces chimères qui l'avaient si long-temps abusé. Toujours occupé de Polinska, il ne s'aperçoit point que l'animal qu'il monte perd, à chaque instant, de son agilité et de ses forces. Impatient d'arriver, il continue de l'exciter machinalement de l'aiguillon ; il entre dans ce bois où s'élevait le fils de Métusko ; il n'est plus qu'à deux lieues de Blonie. Le soleil est sur son déclin ; mais avant que les ténèbres lui dérobent sa route, il sera aux pieds de celle qui a repris sur lui son premier empire.

Son cheval, excédé de fatigue, s'abat tout à coup sous lui, et il fait de vains efforts pour le relever. Il regarde derrière lui ; ses gens, moins avantageusement montés, n'ont pu le suivre que de loin. Il appelle ; l'écho seul répond à sa voix.

On ne connaissait alors ni ces belles routes entretenues aux frais du public, ni ces établissemens utiles où le voyageur reçoit, en échange de quelque argent, les soins de l'hospitalité. Sobieski prévit bien que Wilfrid et ses valets se dirigeraient sur Blonie, par les premiers sentiers qui se présenteraient à eux. Le hasard seul pouvait les mettre dans ceux qu'il avait suivis ; d'ailleurs il fallait perdre du temps à les attendre, et leurs chevaux, moins vigoureux que le sien, ne pourraient lui être d'aucune utilité. Il n'était cependant pas à présumer qu'il pût, avant la nuit, sortir du bois à pied. Il s'exposait à s'égarer, et à reculer le moment qui allait décider de son sort. Si du moins il trouvait un guide. Il se décide à en chercher un, et gagne un plateau élevé, d'où il découvre à une distance assez considérable. La fumée qui s'élève au-dessus des arbres lui indique une habitation ; il marche droit de ce côté, en écartant, avec son coutelas, la ronce ou le flexible arbuste. Il entre dans une simple chaumière que décore la propreté. Une femme, jeune encore, faisait souper trois enfans qu'appelaient la paille fraîche et le sommeil. Elle est effrayée à l'aspect d'un guerrier dont l'armure bronzée lui rappelle la gloire et les malheurs de la Pologne. Sobieski lève la visière de son casque, et la douceur de ses traits rassure l'aimable villageoise. Il se décoiffe entièrement ; ses longs cheveux tombent en boucles sur ses épaules, sans cacher le sourcil noir qui s'arrondit sur un œil bleu, et la jeune hôtesse, tout-à-fait remise, lui demande, en souriant, à quoi elle peut lui être bonne. « A me trouver quelqu'un qui veuille « bien me conduire à Blonie, répondit le jeune « homme, d'un son de voix argentin. »

Le mari de la paysanne est allé au-devant de deux dames qui ne doivent pas tarder à arriver, qui s'en retourneront vers minuit, et qu'il reconduira encore. Le preux chevalier pourra les accompagner, et les dames n'en seront pas fâchées, car elles sont peureuses. En attendant, on offre, de bon cœur, du lait, des fruits, et la galette de farine de seigle. Attendre était précisément ce que Sobieski voulait éviter. Mais comment faire ? La jolie petite femme ne pouvait laisser ses enfans à eux-mêmes : il fallut qu'il se résignât.

Quelque chagrin qui afflige un jeune chevalier, il n'est pas insensible aux graces simples d'une femme quelconque, et il n'est pas à table avec elle sans lui adresser la parole. On est toujours bien aise de connaître le gentil damoisel à qui on s'attache par les services mêmes qu'on lui rend. La conversation s'engage; les questions suivent; Sobieski y répond franchement.

Le nom du jeune héros a pénétré jusque dans la forêt. La sensible villageoise, frappée d'admiration et de respect, va prendre ses enfans, les amène à ses pieds, et y tombe avec eux. Sobieski les relève, les embrasse, et prend, sur ses genoux, le plus beau des marmots. Il lui parle, et il en reçoit des réponses satisfaisantes; il le caresse, et l'enfant, enhardi, laisse échapper des traits qui annoncent de l'esprit naturel. La galette, le lait, les fruits, tout devient commun entre eux, et le petit protégé, enchanté des procédés du chevalier, lui rend ses caresses avec usure.

Sobieski avait le dos tourné à la porte. Au moment où il recevait cent baisers de l'enfant, le maître du logis rentre, accompagné de deux femmes enveloppées dans de longues capes. Une d'elles aperçoit le bambin dans les bras d'un homme qui, sans doute, ne la connaît pas, et qui ne doit point lui inspirer de défiance. Elle s'avance avec vivacité, les bras étendus en avant :
« Mon fils ! mon cher fils ! s'écrie-t-elle, et fixant

« le Palatin : Dieu ! grand dieu ! c'est lui, c'est
« la foudre... Seigneur, je ne suis pas coupable »,
et elle tombe sans connaissance sur le carreau.

Sobieski a reconnu cette voix qui, si longtemps, flatta son oreille. Il relève l'infortunée, par un mouvement involontaire, et, se rappelant aussitôt ces mots qui l'ont frappé : Mon fils !... mon fils... je ne suis pas coupable, sa jalousie se rallume, sa fierté se réveille ; il sort, déterminé à fuir tous les lieux où la femme perfide et dissimulée pourrait s'offrir à ses regards. Il va se confiner dans ses terres, et y attendre le terme de ses jours douloureux.

Déja il s'est détaché des bras de Polinska, qui ne saurait parler encore, mais qui a repris ses sens ; qui démêle sur son visage les passions qui l'agitent, et qui semble vouloir le retenir pour lui faire entendre sa justification. Déja il a franchi le seuil de la chaumière ; troublé, hors de lui, il marche au hasard : il s'éloigne d'elle, c'est assez. Clotilde ne peut souffrir qu'il emporte une idée défavorable à sa maîtresse ; elle court sur ses pas, elle veut l'éclairer et le rendre à la raison : « Un
« mot, seigneur, un mot. — J'en ai trop entendu.
« — Les apparences vous abusent. — Elle est
« mère, elle en a fait l'aveu. — Et pourtant elle
« est innocente. — Impossible, impossible. — Je
« le jure, et je vais le prouver. »

Clotilde lui raconte l'arrivée de Métusko, son amour et ses propositions ; le refus de Polinska ;

l'action horrible qu'il a produite ; les regrets, les larmes, la constance de sa maîtresse, le sacrifice qu'elle a fait de son bonheur à l'homme qui aimait assez pour l'épouser, chargée d'une infamie dont elle n'est point complice; mais dont il partagerait la honte avec elle. Sobieski passe, en un instant, de la fureur et du désespoir au comble de la joie; il court, il vole à la chaumière, il embrasse les genoux de Polinska, il demande, il sollicite, il presse son pardon. Il ne le mérite pas, puisqu'il a pu douter de sa vertu ; mais est-il possible d'aimer, à l'excès, sans être jaloux sur de telles apparences? Cette excuse est la seule qu'il puisse donner ? en faut-il près d'une femme dont on est adoré? Polinska est penchée sur lui; il retrouve, dans ses yeux, cette tendresse qui ne s'est jamais démentie; elle lui abandonne sa main, qu'il couvre de baisers; un rayon de joie brille sur tous les traits de l'infortunée : ce moment est le premier d'un bonheur pur qu'elle ait goûté depuis quatre ans. Elle oublie, au sein du plus séduisant délire, son enfant, son détestable père, et ses premières résolutions. Tout ce que peut accorder l'innocence, elle le prodigue à son amant; toutes les sensations délicieuses qui appartiennent au cœur humain, enivrent celui de Sobieski.

Céleste ivresse, qui nous élevez au-dessus de notre être, et qui semblez une émanation de la divinité, pourquoi n'êtes-vous pas éternelle comme votre auteur? A-t-il voulu que nous puissions pressentir l'étendue de sa félicité, et nous avertir, par un prompt retour sur nous-mêmes, qu'elle n'est pas faite pour nous? Insensiblement, le charme qui égarait Sobieski et Polinska se dissipe. Elle cherche et retrouve son fils; des larmes s'échappent de ses yeux, et le nom de Métusko de sa bouche. Ce nom fait, sur Sobieski, une impression terrible. Ce n'est plus cet homme si doux, soupirant, aux pieds de la beauté, les expressions de l'amour le plus pur et le plus tendre; c'est un soldat blessé dans ce qu'il a de plus cher, qui ne respire que le sang, qui en est altéré, qui brûle de le répandre. Cent lieues le séparent de Métusko, il le croit au moins ; mais il les franchira sur les ailes de la vengeance, et la sienne sera affreuse comme le crime qui l'a provoquée.

Ce n'est pas assez, pour Polinska, de ce qu'elle a déjà souffert; il faut encore qu'elle tremble pour les jours de son amant. Ce que l'éloquence a de plus fort, le sentiment de plus persuasif, sont employés pour le détourner de son sinistre projet : il n'écoute, il n'entend rien. Elle prend son fils; elle ose le lui présenter. « Il est inno-
« cent aussi, et vous n'avez pas le droit de lui
« ôter son père. Ce père est coupable, et peut
« le devenir davantage en versant votre sang. Que
« deviendrai-je alors? survivrai-je à ce dernier
« coup?... Ingrat, tu ne le crois point. J'ai regagné
« ton estime : qu'elle m'aide, avec ton amitié, à

« supporter le fardeau de la vie. — L'amitié, di-
« tes-vous? Vous exigeriez encore qu'une ame
« de feu se réduisît à un sentiment si froid! Vous
« persisteriez à me punir, à vous punir, avec
« moi, d'un forfait qui nous est étranger à tous
« deux! Vous n'êtes pas moins précieuse à mes
« yeux, vous n'êtes pas moins respectable à ceux
« des honnêtes gens, parce qu'un infame a ravi,
« par la force, ce qui était réservé à l'amour. Et
« vous voulez qu'il vive, ce monstre que je dé-
« teste, que je méprise! Hé bien, madame, il
« vivra, je me sens capable de cet effort. Mais,
« si je vous immole ma haine, vous abjurerez
« vos préjugés. Soyez mon épouse; j'adopte votre
« fils, et je suis assez généreux pour lui vouer
« la tendresse d'un père. »

Que pouvait répondre Polinska? Exposerait-elle, par une plus longue résistance, les jours de Sobieski? Sa double proposition ne prouvait-elle pas l'excès de sa délicatesse? ne devait-elle pas la rassurer sur les procédés à venir, et ne comblait-elle point ses vœux les plus doux? Elle serait à l'homme qu'elle adorait; elle pourrait avouer un fils qui lui était cher, et à qui son époux donnerait son nom; ils iraient tous trois, dans des terres éloignées de Sobieski, cacher leur félicité présente, et perdre le souvenir de leurs malheurs passés.

C'est par ces motifs, que la raison de Polinska ne pouvait rejeter, que Sobieski et sa fidèle Clo-

tilde essayaient de la vaincre. Elle écoutait, elle applaudissait quelquefois ; elle balançait cependant encore, quoiqu'en secret elle brûlât de se rendre, tant était forte, dans ces temps qu'on appelle grossiers, l'opinion qu'avait une femme de la retenue et des devoirs de son sexe. « Vous
« avez opposé cet enfant à ma vengeance, lui dit
« Sobieski, souffrez, qu'à mon tour, je l'oppose
« à vos irrésolutions ; ne lui refusez pas un père. »
Et l'aimable jeune homme, et la bonne Clotilde, et le bûcheron et sa femme, et Wilfrid et les valets, qui arrivent alors, unissent leurs vœux, leurs prières, et la pressent, à genoux, de consentir à être heureuse. « Puisse-tu l'être, toujours,
« toi-même, répond-elle avec une modeste rou-
« geur, et ne jamais oublier que je m'étais jugée
« indigne de toi. »

Ce fut dans la chaumière même du bûcheron, au milieu des transports d'une joie naïve et pure, que furent arrêtés les préparatifs d'un hymen si désiré. Polinska et Sobieski s'aimaient, se le disaient, ne se lassaient pas de le dire, et ne s'occupaient point de ce qui se passait autour d'eux : l'amour sait être solitaire partout. Mais Clotilde, ingénieuse et gaie, réglait la marche et la succession des fêtes. Wilfrid, partisan de l'antique cérémonial, prononçait sur les choses d'étiquette ; les valets se permettaient de glisser leur mot ; le bûcheron et sa femme se félicitaient d'avoir trouvé, dans leur belle inconnue, la dame de leur canton.

Nuits de bonheur passent si vite! L'aurore commence à dorer le faîte des arbres, et nos amans sont encore à la même place, dans la même attitude; leurs expressions ont le même feu; leurs cœurs éprouvent la même satisfaction. Ce sont deux ames candides qui ne se lasseront jamais de s'épancher, de se confondre. Cependant le retour de la lumière amène certaines réflexions. Polinska rentrera-t-elle à Blonie sous un déguisement que la malignité peut interpréter à son désavantge? Clotilde a fait à peine l'observation, que le vieux Wilfrid est à cheval; il court au château. Il ramène les femmes de Polinska, des piqueurs, des coursiers, qui, dequis quatre ans, s'indignent de leur oisiveté. La jeune dame est revêtue de ces habits brillans de soie et d'or, ornemens jadis à charge à la douleur, aujourd'hui symboles de l'éclat qu'elle a perdu, et que l'hymen va lui rendre. Le fils de Métusko est paré de ce qui peut relever les graces de l'enfance; Sobieski est beau de sa seule beauté. Tous sont montés sur des palefrois dont les housses, brodées d'argent, traînent dans la poussière. Ils entrent, à Blonie, au milieu des acclamations d'un peuple empressé de revoir celui qui, dès long-temps, devait faire le bonheur de leur suzeraine, et dont le vertueux Wilfrid n'a pas manqué d'annoncer le retour.

On se demandait quel était ce bel enfant que Polinska regardait, avec complaisance, quand ses yeux se détachaient de ceux de Sobieski. Wilfrid était discret, il le croyait du moins ; mais, vous le savez, on le pénétrait aisément : quelques mots hasardés avaient circulé, et commençaient à voler de bouche en bouche. Bientôt on soupçonna un mystère que Clotilde s'empressa de dévoiler entièrement pour épargner, à sa maîtresse, le blâme d'un écart dont elle était incapable, et tels étaient l'amour et le respect qu'on lui portait, qu'elle fut jugée encore la femme la plus chaste, et Sobieski l'homme le plus délicat, comme le plus heureux. Il ne lui manquait, en effet, que de rendre son digne père témoin de la félicité qu'il lui avait préparée : il venait de payer, à la nature, le triste tribut que nous lui devons tous.

La noblesse des environs était convoquée, les lices disposées, les amphithéâtres dressés. Les chevaliers arrivaient à Blonie, parés des couleurs de leurs dames, superbement montés, précédés de leurs bannières, et suivis de leurs écuyers. Les rues étaient jonchées de fleurs ; des drapeaux flottaient de toutes les croisées ; le peuple se pressait dans les rues ; Clotilde, Wilfrid répandaient, de tous côtés, des gages de la magnificence et de l'affection de leur maîtres. De nombreux orchestres annonçaient l'alégresse générale, et le son majestueux de l'airain, que le plus respectable des nœuds allait être formé, sous les auspices de la religion.

Sobieski, radieux comme le soleil-levant qui

repousse les nuages, passa dans l'appartement de sa Polinska. Elle l'attendait, embellie encore des charmes du désir. Elle se lève, et lui présente la main. Un cortége imposant et nombreux les précède et les suit ; le pontife et ses diacres, revêtus des habits sacerdotaux, les attendent sur les degrés du temple ; ils approchent, gardant un silence religieux... tout à coup un cri se fait entendre : C'est lui, c'est Métusko. La marche est suspendue ; la mort est dans les yeux de Polinska, la fureur dans ceux de Sobieski, l'indignation dans tous les cœurs. On s'inquiète, on s'interroge, on va, on vient, on rapporte qu'un corps de cavalerie entre dans la ville, et qu'il conduit Métusko prisonnier. Ce sont les lieutenans mêmes d'un homme coupable envers Polinska, mais qui a des droits éternels à la reconnaissance publique, qui le traînent à l'échafaud, pour le punir, disent-ils, d'un crime dont la beauté était loin de désirer qu'on la vengeât. En effet, une heure encore, elle était l'épouse de Sobieski, et ce retour inopiné la réduit à l'alternative affreuse de laisser mourir le père de son fils, pour se conserver à son amant, ou de donner la main à un homme odieux, sacrifice bien plus cruel que celui qu'elle s'était imposé en renonçant à Sobieski. Cependant la loi est formelle, et veut qu'elle se prononce. Ce dernier coup du sort, cet horrible situation, troublent ses sens ; on la reporte au château, mourante, inanimée. Sobieski, poussé au dernier degré de la rage, insulte, brave, menace Métusko. « Si tu étais chargé de fers, je te « ménagerais, lui répondit froidement le guerrier. »

Cet homme, dont la vie entière était une longue suite d'exploits, et à qui on ne pouvait reprocher que la tache dont il s'était couvert à Blonie, avait oublié, au sein des plus nobles travaux, les charmes de Polinska. Le temps, à qui tout cède, avait, insensiblement, affaibli le souvenir d'un attentat qu'avaient d'abord suivi des remords déchirans. Métusko, depuis long-temps, ne vivait plus que pour la gloire, qui, fidèle à ses drapeaux, lui tenait lieu des jouissances du cœur.

Constamment opposé à Rodolphe, le plus grand général de son temps, presque toujours inférieur en nombre, mais sachant multiplier ses forces par l'enthousiasme dont il animait ses troupes, Métusko avait détruit successivement trois armées qui s'étaient présentées devant lui. Son activité, sa valeur, sa prudence, forçaient le destin des batailles; sa magnanimité séduisait les vaincus; ses largesses les fixaient dans ses rangs. L'empire, épuisé par une guerre dont l'objet lui était étranger, refusa, enfin, à l'empereur les nouvelles levées qu'il sollicitait encore. Rodolphe fut obligé de traiter avec cet homme, qu'il n'avait d'abord regardé que comme un rebelle, et que les plus brillans succès mettaient au-dessus de lui.

La Pologne pacifiée pensait à se choisir un roi.

Sobieski, qui joignait la douceur aux talens militaires, eût peut-être réuni les suffrages, sans son extrême jeunesse, ou plutôt sans cet amour qui le rendait insensible pour tout ce qui n'était point Polinska. Nous l'avons vu poser les armes lorsqu'il ne lui resta plus d'ennemis à combattre; laisser les Polonais se donner des lois et un maître, et, satisfait de régner sur un cœur qui était tout pour lui, ne s'occuper que du soin de le reconquérir.

Métusko ne doutait pas que la couronne fût le prix de ses services, et il avait l'ambition d'y prétendre, après avoir su la mériter. Il ne dissimulait plus à quel but il tendait; ses soldats, idolâtres de leur chef, n'attendaient que le moment de le seconder. Il montait sur le trône, si ses lieutenans, jaloux de sa gloire, n'avaient redouté, autant qu'elle, une inflexibilité de caractère, un penchant marqué à l'autorité absolue, qui les réduiraient à n'être que de vains ornemens de la cour d'un tel prince, et à n'y jouir que de la considération qu'il voudrait bien leur accorder.

Le concurrent le plus redoutable que Métusko eût à écarter était Jagellon, duc de Lithuanie, païen encore, ainsi que ses sujets, mais qui avait secouru la Pologne de ses trésors, de ses troupes, et qui, pendant toute la guerre, avait commandé, avec avantage, un corps d'armée, qui, pourtant, était subordonné à Métusko. Le duc n'était pas sans qualités ; mais il était bon, facile, prodigue, défauts dangereux pour le peuple, et toujours utiles aux courtisans. Les Palatins penchaient donc en secret pour Jagellon ; mais comment exclure Métusko d'un rang où l'appelait le vœu de l'armée et du reste de la nation ?

On sentait qu'il fallait d'abord détacher de lui la multitude. Mais quels moyens employer sur des esprits trop prévenus ? Son crime envers Polinska était un ressort sans force sur des soldats, disposés à excuser des excès auxquels ils sont toujours prêts à se livrer. Métusko s'était ouvert, à ses principaux officiers, d'un dessein qu'il nourrissait depuis long-temps, et qu'il comptait exécuter dès qu'il serait sur le trône. C'était d'entretenir, même au sein de la paix, un corps d'armée considérable, qui contînt les Turcs et les Hongrois, ennemis naturels des Polonais ; d'introduire parmi ces troupes une discipline sévère, qui garantît les propriétés, jusque alors dévastées par une soldatesque sans frein. Il voulait ôter, aux nobles, le droit de vie et de mort sur leurs serfs ; les dépouiller de l'impunité que leur assurait le privilége de n'être arrêtés pour un crime capital, qu'après en avoir été juridiquement convaincus ; il voulait que la nation s'adonnât au commerce, qu'un orgueil déplacé abandonnait aux étrangers, qui attiraient à eux les richesses du pays ; et l'armée, qui ne dépendrait que de lui seul, devait soutenir ses innovations, en réprimant les mécontens.

Ces vues étaient d'un prince digne d'un siècle plus éclairé ; mais il fallait les renfermer jusqu'à ce que les circonstances en permissent l'exécution : l'envie et la malignité les tournèrent contre lui. On répandit sourdement parmi la pauvre noblesse, qui composait seule les escadrons, que Métusko comptait, s'il obtenait la couronne, lui associer des paysans. On ajoutait qu'il se proposait de soumettre les troupes polonaises à la discipline allemande, et, surtout, à ce châtiment infamant, toujours odieux à des peuples fiers, qui ne veulent être conduits que par l'honneur. On insinuait aux Palatins que cette armée, destinée, en apparence, à servir de barrière contre les ennemis extérieurs, ne serait levée, en effet, que contre eux, et deviendrait, entre les mains du nouveau roi, un instrument avec lequel il détruirait, à volonté, leurs priviléges, consacrés par des siècles, et les plus précieux attributs de leur grandeur. On lui reprochait de vouloir transformer en un vil peuple de marchands, la nation la plus belliqueuse et la plus honorée de l'Europe ; on le peignit, enfin, comme un homme emporté, entreprenant, qui abuserait de son autorité, et ploierait ses sujets sous un despotisme inconnu, même sous les maîtres que les empereurs donnaient à la Pologne.

Ces insinuations étaient, en partie, appuyées de preuves qu'on avait eu l'art de surprendre à Métusko, trop généreux pour être défiant. Elles produisirent plus d'effet que s'en étaient promis leurs auteurs ; elles aliénèrent, à l'instant, les Palatins et les nobles. Tous se détachèrent d'un homme qui prétendait leur ôter des prérogatives, dont ils étaient jaloux à l'excès, et cette liberté dont il jouissaient à peine, et qui leur avait coûté tant de sang. Les différens partis se réunirent en faveur de Jagellon, et, lors de la convocation de la diète, Métusko était le seul qui ignorât qu'il n'avait plus rien à attendre que de la postérité.

Cependant son exclusion, quelque injuste qu'elle fût, produisit un bien réel. Les Palatins résolurent, unanimement, de borner l'autorité du prince qu'ils allaient nommer, et de ceux qui lui succéderaient. Ils prononcèrent que le sceptre ne serait point héréditaire, et que les rois ne pourraient élever aucune forteresse ; qu'ils ne disposeraient pas du trésor public ; qu'ils ne leveraient des troupes que du consentement des diètes ; ils consacrèrent, enfin, cette fameuse formule que le nouveau souverain devait prononcer à son avènement : « J'invite la nation à me détrôner, « si je n'observe point les lois que je vais jurer. » Ces institutions, proposées par les confidens intimes de Métusko, l'éclairèrent trop tard sur les véritables desseins de la diète ; mais elles empêchèrent la liberté publique de recevoir aucune atteinte, jusqu'au moment où trois puissances spoliatrices effacèrent, de la carte d'Europe, le nom de la Pologne.

Lorsqu'on eut posé ces bases fondamentales, le Palatin qui présidait la diète, demanda à Jagellon s'il voulait embrasser le christianisme, et réunir, à la Pologne, son duché de Lithuanie. Le prince se soumit sans résistance à ces conditions, et fut aussitôt proclamé roi. On peut présumer de la tranquillité de cette élection, si différente de celles qui l'ont suivie, que tout était préparé, et même convenu d'avance.

Métusko, outré de la préférence que venait d'obtenir sur lui un étranger, n'eut pas la prudence de cacher son ressentiment. Il était révolté surtout que ceux qu'il avait comblés de bienfaits, à qui il avait accordé sa confiance la plus intime, et dont les suffrages lui devaient être acquis, eussent lâchement trahi sa cause. Incapable d'aucune mesure, quand il se livrait à l'irascibilité de son caractère, il sortit de l'assemblée en menaçant hautement tous ceux dont il croyait avoir à se plaindre.

On connaissait sa valeur, sa force prodigieuse ; on se rappelait son combat contre Ragotzi ; le duel était alors en honneur; aucun Palatin n'eût osé refuser le champ-clos, et se mesurer avec Métusko, c'était s'exposer à une mort presque assurée. L'intrépidité n'est, dans la plupart des hommes, que la certitude, ou au moins l'espérance de la victoire, et les Palatins, d'ailleurs, ne désiraient plus que ce calme si doux après de longs orages. Pour conserver leur honneur et assurer leurs jouissances, il fallait perdre Métusko.

On ne complota point contre lui. Il est des sentimens secrets qu'on s'avoue à soi-même, et qu'on ne communique à personne. Aucun Palatin n'eût avoué, sans rougir, les motifs qui l'animaient contre le héros de la Pologne ; mais celui qui l'attaquerait, même indirectement, pouvait compter sur l'assentiment des autres. Le Palatin de Rava s'exprima d'abord, d'un ton très-modéré, sur la violence des procédés de Métusko envers quelques-uns des membres de la plus respectable assemblée. Encouragé par l'air d'approbation qu'il remarqua sur tous les visages, il demanda s'il ne convenait point d'examiner la peine que méritait celui qui attaquait ouvertement la liberté des élections. Il donna à penser au roi que Métusko, puissant par l'étendue de ses domaines, par le nombre et l'attachement de ses vassaux, et, surtout, par son courage indomptable, pourrait lui disputer la couronne à main armée, le renverser du trône, ou livrer au moins sa patrie aux horreurs d'une guerre civile. Ces craintes, qui n'étaient pas sans fondement, furent exagérées encore par les autres Palatins, et le monarque, crédule, en parut vivement frappé.

Aucune loi cependant ne pouvait s'appliquer

au cas dont il s'agissait. Souvent, dans les diètes précédentes, le sabre avait tranché les discussions, sans qu'on vengeât le sang sur ceux qui l'avaient versé. Métusko n'était pas de ces turbulens obscurs que l'autorité s'immole avec impunité; il était à craindre que la Pologne opposât, à des chefs d'accusation imaginaires, les services et les grandes qualités de celui qu'on voulait proscrire. Pour mettre de leur côté une apparence de justice, les Palatins rappelèrent cet ancien crime perdu dans une foule d'exploits; ils en aggravèrent les circonstances. Le roi signa l'ordre de s'assurer du coupable, et l'exécution en fut confiée à ses plus ardens ennemis.

On savait que l'amour unissait Polinska et Sobieski. Elle ne devait voir dans Métusko que le plus odieux des hommes, et il n'était pas vraisemblable qu'elle lui rachetât la vie par le don de sa main. Le succès du plan formé contre lui paraissait donc certain. Il ne restait qu'une difficulté; c'était d'arrêter un guerrier qui mourrait plutôt que de présenter ses mains aux fers qu'on lui destinait, et on prévoyait de quoi il serait capable, poussé au dernier désespoir. On résolut de le surprendre pendant son sommeil, et, pour qu'aucun de ses amis, s'il lui en restait encore, ne l'avertît du péril qui le menaçait, on prolongea l'assemblée assez avant dans la nuit, et on défendit que personne sortît du lieu des séances.

Métusko ne reposait point. Tourmenté par la

violence de ses passions, il marchait à grand pas dans son appartement. Ses écuyers attendaient l'explosion qui allait suivre un silence plus énergique que des mots, quels qu'ils soient. « Non, « dit-il enfin en s'arrêtant, non, ingrate patrie, « je ne te trahirai point ; je ne te remettrai pas « sous le joug dont je t'ai délivrée ; mais je n'a- « jouterai pas, par ma présence, au triomphe « d'un souverain indigne de régner sur un homme « tel que moi. Je me retirerai dans mes terres ; « j'y vivrai obscur, et j'y formerai des vœux pour « la prospérité publique. Qu'on prépare à l'in- « stant mes équipages et mes chevaux. » Ses écuyers allaient lui obéir ; des valets annoncent que plusieurs Palatins demandent à être introduits. Qu'ils entrent, répond Métusko, et sa redoutable épée est à dix pas de lui.

Aux premiers qui paraissent en succèdent d'autres, et de nouveaux à ceux-ci. Métusko est entouré de traîtres, et ne soupçonne rien encore de leurs desseins. Ils se jettent sur lui comme des bêtes féroces, le renversent, le chargent de liens, et le livrent à ses lieutenans, qui, témoins du malheur de Polinska, consentent bassement à déposer contre celui qui les a toujours conduits à la victoire.

Ils s'attendaient à des emportemens, à des efforts qu'il leur serait peut-être difficile de réprimer : jamais Métusko ne parut plus grand que dans son désastre. Il opposa le calme aux orages, et sa grandeur au mépris. Il marchait au milieu de ses gardes avec cet air de supériorité qui annonçait qu'il avait été leur chef, et qu'il se sentait digne de l'être encore. Le peuple, faible et irrésolu, se portait en foule sur son passage, le plaignait, et n'entreprenait rien ; il semblait attendre un mot de Métusko pour lui former à l'instant un parti. Fidèle à ses dernières résolutions, le guerrier eût continué à dédaigner également l'ingratitude du peuple et la férocité de ses gardiens, si ceux-ci, craignant un mouvement en sa faveur, n'eussent cherché à justifier la rigueur dont on usait envers lui, en l'accusant de crimes imaginaires.

La loyauté de Métusko ne lui permettait pas de dissimuler ses torts, et son austère franchise devait s'irriter de ceux qu'on lui supposait. Il répondit à ces accusations mensongères avec l'énergie qui le caractérisait, et, lorsqu'il eût franchi les bornes qu'il avait imposées à son ressentiment, il s'y livra tout entier. Il reprocha à ses gardiens l'indignité de leur conduite ; il rappela ses services aux spectateurs, parmi lesquels il reconnut plusieurs de ses compagnons d'armes. Il les anima par son éloquence, par le feu de sa physionomie, et surtout par son malheur. Ce que ses gardes avaient voulu éviter, fut le fruit de leur imprudence. Le peuple s'exalte, s'échauffe et s'émeut ; on court, on s'arme à la hâte de ce qu'on trouve sous sa main ; on voit briller la

lance à côté de l'instrument aratoire, et le casque près de l'humble capeline. On environne, on presse, on va attaquer l'escorte, que le nombre intimide, et qui, pourtant, se met en défense ; les Polonais sont sur le point de s'entre égorger ! Métusko seul peut empêcher l'effusion du sang, et il est assez généreux pour le faire, quelque sort qui lui soit réservé. « Mon siècle, dit-il, peut
« être ingrat ; les républicains le furent toujours.
« Mais la postérité ne me reprochera point d'a-
« voir volontairement ensanglanté ma patrie. Je
« l'ai affranchie, j'ai fait mon devoir ; elle mécon-
« naît les siens : hé bien, je verrai s'il est des
« juges assez pervers pour envoyer à l'échafaud
« le libérateur de la Pologne. Mes vrais, mes fidè-
« les amis, vous n'exposerez pas vos jours ; vous
« ne compromettrez pas la sûreté de vos femmes,
« de vos enfans. Je n'attends, je ne veux de vous
« qu'un service ; mais il me sera cher. Montez à
« cheval ; conduisez votre général à Blonie ; qu'il
« paraisse devant le tribunal, environné des té-
« moins de sa gloire ; que leur présence le jus-
« tifie, et que ceux qui m'ont traîné jusqu'ici se
« bornent désormais au vil rôle d'accusateurs :
« il convient à des ames de boue. »

Ces paroles ajoutent l'étonnement et le respect à l'admiration et à l'amour qu'inspirait déjà Métusko. On le sépare de son escorte ; un rempart vivant se porte entre elle et lui ; c'est à qui touchera son habit, ses éperons, la housse de son cheval ; chacun veut le suivre, entendre sa justification, ou arracher sa grace de vive force, si, en effet, il est coupable; on le délivre de ses indignes liens, on lui rend une épée; ce n'est plus un criminel, que de vils satellites traduisent devant ses juges; c'est un grand homme qui va, au milieu de ses amis, braver l'injustice, et succomber, s'il le faut, comme il a vécu. Ses lieutenans confus se retirent à la queue du cortége ; la rage et l'envie sont toujours dans leurs cœurs ; mais ils n'osent lever les yeux sur le héros.

Tant de grandeur, tant de désintéressement étonnent, sans doute, de la part d'un guerrier que la circonstance pouvait rendre à la liberté et venger de ses ennemis; mais, peut-être, était-il effectivemeut persuadé qu'il ne trouverait pas de juges qui osassent le condamner ; peut-être savait-il que Polinska était libre encore ; peut-être se flattait-il que le temps avait affaibli le sentiment de son outrage, et qu'elle mettrait quelque gloire à sauver un homme tel que lui. Il est au moins certain qu'il plaçait la sienne fort au-dessus de sa vie, et qu'il prétendait l'emporter sans tache dans sa tombe.

A peine il est entré à Blonie, à peine il a prononcé le nom de Polinska, et il sait qu'il est père. Un sentiment nouveau se fait jour dans son cœur, et remplace le mépris de la vie. Il s'y attache, il y tient, et espère la devoir à son fils. Illettré, comme tous les seigneurs de ce temps, il fait écrire à Polinska, du palais où sa parole seule le retient prisonnier. Sa lettre n'exprimait rien de tendre ; elle était dictée par la roideur de son caractère. Il sollicitait simplement une entrevue, que la loi l'autorisait à exiger, et dont le rang de Polinska ne la dispensait point.

Cette infortunée déplorait son sort ; son fils essuyait ses larmes, et Sobieski était à ses genoux, lorsqu'elle reçut cette lettre cruelle. Voir Métusko, l'entendre, lui parler, était pour elle un supplice affreux : s'y refuser était impossible. Sobieski, combattu par mille mouvemens opposés, essayait de la retenir dans son château ; il voulait fuir avec elle, et la pressait, avec soumission, de prendre ce parti ; l'instant d'après il exigeait, impérieusement, qu'elle se donnât publiquement à lui, après avoir laissé périr un homme que rien ne l'obligeait à sauver, et dont la patrie seule devait embrasser les intérêts. Bientôt, touché de l'ingratitude des Polonais, il oubliait son amour, et s'attendrissait sur le sort d'un héros dont il admirait les grandes qualités, et dont il eût été le plus ardent défenseur, s'il n'eût pas prétendu, comme lui, à la main de Polinska. L'abandonner lui semblait affreux ; lui sacrifier l'objet de sa vive tendresse était au-dessus de ses forces. Cette idée seule le ramenait à celle d'un crime qui lui paraissait impardonnable, et à l'animosité qu'il avait vouée à son auteur.

Il fallait se déterminer. Sobieski ne trouvait

que des plaintes, des imprécations contre le sort, et son amante, des soupirs, des pleurs, et la promesse d'être toujours fidèle. Un second message de Métusko annonce que le temps presse, et qu'il prétend jouir de la faveur que lui accorde la loi. La malheureuse Polinska se lève, traverse ses appartemens, soutenue par ses femmes, et suivie par Sobieski, qui ne peut se détacher d'elle, et qui la suit encore des yeux, après l'avoir conjurée vingt fois de ne pas oublier ses sermens.

Les forces manquèrent tout-à-fait à Polinska lorsqu'elle entra dans la salle où l'attendait le coupable. La présence, l'air froid et sévère des juges, assemblés pour recevoir l'expression de sa volonté, ajoutèrent à sa confusion. Métusko fit quelques pas au-devant d'elle, et parut vouloir lui aider. Son crime, les malheurs qu'il avait causés, ce que cette entrevue aurait de révoltant pour elle, tout ce qui peut effrayer une imagination affaiblie vint l'assaillir à la fois. Elle recula avec horreur, ferma les yeux, et se laissa tomber dans les bras de Clotilde, qui la conduisit à un fauteuil. Le guerrier ne s'attendait pas que sa vue produisît un effet si terrible. Il avait préparé des moyens qu'il croyait propres à ranimer Polinska. Son trouble, sa pâleur, sa faiblesse, l'agitèrent lui-même fortement. Ses remords se réveillèrent, et ce que n'avaient pu les forces réunies de l'empire, une femme timide l'opéra en un instant.

Métusko, embarrassé, confus, sans courage et sans voix, était prêt à tomber à ses pieds.

Ils s'observèrent quelque temps dans un profond silence : les juges invitèrent Métusko à parler. Plus maître de lui, il reprit le libre usage de ses sens. « Madame, dit-il, ne rappelons pas le
« souvenir du passé ; il serait cruel pour vous, et
« humiliant pour moi : occupons-nous du pré-
« sent. Votre sort est tellement lié au mien, que
« ce que j'ai à vous dire ne peut vous être indif-
« férent. Écoutez-moi avec tranquillité : mes ex-
« pressions seront mesurées sur le respect que je
« vous dois.

« Je ne tiens pas assez à la vie pour vous en-
« gager à la racheter, ne dût-elle vous coûter
« que la démarche que vous faites, si je n'envi-
« sageais que moi ; mais, madame, si je suis
« comptable à vos parens, à vos amis, à la Po-
« logne entière, d'une faute que rien ne peut
« excuser, vous le seriez, vous, du refus de ré-
« tablir votre honneur, que je me propose de
« vous rendre. Je ne vous parlerai pas de mes
« sentimens : depuis long-temps je n'ai conservé,
« pour vous, que ceux de la plus profonde estime.
« C'est l'état parfaitement tranquille de mon cœur
« qui doit vous rassurer sur les suites d'un hymen
« qui, sans doute, vous paraît odieux. Reprenez
« la place que vous devez occuper dans la société,
« la considération, dont j'ai mérité seul d'être dé-

« pouillé, et je jure par l'honneur, vous savez si
« Métusko est capable d'y manquer, je jure de
« me séparer de vous en descendant de l'autel;
« de vous laisser libre, en quelque lieu qu'il vous
« plaise choisir; de ne plus vous revoir, si vous
« l'ordonnez, et, surtout, de ne jamais penser à
« des droits dont je sens trop combien je suis in-
« digne. »

Il attendit une réponse que Polinska était hors
d'état de lui faire. Elle n'avait entendu que des
sons, dont son extrême désordre ne lui avait pas
permis de saisir le sens, et elle restait immobile
et muette. Les juges, touchés de son pénible état,
l'engagèrent à terminer elle-même la séance,
en déclarant si elle acceptait, ou non, Métusko
pour époux. « Non, non, dit-elle d'une voix en-
« trecoupée, jamais... Non, jamais. Je sais, reprit
« le guerrier, qu'un autre amour vous engage. So-
« bieski vous fait, seul, rejeter un arrangement
« qu'approuverait votre raison; mais, madame,
« doit-il rassembler, sur lui, toutes vos affections?
« Les droits de votre fils ne balancent-ils pas
« ceux de votre amant? C'est pour lui que j'ose
« encore élever la voix. Consentirez-vous à lui
« rendre compte, un jour, du sang de son père
« qu'il vous redemandera; de l'état civil que vous
« lui aurez refusé, et quand ce penchant, auquel
« vous sacrifiez tout, sera éteint par le temps, et
« que vous pourrez vous juger sans passion, vi-
« vrez-vous entre la haine de votre fils et le mé-

« pris de vous-même? Songez-y, madame, vous
« êtes mère, vous l'êtes par un crime; mais ce
« titre ne vous impose pas moins des devoirs sa-
« crés. »

Au nom de son fils, Polinska était devenue attentive, et le tableau que Métusko venait de lui mettre sous les yeux, l'affectait profondément. Elle ne se sentait pas capable de renoncer à l'estime publique, et, surtout, à la tendresse de son enfant, premier besoin d'une bonne mère. Elle oublia, un moment, Sobieski; elle balançait... Clotilde lui rappela, à voix basse, ces paroles solennellement prononcées dans la cabane du bûcheron : J'adopte votre fils, je lui donne mon nom, et je lui voue les sentimens d'un père. Les raisonnemens de Métusko l'avaient ébranlée : ces derniers mots de Clotilde la rendirent à l'amour. Elle ne vit plus que Sobieski; elle répéta, à haute voix, le refus de s'unir à Métusko, et sortit.

La force seule semblait pouvoir, désormais, sauver le grand homme. L'arrêt de mort allait s'échapper de la bouche de ses juges. « Je ne
« vous demande qu'une heure, leur dit-il, et si
« Polinska persiste dans sa résolution, je marche
« à la mort. » On ne refuse pas un délai aussi court au coupable le plus obscur : on s'empressa d'accéder à la demande d'un héros. Celui-ci avait lieu d'espérer encore. Un de ceux qui avaient adouci sa captivité sur la route, avait profité de l'absence de Polinska; il s'était introduit dans

son château, et des bijoux et de l'or lui avaient ménagé un libre accès auprès de l'enfant. Son extrême jeunesse ne l'empêcha pas d'éprouver l'intérêt que doit inspirer un père; ses tendres organes furent vivement frappés du danger où il était exposé, et son esprit naturel lui fit saisir les moyens qu'on le pressait d'employer. Le geste, les inflexions de voix, les expressions, tout lui fut répété plusieurs fois, et la conviction intérieure se joignant à une mémoire sûre, la scène devait être énergique, déchirante, et l'effet n'en était plus douteux.

Polinska revenait s'applaudir de sa résistance auprès de Sobieski, et recevoir, de lui, le prix de tant d'amour. Elle était tranquille, heureuse même. Son fils l'aperçoit, il court, il vole, il se jette en travers du pont-levis, et, le visage sur la poussière, et pressant, de ses mains innocentes, les vêtemens de sa mère : « Jamais, dit-il, jamais
« je ne quitterai cette position, que vous ne
« m'ayez accordé la grace de mon père. Si vous
« rejetez ma prière, arrachez-vous de mes bras,
« repoussez-moi loin de vous, foulez ces larmes
« dont vos pieds sont déja mouillés, allez vous
« réunir à votre amant, dont je dédaigne, dont
« je refuse les bienfaits, et moi, je cours près
« d'un grand homme, dont je suis fier de porter
« le nom ; je le console, je soutiens son courage ;
« mes tendres carésses lui dérobent l'approche
« du coup mortel, et je reviens, couvert de son

« sang, vous dire et vous répéter, tous les jours :
« *Madame, voilà votre ouvrage!*

Rien de ce discours n'appartenait à l'enfant, que le ton pénétré avec lequel il le prononça. Il n'était pas même d'âge encore à apprécier des menaces qu'il n'était pas en droit d'adresser à sa mère; mais auxquelles il n'était pas possible qu'elle résistât. Elle était presque vaincue; l'enfant acheva de la gagner par ces traits d'ingénuité et de sentiment, par ces doux embrassemens, par ces brûlantes prières auxquelles un cœur maternel ne résiste jamais. « Qu'il vive, dit Polinska; que
« son fils lui apprenne que je me rends, et que
« je suis prête à jurer le malheur du reste de ma
« vie. » L'enfant est enlevé dans les bras de l'ami de son père; ils arrivent au lieu où on le garde; Polinska se renferme et défend, surtout, que Sobieski s'approche d'elle : si elle le revoit, Métusko est perdu.

Le jeune chevalier avait appris que son amante venait d'abandonner son rival à son sort; il accourait, plein de reconnaissance et d'amour. Clotilde lui déclare qu'il n'a plus rien à espérer, et qu'il n'aura pas même la consolation de faire entendre ses plaintes à Polinska. Il devait être accoutumé aux alternatives de malheur et d'espoir, entre lesquels il traînait, depuis long-temps, son existence. Cependant il est des coups qu'on ne saurait prévoir, et contre lesquels la raison est impuissante. Celui qui le frappait le replonge dans une de ces crises où l'homme qui tient le plus aux convenances, aux procédés, à la vertu, n'est plus maître de lui. Sobieski force l'entrée de l'appartement de Polinska; il ne ménage plus rien; les reproches se mêlent aux caresses, et l'injure à la prière. Polinska éperdue, Polinska, toujours faible, quand la présence de son fils ne la soutient pas contre elle même, Polinska, cependant, fait un dernier effort. Elle parle à son amant, avec cette dignité qui en impose à l'homme le plus exaspéré; elle oppose l'inflexibilité aux instances, et le calme à l'emportement; elle ordonne à Sobieski de sortir du château; elle lui défend d'y rentrer jamais, et se retire dans un cabinet solitaire. Il était temps : elle avait épuisé ce que son sexe a de force. Il fallait fuir, ou tomber dans les bras de Sobieski.

Resté seul, abandonné à ses pensées, le jeune homme se livra à tous les excès qui annoncent la démence, ou qui, du moins, y conduisent. Les imprécations, les sanglots font retentir la salle que Polinska vient de quitter; ce qui tombe sous sa main est brisé ou en lambeaux. Clotilde frémit; elle appelle Wilfrid... Sobieski avait tiré son épée, la pointe était tournée sur sa poitrine, il allait mourir, et combler l'infortune de son amante... Le vieillard, des valets, lui arrachent le fer meurtrier, le saisissent, l'enlèvent, le tirent de ce château, où chaque objet lui rappelle Polinska, et ajoute à sa fureur. Ils se flattent de le conduire hors de la ville, et de parvenir à calmer ses transports. Il leur échappe dans la rue; il court au palais où on garde encore Métusko.

Le guerrier pressait, pour la première fois, son fils dans ses bras, et il oublia sa brillante carrière et les disgraces qui l'avaient suivie. Un homme s'offre à lui dans un désordre affreux, et se jette à ses pieds. « Ils m'ont empêché d'attenter « à ma vie; arrachez-la moi, ou rendez-moi ce « qui peut seul me la rendre supportable. » Sobieski ne réfléchit pas que c'est la mort de Métusko qu'il lui demande à lui-même. Le héros le lui fait observer, en le relevant avec douceur, et le jeune homme voit, à travers le voile qui obscurcit ses idées, que l'un d'eux ne peut être parfaitement heureux que par le trépas de l'autre. Métusko en convient, et refuse le combat que son rival lui propose. « Ma réputation de bra- « voure est faite, lui dit-il; je ne m'armerai pas « contre un homme cher à Polinska, et personne, « au monde, ne prendra ma modération pour « de la lâcheté » Sobieski sent, alors, que son amante est perdue pour lui sans retour; sa tête se trouble tout-à-fait; ses membres se roidissent; il est privé de sentiment. On profite de cette circonstance, on l'emporte dans un château voisin de la ville, où les secours de l'art lui sont prodigués, et Wilfrid ne le perd pas de vue un moment. « Hélas! dit Métusko en le voyant sor- « tir, je fais deux malheureux qui, constamment,

« ont cultivé la vertu, et je n'ai de titre au bon-
« heur, et même à la vie, que mon crime. »

Cependant les juges se sont retirés; l'appareil de la captivité a disparu, et on vient avertir le guerrier que Polinska va se rendre à l'autel. Il prend son fils par la main : il faut que cet enfant soit toujours entre lui et sa mère. Lui seul peut affaiblir l'horreur que sa présence inspire. Il rencontre l'infortunée au milieu de ses femmes. Leur abattement lui annonce l'état de leur maîtresse. Elle seule se fait violence; elle paraît calme, et lui présente la main. Métusko la prend; mais il n'ose la presser; il craint de lever les yeux sur Polinska. Le dernier effort de la vertu était de rassurer l'homme qu'elle allait prendre pour époux; cet effort était digne de Polinska : elle eut assez d'empire sur elle pour le faire.

La cérémonie commence; les paroles redoutables vont être proférées; la victime conserve sa fermeté. Elle jure, à Métusko, une fidélité qu'elle est incapable de violer, et un amour qu'il ne dépend pas d'elle de sentir. Mais à peine le terrible serment est-il prononcé, qu'elle tombe sur les marches de l'autel. « C'en est trop, dit
« Métusko; elle a rempli tous ses devoirs, et elle
« m'apprend à connaître les miens, et s'adressant
« à Clotilde : Ramenez votre maîtresse; quand
« elle reprendra ses sens, mettez son fils dans
« ses bras; dites-lui que Métusko veut qu'elle
« vive, et qu'il lui en donnera la possibilité. »

Elle rentre dans son château, la douleur sur le front et la mort dans le cœur. Les caresses de son fils la rendent au sentiment de son malheur. Ses regards s'étendent douloureusement, lentement autour d'elle ; elle ne nomme point son époux ; mais on voit qu'elle a remarqué son absence, et qu'elle lui sait gré de ses égards. Un écuyer se présente, triste, accablé, et remet un paquet. Polinska l'ouvre, et lit :

« Je n'étais pas fait pour périr sur un échafaud ;
« y porter l'idée d'un fils rejeté du sein de la
« société, d'une femme déshonorée, et d'un jeune
« homme épris au point de partager sa honte.
« J'ai voulu être votre époux, j'ai dû le vouloir,
« vous avez dû y consentir ; mais je ne dois pas
« vous faire expier ma faute par un supplice qui
« durerait autant que votre vie. Vous avez été
« juste envers votre fils et son père ; je le suis
« envers vous et Sobieski. Je vous laisse l'héritier
« de mon nom et de ma gloire ; il vous apprendra
« à me plaindre, et mon dévouement me rendra
« votre estime. »

Métusko, en sortant du temple, s'était renfermé dans l'appartement que Polinska lui avait destiné. Fatigué de l'obscurité à laquelle le condamnait l'ingratitude des Polonais, frappé du désespoir de Sobieski, de l'espèce d'héroïsme de son épouse, il avait voulu la surpasser en générosité. Un poison actif avait coulé dans ses veines, et il eut à peine la force de dicter ses dernières expressions au ministre qu'il fit appeler pour l'aider à son dernier moment.

Dès qu'il eut cessé d'être entre Polinska et son amant, elle sentit les grandes qualités de l'époux qu'elle n'avait plus, et oublia son attentat; elle ne vit, en lui, que le père de son enfant, et elle le regretta sincèrement. Ces regrets, cependant, ne pouvaient être durables. Sobieski rentrait, chaque jour, dans des droits que le devoir n'eût pu que restreindre, et qu'aucune puissance n'aurait anéantis. Une année, qui parut longue, malgré les charmes d'un espoir que rien ne pouvait plus altérer, une année fut donnée aux bienséances, et le reste de leur vie à l'amour.

De cet hymen sortirent les ancêtres de ce fameux Sobieski, qui, n'étant encore que grand maréchal de la couronne, délivra la Pologne du joug des Turcs. La victoire de Chokzim lui donna le sceptre, qu'il illustra par la délivrance de Vienne, et par une réunion de talens qu'on trouve trop rarement dans les souverains.

ADÈLE
ET D'ABLIGNY.

ADÈLE
ET D'ABLIGNY.

QUATRIÈME NOUVELLE.

Monsieur d'Alleville avait servi trente ans avec distinction. Lieutenant-colonel au régiment de Picardie, il se signala à la bataille de Lawfeld, et obtint, avec une retraite avantageuse, le grade de brigadier des armées du roi. Il revint à Amiens, sa ville natale, jouir de la considération des honnêtes gens, et manger une pension de mille écus, donnée en indemnité d'une fortune assez considérable, entièrement dissipée au service.

Recherché par la meilleure société d'Amiens, M. d'Alleville se livra aux plaisirs aimables, dont un officier français ne perd jamais le goût, même dans un âge avancé. Spirituel, enjoué, il savait faire oublier ses cinquante ans, et mademoiselle Dercourt jugea qu'avec ces qualités il pouvait convenir à une jeune personne jolie, bien élevée, et assez raisonnable pour préférer un bonheur tranquille aux dissipations bruyantes, qui étourdissent toujours, et qui intéressent rarement.

Un homme âgé, qui n'est pas un fat, se rend ordinairement justice. Il se garde bien de s'attacher à une demoiselle de vingt ans; il se garde surtout, s'il a eu le malheur de se laisser surprendre, d'un aveu qui peut lui attirer le désagrément d'un refus, et le ridicule qui accompagne les prétentions déplacées. Un homme âgé, cependant, peut être clairvoyant, et se rendre à l'évidence. M. d'Alleville remarquait dans les manières, dans les procédés de mademoiselle Dercourt, quelque chose d'obligeant, d'affectueux même, qu'il n'osait interpréter en sa faveur; mais qui fixa son attention. La jeune personne lui parut charmante, et elle jugea, à certains mots qui lui échappèrent, que la défiance qu'il avait de lui-même, l'empêchait seule de se livrer à des sentimens qui pouvaient faire leur bonheur commun. Elle était sage, réservée; mais elle désirait un ami solide et vrai : elle crut pouvoir déclarer à M. d'Alleville, ce qu'elle n'eût avoué qu'en rougissant à un homme de vingt-cinq ans.

L'officier-général reçut cet aveu comme une faveur aussi précieuse qu'inattendue, et les articles furent bientôt réglés. De l'attachement et une estime réciproque, une pension d'un côté, cent louis de rente de l'autre, tout cela fut mis en commun, et mademoiselle Dercourt continua de penser, même après quelques mois de mariage, qu'un époux de cinquante ans, tendre, empressé, aimable, vaut bien un jeune homme qui promet tout, qui ne tient rien, et qui, bientôt, ne laisse à sa femme que le regret de s'être indiscrètement liée.

M. d'Alleville avait une sœur mariée à un président au parlement de Rouen. Cette dame était loin d'être jolie, et les femmes laides sont ordinairement acariâtres. Elle était dévote, et les dévots ont rarement le cœur bon. Une messe ou deux tous les matins, son directeur toute la journée, son mari quand elle y pensait, tel était l'emploi du temps de madame d'Abligny. Il est clair qu'elle n'en trouvait pas pour s'occuper de son frère, et monsieur d'Alleville, entré très-jeune au service, dominé par des goûts différens, avait singulièrement négligé sa sœur. Il n'avait conservé, pour elle, que ces sentimens naturels à un homme bien né, et les égards qu'exigent les convenances. Il lui avait annoncé, par une lettre polie, l'engagement qu'il allait contracter, et madame d'Abligny, son directeur consulté et entendu, avait répondu à son frère, qu'il y avait de la démence à se marier à cinquante ans; que le comble de la folie était de prendre une fille sans fortune; qu'on ne devait rien attendre de personne s'il arrivait des enfans, à qui on ne pût ni donner d'éducation, ni laisser d'état convenable, et, le soir même, madame d'Abligny avait donné mille écus au couvent des Dominicains, dont son directeur était l'économe.

M. d'Alleville avait été très-vif, et il conservait cette fierté qui sied à un homme estimable. Il opposa, à ces duretés, le langage de la raison; mais de la raison aigrie; il se permit des personnalités d'autant plus piquantes, qu'elles étaient fondées. Sa sœur saisit ce prétexte pour rompre sans retour, avec lui, sur l'observation très-judicieuse du directeur, qu'une sœur opulente gagne toujours à s'éloigner d'un frère dans la médiocrité.

M. d'Alleville était à l'armée lorsqu'il perdit ses parens. Négligent sur ses intérêts, comme tous les jeunes gens qui ne connaissent que la gloire et les plaisirs, il avait chargé de sa procuration un homme d'affaires qui n'avait de pouvoirs que pour lui envoyer de l'argent quand il en avait besoin. Marié, il voulut connaître l'état précis des ses affaires, et, peut-être, les mauvais procédés de madame d'Abligny lui en firent-ils naître l'envie, autant que les instances d'une épouse à qui il ne pouvait rien refuser.

Le président, son beau-frère, s'était saisi de toutes les pièces relatives à la succession, et, sans blesser les principes d'équité et de désintéressement dont il faisait profession, il ne s'était pas oublié. M. d'Alleville se rendit à Rouen, ne vit pas sa sœur; écrivit à son mari, pour demander communication des pièces. Son homme d'affaires les examina de très-près, et reconnut que M. d'Alleville avait tant dépensé en équipages de campagne, en superfluités, en objets de fantaisie, qu'il ne lui revenait que la modique somme de dix mille francs. C'était peu de chose pour M. d'Abligny; c'était beaucoup pour un officier réduit au simple nécessaire : celui-ci demanda ce qui lui était dû avec le ton d'un homme piqué, et qui ne doit pas s'attendre à un refus.

M. d'Abligny était disposé à payer. Son épouse, qui possédait son évangile, et qui y trouvait, à chaque ligne, le précepte du pardon des injures, ne pardonnait pourtant pas à son frère de réclamer ses fonds, comme il aurait sommé le commandant d'une citadelle de se rendre. Elle ne lui pardonnait pas davantage de n'avoir fait aucune démarche pour se rétablir dans ses bonnes graces, et le père Hyacinthe, qui prévoyait qu'une réconciliation mettrait un terme aux œuvres pies de la dame, nourrissait, augmentait, en secret, son ressentiment, en lui citant, à tort et à travers, des exemples tirés de la sainte bible, et, entre autres gentillesses du peuple de Dieu, Jephté immolant sa fille pour remercier le Seigneur. La jolie action de grace !

Or, si un père immole sa fille, une sœur doit nécessairement haïr un frère qui se marie, parce que cela lui plaît; qui a le ton tranchant, et qui veut qu'on lui rende compte de sa légitime. Or, quand un directeur a prononcé, une dévote n'a rien à répondre. Or un mari qui aime la paix, ne discute pas avec une femme entichée de dévotion, et M. d'Abligny aima mieux plaider contre un beau-frère qui avait raison, que de se défendre des instigations d'une femme laide, exigeante et acariâtre, et, dans le fait, l'un est plus aisé que l'autre.

Cependant pour ne pas se brouiller avec madame, monsieur le président eut la mortification de perdre ce procès en première et seconde instance; il eut le chagrin de s'entendre blâmer hautement par ses confrères; il eut l'humiliation de voir pour la première fois, chez lui, les huissiers exploitans, le jugement à la main, prétendant saisir son mobilier ou palper les dix mille francs. M. d'Alleville, furieux des mauvaises difficultés que lui avait faites la chicane, n'avait plus rien ménagé. Il retourna à Amiens avec ses fonds, et chargé de la haîne de sa sœur, de son beau-frère, et surtout du père Hyacinthe, que cette affaire ne regardait pas; mais qui se mêlait de tout, selon le louable usage des gens de sa robe.

M. d'Alleville oublia bientôt ces désagrémens passagers, au sein du plus heureux ménage. Sa femme, douce, attentive, prévenante, semblait n'exister que pour embellir ses derniers jours. La certitude d'être bientôt père, mit le comble à son bonheur. Cet heureux moment fut attendu avec l'impatience naturelle à des époux parfaitement unis. Ils se livraient, d'avance, aux sensations nouvelles qui allaient étendre, multiplier leurs jouissances; ils ne prévoyaient pas que les humains sont bornés; que leurs facultés le sont comme eux, et qu'une félicité continuelle ne saurait être leur partage.

Madame d'Alleville mourut en donnant le jour à une fille. Son mari tenait à elle par l'amour qu'inspire une femme charmante, par la reconnaissance qu'éprouve un vieillard que n'a pas dédaigné la beauté; il tenait à elle par l'habitude d'être heureux, habitude si douce, et à laquelle on renonce si difficilement aux derniers momens de la vie. Il n'est plus de dédommagemens alors, et ce qu'on perd est perdu sans retour. Le coup était terrible, et la raison n'en pouvait adoucir l'amertume; les soins mêmes de l'amitié déchiraient la blessure. Un sentiment unique pouvait remplacer celui auquel il fallait renoncer; la présence d'un objet chéri pouvait seul dédommager de l'absence de celle qu'on appelait en vain, et rattacher à la vie celui pour qui elle n'était plus qu'un fardeau : pour ne pas mourir, enfin, il fallait être père. M. d'Alleville concentra, sur sa petite Adèle, et la tendresse qu'il lui devait, et celle dont il fut prodigue envers sa respectable mère. Jamais enfant ne fut plus tendrement aimé; jamais père ne recueillit un prix plus doux de ses soins. Celui-ci s'était chargé seul de l'éducation d'Adèle, et les progrès de son intéressante élève répandaient une sorte de charme sur les leçons les plus arides.

La malheureuse guerre de Hanovre amena, dix ans après, un changement fâcheux dans la situation de M. d'Alleville. Les désastres qui nous accablèrent en Allemagne et en Amérique, réduisirent le gouvernement à l'impossibilité de payer les pensions. M. d'Alleville fut obligé d'emprunter successivement différentes sommes sur le modique patrimoine de sa femme, et, à la fin de la cinquième année, les emprunts avaient totalement absorbé le capital. L'honneur était héréditaire dans cette famille. M. d'Alleville ne pouvait s'acquitter qu'en vendant un bien qui appartenait à sa fille. Elle n'avait que quinze ans; il fallut la faire émanciper pour qu'elle pût signer sa ruine. Son père lui en fit la proposition les larmes aux yeux; elle lui répondit en l'embrassant.

Il ne leur restait rien que le sentiment intime de leur probité. Si ce sentiment n'efface pas toujours celui de la misère présente, il aide au moins à la supporter. Adèle, résignée et courageuse, possédait des talens aimables et des arts utiles. Elle les consacra à son père, devenu infirme; elle s'accoutuma à en tirer un honorable salaire; elle égayait son travail par des caresses touchantes; elle en coupait l'uniformité par des attentions douces qui charmaient le vieillard ; mais qui ne lui faisaient pas oublier l'état dangereux dans lequel il laisserait sa fille.

L'inquiétude, des chagrins qu'il s'efforçait de cacher, minèrent, tout-à-fait, un tempérament affaibli par l'âge. Tout ressentiment s'éteint sur le bord de la tombe, et l'indigence et les écueils, où Adèle allait rester exposée, rappelèrent, à son père, l'opulence de sa sœur. Dans toute autre circonstance il lui eût paru dur de solliciter, pour sa fille, les bontés de madame d'Abligny; il surmonta sa répugnance, en pensant à son enfant, sans appui et sans ressources. Il écrivit à sa sœur, en père malheureux et suppliant, et il mourut en bénissant Adèle, et en la recommandant à la Providence.

Elle n'avait, de l'extrême jeunesse, que la fraîcheur et la beauté. L'infortune avait formé son caractère et avancé sa raison. Elle sentit qu'elle ne pouvait vivre seule dans une grande ville, où les piéges naîtraient sous ses pas, et où la malignité empoisonnerait, peut-être, ses démarches les plus innocentes. La maison de sa tante ne lui promettait pas un asile riant, et c'était, pourtant, le seul qui lui convînt. Elle avait sacrifié sa fortune à sa probité ; elle se décida à sacrifier son repos aux bienséances. Elle vendit le modeste mobilier de son père, et elle se disposait à partir pour Rouen, lorsqu'elle reçut une lettre du père Hyacinthe. Il lui mandait que sa tante

18.

ne pouvait, ne voulait rien faire pour elle, et il lui conseillait, sèchement, d'offrir ses peines au Seigneur.

Adèle avait dans l'esprit une sorte d'élévation qu'elle tenait de son père : cette lettre, froidement insultante, lui coûta des larmes; mais n'abattit pas son courage. Elle oublia une parente qui méconnaissait les droits du sang, et se ploya au seul parti qu'indiquait l'honneur : c'était d'entrer chez quelque dame respectable, qui adoucît les dégoûts du service par égard pour la mémoire de son père. Elle ne doutait pas que toutes les portes ne s'ouvrissent dès qu'elle aurait annoncé son dessein; elle se flattait de n'avoir que l'embarras du choix. L'infortunée ! elle ne savait pas qu'avec les vertus qu'on n'a point, on exige, de ses domestiques, cette complaisance aveugle qui supporte les caprices, les défauts, et même les vices des maîtres. Mademoiselle d'Alleville n'était pas une fille à qui on pût commander librement; qu'on voulût rendre témoin de ces nuages qui s'élèvent même entre les honnêtes gens. On le pensait, on ne le disait pas; mais, malgré les graces de sa personne et de son esprit, ses talens et son goût pour le travail, Adèle ne recueillit de ses démarches qu'une stérile compassion.

La vieille Thérèse avait servi M. d'Alleville quinze ans. Lorsque sa jeune maîtresse pensa à se retirer chez sa tante, elle lui avait payé ses gages, en pleurant. Thérèse pleurait en les recevant : elle avait vu naître Adèle, et elle l'avait élevée. Cette bonne femme était, désormais, l'unique ressource de l'intéressante orpheline. Elle fut la chercher; elle la pria de revenir auprès d'elle, et ce jour fut un jour de fête pour Thérèse.

Un très-petit logement, bien élevé, à bien bon marché, mais bien propre, fut aussitôt arrêté. Thérèse se chargea de la propreté intérieure et des courses que nécessiteraient les besoins du petit ménage. Adèle devait dessiner, broder, coudre, et fournir ainsi à une dépense qu'on se promettait de régler d'après la plus sévère économie. Elle ne sortirait que pour entendre la messe, et toujours avec la fidèle Thérèse; mais elle n'y manquerait jamais les jours prescrits : dans l'état où elle était réduite, on a besoin d'un Dieu consolateur.

Pendant plusieurs mois, le plan de vie fut suivi avec exactitude; mais pouvait-il l'être toujours? Des résolutions stables, des privations pénibles, s'accordent-elles avec un jeune cœur, toujours prêt à se développer? Voyons comment celui d'Adèle se développa.

Madame d'Abligny, veuve depuis plusieurs années, n'avait qu'un fils qui ne lui ressemblait en rien. Beau, sensible, aimable, d'Abligny, sans prétentions, plaisait toujours sans le savoir. Il n'avait que dix-huit ans; mais il était l'unique héritier d'une fortune considérable, et déjà on pensait à l'établir

Le père Hyacinthe se maintenait dans l'esprit de sa pénitente. Quelquefois elle s'apercevait de l'empire qu'il exerçait sur elle, et elle avait une forte envie de s'y soustraire; mais il faut qu'une femme de quarante ans tienne à quelque chose. Celle-ci aimait beaucoup le bon Dieu; mais elle aimait bien aussi à en parler avec son directeur : il s'exprimait avec tant de ferveur, son style mystique avait tant de grace! et puis le bon père était si adroit! Avait-il un peu trop appesanti le joug, démêlait-il un peu d'humeur? ses manières devenaient plus souples, plus insinuantes; il flattait, alternativement, tous les faibles de la dame. Celui qui la dominait le plus était le désir de se voir renaître dans de petits enfans. Le rusé frocard lui nommait les plus riches héritières de la robe, et lui montrait, dans l'éloignement, d'Abligny parvenu à la première charge de la magistrature, moins par ses qualités personnelles que par la considération dont jouissait madame sa mère. Tel autrefois, ajoutait-il, David monta sur le trône du peuple de Dieu, non parce qu'il fut tempérant, brave, pieux; mais par l'assistance des saints prophètes. Ces galantes comparaisons et la perspective promise, faisaient sourire madame d'Abligny, et jamais elle ne souriait que le père Hyacinthe n'en profitât en religieux attaché aux intérêts de son couvent. Il conserva, quelque temps encore, son ascendant par ses manœuvres; mais enfin un homme, d'un caractère tout opposé, l'attaqua, et le perdit bientôt dans l'esprit de sa pénitente.

M. Montfort venait d'être nommé directeur des fermes, à Rouen. C'était un homme de cinquante ans, très-gros, très-court, très-gai, très-officieux et très-franc. Il était de ces gens qui disent clairement ce qu'ils pensent; qui vous donnent de l'argent en vous envoyant au diable; qui ne font jamais de complimens; mais qui vous serrent la main à vous faire crier, lorsqu'ils vous estiment.

Libre de tout soin, Montfort ne respirait que le plaisir. La table, où il figurait à merveille; les beaux-arts, qu'il connaissait à peine; l'antiquité, qu'il ne connaissait pas du tout; les bals, où il dansait lourdement; les concerts, où il raclait de la contre-basse; tout était de sa compétence. Vingt mille livres de rente, jointes au produit considérable de sa place, lui permettaient de satisfaire tous ses goûts, et lui donnaient l'entrée des meilleures maisons. Il n'aurait eu que des ridicules, s'il avait affecté des prétentions : il avait l'art de tout faire passer, à la faveur de beaucoup de simplicité et d'esprit naturel. Il ne s'était pas marié, disait-il plaisamment, parce qu'il n'avait trouvé qu'une femme qui lui parût digne d'être la sienne; mais aussi, il s'était jugé indigne d'être son mari.

Il rencontrait souvent d'Abligny dans les cercles brillans où il portait sa bizarre originalité. Le jeune homme lui plut beaucoup; il s'attacha sincèrement à lui, et, à travers ses boutades et ses propos burlesques, il laissait échapper d'excellens conseils, que d'Abligny recevait toujours avec docilité, et dont il profitait quelquefois.

Il était difficile de vivre, dans une certaine intimité, avec le fils, sans avoir quelque envie de connaître la mère. Depuis long-temps, la dame avait quitté le monde. C'est chez elle qu'il fallait l'aller chercher, et le jeune homme se chargea, volontiers, de l'introduction. On n'aborde pas une dévote comme elle approche du Créateur : de là vient, peut-être, le vieux proverbe, *les valets sont plus difficiles que leurs maîtres*. Un jour madame était à l'office; le lendemain elle était en méditation; une autre fois elle était en conférence avec le père Hyacinthe. Montfort vit d'abord à quelle femme il aurait affaire. Il s'en expliqua avec le fils, et il comprit, malgré des réponses très-ménagées, que le bon père était, à peu près, le maître de la maison; que madame d'Abligny lui donnait beaucoup, et que, si elle vivait encore vingt ans, elle pourrait bien ruiner son fils, à la plus grande gloire de Dieu. Il parut piquant, à Montfort, de rendre madame d'Abligny à la société; de reléguer le frocard dans son couvent, et de s'amuser en servant son jeune ami. Il n'ignorait pas que les tics d'une femme de quarante ans sont durs à déraciner, et que la contradiction n'est bonne qu'à les enraciner davantage. Il ne vit qu'un moyen pour se faire écouter : c'était de faire aussi le dévot. Ce personnage ne s'accordait ni avec ses habitudes, ni avec sa vivacité; mais quel prix de sa contrainte, que le plaisir d'en rire dans tous les cercles où d'Abligny, qui respectait sa mère, ne se trouverait pas! Quel triomphe, de supplanter un carme et de pervertir une dévote! Montfort se disposa à jouer son rôle aussi gaiement qu'il se serait préparé à remplir celui de Lisimon ou de Francaleu.

Il commença par écrire à madame d'Abligny une lettre vraiment édifiante. Lieux communs en usage parmi la monacaille, citations des saints pères, éloges pompeux de la piété de la dame, tout était mis en usage pour la disposer à jeter un œil bénévole sur sa dernière phrase. Il demandait, en finissant, la permission de la voir et de travailler avec elle au grand œuvre de son salut. Des copies de la sainte épître circulèrent dans toutes les sociétés; des paris furent ouverts. Les uns pariaient pour l'homme de Dieu, les autres pour l'émissaire du diable. D'Abligny, seul, ignorait cela, parce qu'on était convenu de changer de conversation dès qu'il entrerait quelque part.

L'original était arrivé à son adresse. Montfort n'était pas assez bon comédien pour n'avoir pas chargé son rôle. La dame avait trouvé la lettre bien; mais le père Hyacinthe, à qui elle la communiqua, comme de raison, la trouva exagérée. L'importance du personnage, d'ailleurs, lui donnaît de l'ombrage, et un moine, comme un autre, aime à gouverner seul. Hyacinthe fit des efforts incroyables pour persuader à madame d'Abligny, qu'un homme du monde n'écrit ainsi qu'avec le dessein formel de tourner notre sainte religion en ridicule, et il observa qu'en supposant M. Montfort de bonne foi, on s'exposait, en l'admettant, à voir troubler la régularité des exercices pieux, et peut-être, la douce harmonie qui régnait entre le directeur et la pénitente, sans qu'il en pût résulter un accroissement de lumières, parce que, sans doute, un directeur des fermes en sait bien moins en théologie qu'un carme déchaussé.

Madame d'Abligny ne voyait pas, toutefois, comme le père Hyacinthe. Elle était femme, Montfort l'avait louée, et il était difficile qu'il eût tort auprès d'elle. Cependant elle n'osa pas contredire, ouvertement, son directeur. Il fallait répondre au nouveau néophyte, et elle se disposa à écrire, avec docilité, sous la dictée du saint homme. Hyacinthe voulait que la lettre fût conçue de manière à terminer la correspondance. Il n'avait pas coutume de dicter lunettes braquées, et il ne s'apercevait pas que la perfide dévote, qui n'avait pas été élevée, comme lui, avec des cuistres de collége, supprimait ou changeait toutes les expressions déplacées ; il ne se doutait pas, malgré sa grande habitude des parloirs, que ce premier pas fait conduisait nécessairement à un autre, et qu'avec l'air de l'écouter, et en répétant ses derniers mots, on donnait pour le lendemain, et à la grand'messe de la cathédrale, un rendez-vous, précisément à l'heure où lui, père Hyacinthe, dirait sa messe basse à son couvent. Il est douloureux, sans doute, de voir une femme en Dieu mentir à son directeur, et après cet énorme péché, commis sans remords, il n'est pas aisé de juger où on s'arrêtera. Madame d'Abligny ne fit pas toutes ces réflexions, ou, peut-être, est-il difficile, impossible même de résister à quelqu'un qui a fait sourire notre amour-propre. Quoi qu'il en soit, le paquet fut remis à l'Hôtel-des-Fermes de Rouen.

A l'heure indiquée, Montfort se rend à la cathédrale, suivi des parieurs, des rieurs, des curieux et des oisifs du bon ton. Il entra dans le lieu saint, se mordant les lèvres pour ne pas éclater, baissant les yeux pour ne rien voir qui le ramenât à sa gaieté, et tenant, à deux mains, son gros ventre, toujours prêt à s'échapper. Sur ses pas marche un laquais chargé d'un coussin et d'un sac de velours cramoisi, bordés d'un large galon d'or, et ornés, aux quatre coins, d'énormes glands du même métal. Dans le sac était un livre de prières couvert de maroquin, et garni, à toutes les pages, de vignettes édifiantes. Ces ustensiles du *métier* avaient été prêtés, à Montfort, par une dame qu'Hyacinthe avait aussi dirigée, et qui ne pouvait pardonner à madame d'Abligny de s'être exclusivement emparée du saint homme. Ces plaisanteries sont autant de sacriléges aux yeux des vrais croyans ; elles sont même déplacées à ceux des gens raisonnables, qui ne tiennent à aucune secte, et qui les ménagent toutes ; mais le clergé d'alors était si riche, si arrogant, si persécuteur, surtout, qu'aux dévots près, il comptait autant d'ennemis que d'individus. Aujourd'hui il est pauvre, humble, persécuté, semblable en tout, sans en être plus satisfait, à son divin maître, qui naquit dans une étable, vécut dans les carrefours, et mourut assez tristement, pour ressusciter plein de gloire, à ce que dit le clergé, qui, à cet égard, ne lui ressemblera probablement point. Plaignons-le, au reste, et n'en disons point de mal. Puisse-t-il, quels que soient les évènemens, profiter de la leçon !

Montfort était à genoux devant l'autel où Dieu fait homme veut bien encore devenir dieu-pain à Rouen, à Paris, à Rome, à Lisbonne, et dans cinq cent mille paroisses à la fois, ce qui prouve invinciblement contre les obstinés, qui ne veulent pas même concevoir qu'un seul Dieu puisse être trois. Montfort à genoux à côté de madame d'Abligny, qu'on lui a montrée du bout du doigt, tire son bréviaire de son étui doré, et regardant, alternativement, ses vignettes et la dame, il avait l'air de dire au ciel : Mon Dieu, défendez-moi des distractions, et à la béate : Voyez qu'elle est mon exactitude. Le ciel était muet selon sa coutume; mais la dame répondait de la prunelle, et très-distinctement. Il eût été dur de s'en tenir à ce langage; on peut causer quand le saint sacrifice n'est pas commencé, surtout quand on cause à voix basse, et qu'on ne s'entretient que de choses pieuses. Montfort s'approcha à gauche, madame d'Abligny fit un mouvement à droite; on se fixa, on se parla, on parut content l'un de l'autre. La conversation de Montfort n'avait pas la sécheresse de celle du père Hyacinthe; il ne paraissait ni exigeant ni intéressé; il avait la gaieté naïve de Marthe, qui faisait, quelquefois, sourire Jésus. Il rappelait, très-heureusement, que Notre-Seigneur n'aimait pas la retraite, puisqu'il vécut dans une capitale; qu'il ne haïssait ni la bonne chère, ni le bon vin, puisqu'il daigna figurer aux noces de Cana, qu'il y fit du *Côte-Rôtie* avec de l'eau, et qu'il en but jusqu'à certain point, témoin ce propos qu'il tint à sa mère, et qui s'écartait un peu de la piété filiale: *Femme, qu'y a-t-il de commun entre vous et moi?* Le Sauveur, à jeun, n'eût pas manqué de respect à madame sa mère; il se serait rappelé, surtout, que Marie ne fut jamais femme, bien qu'elle eut conçu et enfanté après avoir épousé le bon, le très-bon homme Joseph. Montfort concluait, de tout cela, que le Sauveur, en se soumettant aux misères humaines, voulut en éprouver aussi les faiblesses, ce qui prouve encore, quoi qu'en disent les casuistes, que Dieu ne nous veut pas meilleurs qu'il nous a faits, et qu'il a trop de loyauté pour nous demander ce qu'il n'a pas voulu ou ce qu'il n'a pas pu nous donner.

Vaincue par la logique de Montfort, madame d'Abligny conçut qu'un dîner qui ressemblerait à la cène ou au souper du château d'Emmaüs, où on n'admettrait que de bonnes ames, où il ne serait pas question de choses mondaines, et où, au lieu de l'ariette du jour, on chanterait quelque cantique... Ici, Montfort reprend : « Oui, ma-« dame, quelque cantique après lequel on se per-« met un passe-pied ou une matelote, à l'exem-« ple du bon roi David, qui dansait devant l'arche, « en pinçant d'une harpe portative. On peut « même, par esprit de mortification, mettre des « coquilles de noix dans ses souliers, ainsi que « faisait saint Louis, lorsque son rang l'obligeait « de figurer à des fêtes où il voulait concilier la « pénitence et la royauté. — Non, simplement « comme le roi David », répond madame d'Abligny, et elle ne s'aperçoit pas que l'agneau sans tache a été immolé pendant la conversation; que les fidèles son retirés ; qu'elle-même, environnée de dévots de fraîche date, se laisse conduire avec une docilité vraiment chrétienne, et qu'enfin elle est assise à une table de vingt couverts, dont le surtout, chargé d'amours, et d'une voluptueuse Vénus, représente, lui dit-on, les anges, les archanges, les séraphins entourant Marie et la couvrant de leurs ailes, après que le dieu-pigeon lui eut fait... vous savez bien?

Le dîner fut charmant ; tout le monde joua parfaitement son rôle, ou si quelqu'un s'échappa, ce fut si modestement ou si bas, que la vertu de la dévote ne pouvait s'en alarmer. Pénétrée d'une joie naïve et pure, elle chevrota la romance de sainte Geneviève de Brabant; après une légère résistance, elle dansa le menuet, danse grave, qui n'éveille pas les sens, et enfin, elle avoua, de bonne foi, que cette façon nouvelle de faire son salut, valait bien celle que prescrivait le froid et boudeur Hyacinthe. Elle convint encore que souvent elle s'ennuyait complètement avec lui, et elle ajouta, à l'oreille de Montfort, que la crainte des dévots et de l'éclat d'une rupture était le seul motif qui la retînt en ce moment. Montfort ne manquait pas de ce qu'on appelle l'esprit du moment : il saisit avidement cette ouverture. Il répondit que les vrais dévots ne peuvent estimer un religieux toujours absent de sa communauté, et s'exposant sans cesse auprès d'une femme aimable qu'il ne doit voir qu'au confessionnal. Ici, madame d'Abligny sourit le plus agréablement qu'il lui fut possible, et Montfort, rassuré sur la manière dont on prenait le premier coup porté au père Hyacinthe, ajouta qu'un moine qui s'est engagé à suivre les traces des pères du désert, doit, non-seulement, vivre, comme eux, dans la retraite, mais observer surtout son vœu de pauvreté, et ne pas mettre à de fréquentes épreuves la générosité des fidèles qu'il dirige. Quant aux embarras de la rupture, il y avait un moyen tout simple de les éviter, et Montfort présente la main à la dame, et les convives la suivent, et on monte dans cinq ou six carrosses qui attendent à la porte, et on part pour la campagne.

Une maison charmante, où un laquais intelligent courait, ventre à terre, changer des chambres de la plus grande fraîcheur en autant d'oratoires ; un jardin anglais délicieux, dont les endroits retirés offraient des statues que le charron du lieu remplaça par des croix faites à la hâte ; un Apollon trop pesant pour être facilement transporté, mais à qui on cacha certaines choses avec une peau d'agneau, et qu'on transforma ainsi en saint Jean-Baptiste ; un jeune chapelain, frais comme la rose, qui expédiait une messe en cinq minutes, et qui devait dire aussi lestement la prière du matin et du soir ; un cuisinier excellent, une cave parfaitement garnie, la balançoire, la chasse, la pêche, pour les heures de récréation, tels étaient les dédommagemens qu'on offrait à madame d'Abligny, de la perte du révérend père Hyacinthe ; tels étaient les moyens qu'on opposait à une vieille et insipide habitude. Insensiblement la ferveur diminue, le goût du plaisir augmente, une sincère amitié pour Montfort fait oublier les momeries ; on est enfin pervertie au point d'écrire très-nettement et très-sèchement au bon père, qu'on le dispense, à l'avenir, de la conduite d'une ame assez forte pour se diriger elle-même, et qu'on espère, en conséquence, qu'il voudra bien ne pas reparaître à l'hôtel.

Hyacinthe n'était pas homme à abandonner ainsi la partie. Il prit tout cela pour l'effet d'une boutade qui ne tiendrait pas contre son éloquence. Il écrivit une espèce d'homélie, qu'on ne manqua pas de tourner en ridicule, parce que cette arme, toute puissante en France, ne laisse aucune ressource à celui qu'elle attaque, et que madame d'Abligny, trop engagée pour reculer, pouvait craindre d'en être frappée elle-même, si elle n'était pas la première à rire de son directeur : or une dévote, telle qu'elle était alors, craint un peu plus le ridicule que le ciel. Madame d'Abligny rit donc, pour la première fois, du style du père Hyacinthe, et là finit, sans retour, son empire, à la grande gloire des conjurés.

On revint à Rouen, et madame d'Abligny se répandit dans le monde; elle vit tous les jours Montfort et ses amis, son fils à tous les instans ; elle cessa d'entretenir des moines, et elle rétablit l'ordre dans ses affaires, bien qu'elle donnât souvent de très-jolies fêtes, dont Montfort était l'ordonnateur. Montfort enfin devint l'homme par excellence ; il s'attacha à elle à son tour, et cette intimité ne finit qu'avec leur vie. Montfort ne se borna pas à être un ami vrai et chaud; il entreprit de faire une femme aimable de madame d'Abligny, et il y réussit complètement. L'unique défaut qui lui resta de la dévotion, et dont il ne put pas la corriger, était de ne jamais pardonner à ceux contre qui elle était prévenue; mais elle eût été parfaite sans cela, et il fallait bien qu'elle fût femme par quelque côté.

La jolie et malheureuse Adèle continuait de vivre selon le plan qu'elle s'était tracé; la bonne Thérèse, aussi soumise qu'aimante, ne désobéissait que sur un point. Ne concevant pas que la tante d'une jeune personne aussi séduisante pût être toujours inexorable, elle courait chez l'écrivain public, lorsqu'elle avait mis quelque chose en réserve sur les petites emplettes qu'elle allait faire; elle dictait, en pleurant, des lettres qu'elle croyait très-pathétiques et très-persuasives. Madame d'Abligny n'y répondait jamais, parce qu'elle ne les lisait plus; elle en faisait ordinairement de petites pelottes pour faire jouer *Minet*, et la sensible Thérèse allait régulièrement à la poste savoir s'il n'y avait point de lettres de Rouen à son adresse; elle revenait en soupirant, et s'efforçait de sourire en approchant sa jeune maîtresse. Elle se serait bien gardée de l'affliger en lui parlant de la dureté de sa tante, et elle craignait de plus de se brouiller avec elle pour avoir continué d'écrire malgré sa défense positive.

Une des lettres de cette bonne Thérèse fut remise pendant que Montfort était avec madame d'Abligny. Il marqua de l'étonnement de la voir chiffonner avant qu'on en eût pris lecture ; on lui répondit qu'on avait vu la signature, et que cela suffisait. Les plaintes, les prières, les supplications de Thérèse sont accrochées à un fil, et excitent les mouvemens souples et moelleux de *Minet*. Montfort, stupéfait, ne concevait rien à cette indifférence ou à ce mépris marqué pour l'écrivain ; il en glissa quelques mots en faisant un tric-trac, et n'obtint que des réponses évasives. Il connaissait trop le caractère de la dame pour insister en ce moment ; mais, en se retirant, il roula sous ses pieds le *joujou* que *Minet* avait déja abandonné, et il le mit dans sa poche. On n'accusera pas Montfort d'une indiscrétion condamnable, si on réfléchit qu'une lettre employée à un tel usage, semble abandonnée à quiconque voudra la lire ; n'intéresse, par conséquent, point la personne à qui elle est adressée, et ne doit rouler que sur des choses indifférentes à celle qui l'a écrite. La singularité du procédé de madame d'Abligny, et son affectation à détourner des questions fort simples, était seulement ce qui avait piqué la curiosité de Montfort. Il eût mieux fait, sans doute, de ne pas la satisfaire ; mais il fallait bien qu'il fût homme aussi par quelque côté.

Quelle fut sa surprise lorsqu'il vit que son amie avait, à Amiens, une nièce dans le besoin, abandonnée aux écueils de son âge, dont une pauvre servante avait seule pitié, et pour qui elle sollicitait en vain quelques secours ! « Ses yeux, « disait la bonne Thérèse, ses yeux sont rouges « à force de veilles et de travail ; peut-être aussi « est-ce qu'elle pleure quand je n'y suis pas. Un « peu d'aide, ma bonne dame, pour la fille de « votre frère ; un peu d'aide, au nom de Dieu. »

Montfort était vif et gai ; mais il était sensible et bon. Il brusquait communément tout le monde ; mais il refusait rarement. Les refus obstinés de madame d'Abligny lui firent croire d'abord que sa nièce avait mérité sa disgrace par quelque faute majeure. Cependant il résolut de lui être utile, et, après avoir brouillé madame d'Abligny avec le père Hyacinthe, il était assez naturel de ne pas douter du succès des démarches qu'il se proposait de faire pour la rapprocher d'Adèle. Il était bon, avant d'agir, d'avoir quelque connaissance des faits. Montfort interrogea le jeune d'Abligny, de qui il devait attendre une explication détaillée : le petit cousin ignorait qu'il eût une cousine. Depuis le malheureux procès intenté par M. d'Alleville, on n'avait pas prononcé son nom à l'hôtel, et d'Abligny était encore au berceau lors du mariage de son oncle.

Montfort, aussi opiniâtre à suivre une bonne action qu'une plaisanterie, ne se rebuta point ; il écrivit au directeur de la douane d'Amiens, et lui demanda, sur Adèle, les renseignemens les plus positifs. La réponse fut tout à l'avantage de l'orpheline. L'écrivain remontait à l'origine de la haine de madame d'Abligny pour son frère et son innocente fille; il s'étendait avec complaisance sur les charmes, la sagesse, les talens et la résignation d'Adèle ; la lettre, enfin, était conçue de manière à enflammer la tête de Montfort, déja disposé en faveur de la jeune personne. Certain, désormais, d'avoir la raison de son côté, il ne balança plus à parler fortement à sa tante ; il se promit bien de ne rien ménager, et il ne craignait pas de compromettre un empire plus sûr que celui du père Hyacinthe : le sien reposait sur le plaisir.

Il entre chez madame d'Abligny, qui lisait, voluptueusement, le Cantique des Cantiques, si heureusement mis en vers par Voltaire; elle ne ressemblait pas plus à la Sulamite que Montfort au Chaton ; cependant elle sourit en le voyant. Bienséances, préjugés, devoirs, vous imposez la nécessité de combattre ; mais lit-on le Cantique des Cantiques sans vous oublier un peu ? « Il est « bien question de rire, madame, dit Montfort « en se jetant sur une chaise longue. — Qu'avez-« vous donc, mon ami ? — Je suis dans une colère « épouvantable. — Ah, ah ! hé, contre qui ? — « Hé, parbleu, contre vous. — Voilà du nou-« veau, par exemple. — Ne rougissez-vous pas ?... « —Et de quoi ? Ce livre... — Qu'importe ce bou-« quin ? — C'est Voltaire. — A la bonne heure.

« — Vous me l'avez recommandé. — Soit ; mais
« vous avez une nièce, madame, vous avez une
« nièce, hé, hé!... —Ne me parlez pas de cela.—
« Que tout le monde estime. — J'en suis bien
« aise. — Et que tout le monde aime, entendez-
« vous, madame, parce qu'elle est fort aimable.
« — Après ? — Et vous, femme opulente, qui
« prétendez aussi à l'estime des honnêtes gens,
« vous laissez cette enfant dans la misère; vous
« la réduisez à travailler, jour et nuit, pour se
« procurer une misérable existence ! — Ne me
« parlez pas de cela, vous dis-je ; taisez-vous, je
« le veux. — Que je me taise, corbleu ! ah, vous
« n'êtes pas au bout. Je ne suis pas votre ami
« pour applaudir à des sottises ; je le suis pour
« vous dire la vérité, et, palsambleu, vous m'en-
« tendrez. » Ici madame d'Abligny se lève, jette
son livre avec dépit, et sort précipitamment ;
Montfort la suit de son boudoir au salon, du
salon à la salle à manger, de la salle à manger
au jardin ; elle court se réfugier dans le pavillon
chinois. Montfort l'aurait suivie au bout de la
ville ; il était sur ses talons, et criait à tue-tête :
« Quel plus noble usage voulez-vous faire de vos
« soixante mille livres de rente, que d'en aider
« une fille, belle, vertueuse, infortunée, et dont
« vous avez à vous reprocher le malheur? Croyez-
« vous qu'un peu d'or, arraché par mes impor-
« tunités, répare vos premiers torts ? Non, ma-
« dame, il ne les réparera pas ; mais il les fera

« peut-être oublier à votre victime... Mon amie,
« ma bonne amie, ne me mettez pas en colère,
« cela trouble la digestion et dérange la santé. »
En finissant, Montfort fermait la chinoise, et
mettait la clé dans sa poche. « Quoi, monsieur,
« me retenir prisonnière! — Jusqu'à ce que vous
« m'ayez promis de faire quelque chose pour
« Adèle. — Je ne lui dois rien. — Mais savez-
« vous qu'avec tout votre esprit, vous finissez
« par extravaguer. Comment! vous ne devez rien
« à votre nièce, vous ne devez rien aux bien-
« séances! — Son père m'a outragée de la ma-
« nière la plus sensible. — Prétexte puéril, ma-
« dame. Votre frère n'est plus; les torches de la
« haine doivent s'éteindre sur le seuil des tom-
« beaux. — Je ne hais personne. — Hé, que
« faites-vous donc, si vous ne savez pas pardon-
« ner; si vous délaissez Adèle, Adèle que vous
« ne connaissez pas, qui est restée orpheline, sor-
« tant à peine de l'enfance, qui n'est donc pas
« coupable des fautes supposées ou réelles de
« son père; qui travaille à Amiens, qui travaille
« pour avoir du pain, tandis que la fortune vous
« comble, à Rouen, de ses plus précieuses fa-
« veurs? Considération, amitié, fils aimable, vous
« avez tout, hors le plaisir de faire du bien. Assu-
« rez-vous cette jouissance; elle donne aux autres
« un nouveau prix... Que diable, écoutez-moi
« donc, ou je me fâche sérieusement; vous cou-
« rez de chaise en chaise, de coin en coin : fai-

« sons-nous une partie de barres, ici ? Finissons,
« il en est temps, car je suis hors d'haleine. Le
« dixième de votre superflu, madame, et je ne
« demande plus rien. — Mais, qu'a-t-elle donc,
« cette fille qui vous intéresse tant ? — Ce qu'elle
« a, ce qu'elle a ! son malheur et ma sensibilité :
« je ne suis pas un élève des Carmes déchaussés.
« — Vous êtes un impertinent ! — Non, ma bonne
« amie, je suis un homme franc, et vous le savez
« bien. — Je me brouillerai avec vous. — Ce se-
« rait tant pis pour tous deux. — Ah, de la fa-
« tuité ! — Ah, vous changez de conversation ?
« Revenez, s'il vous plaît; abjurez une pitoyable
« prévention, et rendez-vous. — Efforts inutiles,
« je ne la verrai jamais ; je ne ferai rien pour
« elle. — Hé bien, corbleu ! je ferai, moi. Je suis
« riche aussi, et j'ennoblirai ma fortune par l'u-
« sage que j'en vais faire. Je suis garçon, j'adopte
« Adèle ; je donnerai, et je ne vous humilierai
« point : je donnerai en votre nom. » Montfort
rouvre la porte, sort avec vivacité, soutenant
d'une main son gros ventre, et essuyant, de
l'autre, la sueur qui roule de ses sourcils épais
sur son double menton. Il rencontre d'Abligny :
« Ta mère est la femme la plus entêtée, la plus
« haineuse que jamais moine ait façonnée. Viens
« avec moi, mon ami. Ta cousine est une fille
« méritante ; il faut qu'elle dorme la nuit, qu'elle
« se ménage le jour, et, surtout, qu'elle ne pleure
« plus : cela gâte de jolis yeux. » Et les voilà tous

deux dans la voiture de Montfort, traversant les rues de Rouen au galop, et montant à son cabinet, aussi vite que le permettent les jambes courtes et épaisses de monsieur le directeur. Deux rouleaux de cinquante louis sont tirés du secrétaire. « Tiens, d'Abligny, voilà du papier, écris,
« et écris au nom de ta mère ; ménageons-là,
« quoiqu'elle ne le mérite guère. Hé bien ! pour-
« quoi me regarder d'un air mécontent ? Ah... je
« vois ce que c'est ; monsieur est délicat, il souf-
« fre de voir un étranger venir au secours de sa
« cousine. As-tu de l'argent, toi ? Non, n'est-ce
« pas ? Laisse donc faire le meilleur ami de ta
« famille. Ceci, d'ailleurs, n'est qu'une avance
« que je compte, parbleu bien, retirer tôt ou tard.
« Allons, finissons ; écris, je dicte : *Ma mère*
« *oublie les torts de son frère, et vous rend son*
« *amitié. Vous recevrez, tous les six mois, une*
« *somme égale à celle que je joins à cette lettre,*
« *et quand vous aurez en vue un établissement,*
« *nous vous donnerons des marques plus sensibles*
« *de notre amitié*. Finis cela par quelque chose
« d'affectueux ; fais porter le paquet à la poste,
« et ordonne à ton suisse de te remettre toutes
« les lettres qui viendront d'Amiens. Je ne veux
« pas qu'elles servent de jouet à *Minet*, ni qu'elles
« donnent davantage de l'humeur à ta mère, car,
« encore, faut-il avoir pitié de sa malheureuse
« faiblesse, en attendant que je puisse l'en cor-
« riger : ce sera l'affaire du temps. »

La bonne Thérèse avait perdu tout espoir de toucher madame d'Abligny, et, cependant, elle allait toujours à la poste. Ainsi une amante, une mère, une épouse dont l'Océan emporte l'objet le plus chéri, suit le vaisseau des yeux, le cherche long-temps encore après qu'il est disparu, retourne au lieu où elle l'a perdu de vue, et, lorsque des années ne lui permettent plus de douter que le bonheur de sa vie n'ait été englouti par les flots, elle court encore au-devant du bâtiment qui se présente au port; elle soupire en voyant son espérance déçue; d'autres vaisseaux la tromperont demain, dans un mois, dans un an, et elle ne laissera pas d'espérer : il faut des jouissances à l'être fortuné, et des chimères aux malheureux.

Celle de Thérèse devait enfin se réaliser. Qu'on se figure l'état de la bonne vieille, lorsqu'elle reçut cette lettre tant attendue, et de l'or, beaucoup plus d'or qu'elle n'en avait vu dans toute sa vie. Sa pesante paupière se leva vers le ciel; ses mains se joignirent; ses genoux tremblans se dérobèrent sous elle; mais la joie ranimant bientôt ses membres engourdis, elle trotte, appuyée sur un bâton noueux, elle arrive, elle jette ses bras au cou d'Adèle, lui remet sa lettre et son trésor, et elle tombe, sans force et sans haleine, dans un vieux fauteuil de bois, nouvellement rempaillé.

Si la fierté est naturelle à un cœur bien placé,

qu'elle élève au-dessus du malheur, un acte de bienfaisance, une démarche amicale le ramènent promptement à la bonté qui lui est propre. L'aversion qu'avaient fait naître les premiers procédés de madame d'Abligny, s'effaça aussitôt du souvenir d'Adèle ; elle descendit dans son cœur, le meilleur peut-être qu'ait formé la nature ; elle n'y trouva que la reconnaissance, et, cédant à sa douce impulsion, elle se hâta d'écrire sans réflexion, sans apprêts ; elle laissait courir sa plume ; son ame seule dictait.

Son style, simple comme ses mœurs, touchant comme sa figure, fit une sorte d'impression sur son cousin, si capable de l'apprécier. Il éprouva aussi le besoin d'écrire. Il répondit au nom de sa mère ; mais il commença à parler de lui. Ce n'était pas un sentiment prononcé qui l'entraînait vers Adèle : il ne la connaissait point. Il savait seulement qu'elle était jolie, très-jolie ; sa manière d'écrire le séduisait ; en fallait-il davantage pour qu'il cherchât à entretenir cette correspondance ? Il ne se rendait pas bien exactement compte de ses motifs. Il se disait, il croyait même, peut-être, n'avoir d'autre but que de connaître précisément la situation de la petite cousine, de lui être utile à l'occasion, de réparer, autant qu'il serait en lui, les injustices de sa mère. On fait du chemin en peu de temps, quand on croit n'avoir pour guides que l'humanité et les liens du sang.

Adèle ne manquait pas d'écrire lettre pour lettre, et, à mesure que l'intimité s'établissait, elle écrivait avec plus de grace, avec plus de chaleur, et elle était bien excusable : elle croyait écrire à sa tante. Sa première lettre avait intéressé ; la seconde donna le désir de la connaître ; les autres changèrent ce désir en passion. Seize ans, des charmes, de l'esprit, de la sensibilité, quel homme de vingt ans tiendrait contre tout cela ? Ce n'était encore qu'un désir vague, enfant d'une imagination ardente ; mais sa puissance créatrice décore, embellit tout ; elle fait des dieux et les adore. Heureux d'Abligny ! il ne pouvait rien imaginer qui ne fût au-dessous de la réalité.

Mais comment s'y prendra-t-il pour voir sa céleste cousine ? Un jeune homme de dix-huit ans n'est pas tout-à-fait maître de ses actions. Demander à sa mère la permission de faire le voyage d'Amiens, c'était infailliblement se brouiller avec elle ; partir sans son agrément, c'était plus qu'il n'eût osé.

Un parti mitoyen se présenta : amour et jeunesse sont inventifs. Il demanda à Adèle son portrait ; il le demanda pour sa bonne tante, à qui, sans doute, elle ne refuserait pas cette marque d'attachement, et la candide Adèle fait courir Thérèse. On trouve un peintre à qui le modèle inspire le feu du génie. La beauté pose, l'ivoire s'anime, le portrait se termine, il est expédié pour Rouen. Il était charmant, et n'était point flatté : on gâte quelquefois les graces ; on ne saurait les embellir.

Ce dangereux portrait fixa enfin les idées du petit cousin. Il connut sa cousine ; mais l'ivoire ne lui suffit plus. Il sentit que le bonheur l'attendait près du modèle, si un sentiment sympathique parlait aussi en sa faveur. L'espérance, la crainte le flattaient, l'agitaient tour à tour, et la lettre qui accompagnait le portrait, ajoutait à son trouble, et le jetait dans un embarras inexprimable. Adèle, entièrement subjuguée par les choses tendres et délicates qu'on lui écrivait au nom de sa tante, persuadée, par la demande de son portrait, qu'il ne restait plus de traces des anciennes divisions, Adèle avait cru pouvoir renouveler ses premières instances, et elle demandait, pour unique grace, d'être admise dans une maison qu'il lui était permis de regarder comme son asile naturel. Que pouvait répondre d'Abligny ? Avouer ses petites ruses, c'était se perdre sans retour, peut-être, dans l'esprit de sa cousine ; lui déclarer que la haine de sa tante se maintenait dans toute sa force, c'était détruire une erreur qui, depuis quelque temps, consolait, soutenait la trop intéressante orpheline ; la faire arriver à Rouen, sur l'espoir de l'effet qui pourra résulter d'une entrevue entre elle et madame d'Abligny, c'était la compromettre de la manière la plus évidente. Que faire donc, bon dieu ! disait d'Abligny en se frottant le front et en frappant du pied ?

Il eut quelque envie de s'ouvrir franchement à Montfort. Ce parti était le plus sage sans doute ; mais amour et sagesse ont-ils jamais habité ensemble ? D'Abligny cherchait, comme tous les jeunes gens, des raisons à opposer à la raison elle-même. Montfort avait cinquante ans : compatirait-il à des peines qu'il ne pouvait plus éprouver ? Entrerait-il dans des détails qui lui paraîtraient au-dessous de lui ? Favoriserait-il une intrigue tout-à-fait opposée aux vues de sa meilleure amie ? Et s'il croyait sa délicatesse intéressée à avertir sa mère de sa conduite envers Adèle, s'il supposait Adèle elle-même d'intelligence avec lui, qu'il retirât la main bienfaisante qui l'avait arrachée à la misère... Non, il ne pouvait s'ouvrir à Montfort ; il ne pouvait choisir pour confident qu'un jeune homme, porté aux mêmes goûts, sujet aux mêmes faiblesses, et, par conséquent, rempli d'indulgence. Son choix tomba sur un joli capitaine de cavalerie, en garnison à Rouen, bien étranger à toutes ces circonstances, mais bien sémillant, bien vif, et, peut-être, un peu libertin ; faisant le bien par boutade, le mal par occasion, tenant beaucoup à sa figure, raillant agréablement, riant de tout, tournant tout en ridicule, et ne connaissant qu'un devoir, celui d'être brave : c'était un jeune homme du meilleur ton.

Voilà mes Catons de vingt ans, conférant, raisonnant, discutant et arrêtant, après bien des débats, que l'article essentiel était de gagner du temps, et que, pour cela, il fallait continuer de mentir ; qu'en conséquence d'Abligny écrirait à Adèle qu'on la recevrait avec un vrai plaisir ; mais qu'on allait lui arranger un appartement convenable, et qu'ainsi elle ne pouvait penser à se mettre en route avant deux mois. Or, comme deux mois sont un terme prodigieux, il est impossible qu'il ne se présente pas, en deux mois, quelque circonstance favorable, et il n'était pas douteux que tout s'arrangeât au gré de d'Abligny, qui ne savait pas encore ce qu'il voulait.

Cependant deux mois sans voir Adèle, paraissaient bien longs au petit cousin. Il devenait triste, rêveur ; l'incarnat de ses joues, le velouté de la pêche, dégénérait en une pâleur alarmante. La saison des semestres approchait ; le joli capitaine était de Lyon, il se disposait à partir ; il jugea que la dissipation, que des objets nouveaux rétabliraient le calme dans le cœur de son jeune ami. Il lui proposa de venir passer l'hiver à Lyon ; d'écrire à Adèle la simple vérité ; de s'excuser sur la légitimité de ses premiers motifs, et définitivement de la laisser bouder, si elle ne recevait pas convenablement ses excuses.

A la seule pensée de rompre avec Adèle, d'Abligny sentit combien elle lui était déjà chère ; mais l'ouverture de son ami ne fut pas perdue pour l'amour. Il se livra à une foule d'idées romanesques, qui font le charme et le tourment de tant de jeunes têtes. Celle qui l'occupa le plus d'abord, fut d'obtenir de sa mère la permission de voyager, et d'en profiter pour se rendre à Amiens, au lieu d'aller à Lyon. Le petit comité décida ensuite que le capitaine ouvrirait les lettres que madame d'Abligny adresserait à son fils; qu'il répondrait à celles qui seraient de quelque importance, au nom de son ami, qu'il supposerait être où il voudrait; qu'il les lui enverrait toutes à Amiens, et que d'Abligny ferait passer ses réponses par Lyon, sous double enveloppe.

Sa mère, inquiète sur son état, l'avait souvent interrogé, et comme, dans certains cas, on ne dit jamais la vérité à sa mère, elle n'avait rien obtenu de son fils. Montfort, dont on redoutait le rigorisme, n'avait pas été plus heureux. L'un et l'autre reçurent, avec plaisir, la proposition du jeune capitaine, et on disposa tout pour que d'Abligny pût figurer, avec avantage, à côté de la jeunesse la plus brillante de Lyon.

Les deux amis montèrent dans leur chaise, et prirent ensemble la route de Paris. La conversation fut animée, parce qu'Adèle en était constamment l'objet. Cependant d'Abligny ne prévoyait pas où le conduirait cette aventure. Il ne pouvait penser à épouser sa cousine : sa mère n'y consentirait jamais. Il était incapable de penser à en faire sa maîtresse; il l'était également de s'arrêter à un plan suivi ; mais il fallait qu'il vît Adèle, qu'il lui parlât, qu'il fît tout pour son bonheur : son repos en dépendait.

Nos jeunes gens se séparèrent à Paris, en se jurant une amitié éternelle. A peine le capitaine fut-il sur le chemin de Lyon et d'Abligny sur celui d'Amiens, qu'ils ne pensèrent plus l'un à l'autre, comme il arrive, assez communément, à des étourdis que tout attache et que tout distrait. D'Abligny disparut devant la longue suite de plaisirs que le jeune officier entrevoyait du fond de sa voiture ; Adèle effaça le souvenir du brillant capitaine, et, sans doute, d'Abligny était le plus excusable des deux.

Il rêvait, en roulant, à la manière dont il se présenterait chez sa cousine, et à mesure qu'il approchait d'Amiens son embarras augmentait. S'il s'annonçait comme cousin, il faudrait entrer dans des détails, affligeants pour Adèle, et qui prouveraient sa dissimulation ; la tromper plus long-temps, lui paraissait impossible, s'il ne voulait descendre jusqu'à la fourberie ; se donner pour étranger n'était pas le moyen d'avoir promptement accès. Il arriva, à son auberge, sans avoir rien déterminé.

Il était huit heures du soir, et il envoya chercher Thérèse : il est des circonstances où on ne peut rien remettre au lendemain. Elle entra avant qu'il sut encore ce qu'il allait lui dire. Elle était venue avec empressement ; elle fronça le sourcil en voyant un jeune homme, beau, bienfait, et dans un négligé galant, qu'il semblait parer lui-même ; elle s'enfuit lorsqu'il eut prononcé le nom d'Adèle. D'Abligny court après elle, saute les degrés, l'arrête par le bras ; un coup de sa béquille, appuyé assez vertement sur ses doigts, lui fait lâcher prise ; il oublie toutes les belles choses qu'il a préparées ; il ne peut dire qu'un mot : *Je suis son cousin.*

A ce mot, Thérèse s'arrête : le cousin était en grande vénération dans son esprit. Mais la preuve de tout cela... dit-elle d'un air revêche. D'Abligny raconte ce qu'il a fait ; il parle des fonds envoyés, des lettres qu'il a écrites ; il répète, par cœur, celles d'Adèle, il les tire de son sein, il les présente ; mais Thérèse ne sait pas lire. Il va chercher, sur son cœur, le séduisant portrait... « Vous « êtes son cousin, lui dit Thérèse ; mais vous êtes « un petit fripon : ce n'est pas à vous que le « portrait était destiné. Vous l'avez volé à votre « mère, ou vous nous avez menti : dans l'un ou « l'autre cas, vous ne verrez pas la chère enfant », et Thérèse continue sa route. D'Abligny marchait à côté d'elle ; il la pressait, il la conjurait de l'introduire ; Thérèse était sourde et muette, et quand le petit cousin approchait de trop près, le bâton noueux le remettait à une distance convenable. Il enrageait ; mais il n'osait brusquer la femme de confiance de la petite cousine. Ils arrivent, ensemble, à la maison où elle logeait ;

Thérèse ouvre à demi, se glisse, de profil, dans l'allée, ferme la porte au nez de d'Abligny, et se hâte de pousser deux énormes verroux.

Le petit cousin n'augurait pas bien du début; mais il est un âge où on ne se rebute pas aisément; d'ailleurs, il fallait poursuivre ou repartir, et le choix n'était pas douteux, et puis, Adèle n'avait pas prononcé encore, et fille de seize ans ne voit pas comme femme de soixante. Il était certain que Thérèse raconterait, à sa jeune maîtresse, ce qui venait de se passer, et il était bien naturel d'attendre ce qu'elle déciderait. D'Abligny s'assit sur un banc de pierre adossé à la maison en face de celle d'Adèle, un peu confus des manières libres de Thérèse; mais assez confiant dans sa jeunesse et dans ses petits agrémens.

Thérèse n'avait pas manqué d'entrer dans les moindres détails. Elle appuyait, avec complaisance, sur les circonstances qui pouvaient alarmer Adèle et écarter le dangereux cousin; elle ne tarissait pas sur les charmes de sa figure, sur sa tournure distinguée, sur le velouté de sa voix; elle se servait d'autres termes, qu'Adèle traduisait fidèlement du langage populaire dans le langage du cœur, langue qu'on parle si bien partout, sans l'avoir jamais apprise. Elle n'éprouvait, certainement, qu'un mouvement de curiosité; mais elle combattait toutes les observations de Thérèse. Si son cousin l'avait trompée, il était répréhensible, et il fallait bien qu'elle en convînt;

mais il lui avait rendu des services essentiels, et ses torts ne la dispensaient pas d'être polie. Comment refuser de recevoir un proche parent qui a fait trente lieues pour la voir, et qui ne peut être méchant, puisqu'il a la voix si douce et la figure si heureuse? Thérèse prétendait qu'entre jeunes gens de différens sexes, l'intérêt va toujours en croissant, et qu'il mène directement à l'amour. Adèle reprenait qu'elle n'en pouvait ressentir que pour l'homme qui pouvait être son mari ; mais ne devait-elle pas, à son cousin, quelques marques de reconnaissance et d'affection? Thérèse répliquait qu'il était bien difficile de s'en tenir à cela avec un beau jeune homme. Adèle soutenait qu'une fille sage est toujours maîtresse d'elle-même. Thérèse, ne sachant plus que dire, grondait entre ses dents; Adèle, qui craignait de désobliger sa bonne vieille, ne disait plus rien, et se tenait dans son coin, d'un petit air boudeur; Thérèse, en la voyant bouder, se mit à pleurer; Adèle se leva et fut embrasser Thérèse. Thérèse, désarmée, ne gronda plus, et, après de mûres réflexions sur l'heure la plus convenable et sur les bienséances à observer, elle descendit, et annonça, au petit cousin, qu'on le recevrait le lendemain à midi. Le petit cousin embrassa aussi Thérèse, et Thérèse pensa qu'un baiser, donné de bon cœur, fait plaisir à tout âge.

Adèle ne dormit point, d'après un usage aussi vieux que le monde. La figure enchanteresse, la tournure distinguée, la voix douce, revenaient, en dépit d'elle, à son imagination, et pourtant elle n'aimait pas son cousin, et bien certainement elle ne l'aimerait jamais. En sortant du lit, elle courut à son petit miroir ; elle se trouva les yeux battus, et cela lui fit de la peine, car enfin, quoiqu'on n'ait aucune prétention, on est bien aise de se montrer avec tous ses avantages. Elle ne pensait pas à plaire ; mais elle se mettait avec soin. Elle attendait midi sans impatience ; mais, à chaque instant, elle ouvrait sa fenêtre, et regardait à l'horloge voisine. Midi sonna, et le cœur lui battit... Ah, c'est qu'on éprouve toujours une sorte de trouble, quand on voit quelqu'un pour la première fois.

D'Abligny s'était mis avec la plus grande simplicité : il savait que l'étalage de l'opulence ramène l'infortuné au sentiment de son malheur. Il s'était promis de ne rien dire à sa cousine, qui pût lui rappeler la différence de leur situation, et cela n'était pas difficile, il n'avait qu'à lui parler d'elle ; il s'était interdit toute espèce d'expression qui pût découvrir ses vœux secrets et faire naître la défiance, et cela n'était pas si aisé.

Il rougit de plaisir en abordant Adèle ; Adèle rougit seulement de pudeur. Ils se regardèrent en même temps, et baissèrent les yeux à la fois. Adèle, sans oser lever les siens, montra, de la main, un siége à son cousin ; elle fut s'asseoir à l'autre extrémité de la chambre, et Thérèse se plaça entre eux, dans son grand fauteuil, ses lunettes sur le nez, son coton à ses pieds, et son tricot à la main.

Adèle ne savait trop quelle contenance tenir; elle fut prendre son ouvrage sur la chaise où elle l'avait laissé. Celle-là se trouva, par hasard, un peu plus près du petit cousin, et Adèle y resta. D'Abligny cherchait un premier mot : celui-là est toujours le plus difficile à trouver. Que je me sais gré, ma chère cousine... Je suis fort aise, mon cher cousin... Leurs yeux se relevèrent; ils rougirent encore. D'Abligny joua avec ses manchettes, Adèle se mit à broder.

Insensiblement cette extrême contrainte se dissipa; on parvint à lier quelques phrases, la conversation prit une tournure suivie, et, à mesure qu'on était plus à son aise, les chaises se rapprochaient, car, enfin, on ne peut pas se parler d'une lieue. Le grand fauteuil de Thérèse changeait de place, et se trouvait toujours entre le cousin et la cousine. Souvent il formait une éclipse totale, et les chaises s'agitaient en avant, en arrière, et le fauteuil sautillait, et les cols s'allongeaint, et, enfin, le rire prit à tout le monde: ce fut le moment où la confiance s'établit. D'Abligny se leva, se colla au métier de la cousine, et Thérèse perdit, sans retour, l'avantage de sa position.

Le portrait d'Adèle était ressemblant; mais il

n'était pas animé. Adèle était donc mieux que le portrait qui avait commencé la défaite du cousin. Elle fut entière en un instant, et la tête lui tourna tout-à-fait. Il oublia la réserve qu'il s'était promis de mettre dans ses expressions ; il ne prononça point le mot *amour* : hors cela, il dit tout. Adèle ne parlait pas; mais elle souriait à propos : c'était répondre.

D'Abligny voulut s'expliquer franchement, s'accuser de ses mille et une supercheries : « Oh, ne « vous les reprochez pas, mon cousin; je leur « dois le plaisir de vous connaître. » La phrase était aussi claire que flatteuse; d'Abligny, ivre de joie, prit la main de sa cousine ; la cousine sentit son cœur battre plus fort, et ne pensait pas à retirer sa main. Thérèse, qui observait tout par-dessus ou par-dessous ses lunettes, Thérèse toussa, Adèle eut peur, elle retira la main blanchette; mais une pression assez sensible consola le petit cousin.

On dîna ensemble. Thérèse était toujours là; mais le pied d'Adèle se porta, par hasard, sur celui du jeune homme, et le jeune homme resta immobile, de peur de l'avertir de sa distraction. On changea plusieurs fois de verre; on laissa échapper de ces mots si clairs pour ceux qu'ils intéressent, si indifférens pour la bonne Thérèse. Le reste du jour se passa à s'approcher, à s'éloigner, selon les mines ou les mouvemens de la vieille gouvernante.

D'Abligny revint le lendemain, le surlendemain, tous les jours. Tous les jours il trouvait Adèle plus séduisante ; Adèle ne disait pas qu'elle trouvait son cousin charmant, et à quoi bon le lui dire, ne lisait-il pas dans ses yeux?

Il est bien ennuyeux d'être seul dans une auberge ; il est bien agréable, pour une jeune personne laborieuse, d'égayer son travail par des lectures utiles, surtout quand le lecteur lit si parfaitement. Insensiblement le petit cousin s'établit chez la cousine, pendant des journées entières. Il avait fallu que Thérèse y consentît ; mais elle avait imposé des conditions : qu'on ne se prendrait pas les mains, et qu'on ne lirait que des ouvrages très-moraux. Le petit traité s'observa assez exactement ; mais le livre se fermait souvent ; on commentait l'auteur, et il n'est pas de commentaire qui ne puisse prendre une tournure tout-à-fait sentimentale. Ce qui tient uniquement au sentiment, ne peut effrayer une bonne indulgente ; une jeune personne sensible s'en effraie moins encore. Quoi de plus pur que cela? Mais l'amour prend toutes les formes ; il se glisse, il pénètre, enflamme, consume ; on le sent à la fin, on cherche à se le dissimuler, l'évidence éclaire ; mais on n'a ni la force, ni le courage de revenir sur ses pas : il est si doux d'aimer !

Ces jolis préliminaires ne menaient encore à rien de positif. D'Abligny craignait de s'expliquer ; Adèle ne pouvait l'y inviter. Il fallait que

Thérèse sortit souvent, pour les besoins d'un ménage augmenté d'un tiers. Ce jour-là, le livre de morale fut mis à l'écart, et d'Abligny en tira un autre de sa poche. On est bien aise de lire aussi quelque chose de doux, d'attachant, qui peigne, à peu près, ce qu'on éprouve, qui tienne lieu, d'une part, d'un aveu qui pourrait être repoussé de l'autre. D'Abligny ouvrit la nouvelle Héloïse, Adèle écoutait avec avidité, et deux tourterelles, qu'elle brodait, s'animaient à mesure que les sensations de Julie éveillaient celles de la charmante brodeuse. On en était à l'effet du premier baiser... Premier baiser d'amour, Jean-Jacques, lui-même, n'a pu te décrire ! Adèle et d'Abligny ne te connaissaient pas ; mais la nature était leur guide ; ils sentaient combien le tableau devait être au-dessous de la réalité. On ne lisait plus, on rêvait. Le cousin, animé par le désir, n'en paraissait que plus beau ; l'œil de la cousine se fermait à demi ; ses lèvres de rose étaient brûlantes et entr'ouvertes ; l'aiguille tombe de ses jolis doigts. D'Abligny s'élance pour la relever ; un faux pas le fait tomber aux pieds d'Adèle. Adèle, effrayée, pousse un cri et avance la main ; d'Abligny la saisit et ne la quitte plus. Ils sont sages l'un et l'autre ; mais ils sont ivres d'amour. Ils gardent cette position dangereuse. Les yeux d'Adèle se ferment tout-à-fait ; nouveau Saint-Preux, d'Abligny cueille ce premier baiser, si délicieux et si terrible. Il rend d'Abligny plus entreprenant; mais il ramène Adèle à l'idée du danger. Elle se lève précipitamment; elle fuit à l'autre extrémité de la chambre : « Ne me suivez « pas, monsieur; je vous le défends. — Adèle, je « vous adore! — Et à quoi cela me conduira-t-il? « — Ah! si vous m'aimiez un peu! — Ah, si je « vous aimais moins! — Ce mot décide mon sort. « — Il rend le mien plus affligeant. — Non, vous « serez ma femme. — Je n'ose l'espérer. — Je le « jure par le ciel, par l'honneur, par vous. — « Et votre mère? — Elle m'aime. — Elle me hait. « — Un jour elle vous chérira. Réponds, mon « Adèle, veux-tu être à moi? — Et à qui donc, « grand Dieu! oui... oui, à toi ou à personne. »

Dès ce moment, plus de raison, plus de prudence. De tout ce qui gouverne les hommes, il ne reste que la vertu; mais cette vertu qui défend l'innocence, sans la rendre sévère; qui prévient une chute, et qui laisse entrevoir un bonheur légitime; qui permet de s'y arrêter, d'en désirer, d'en hâter le moment par toutes les mesures que suggèrent les circonstances. Projets raisonnables, fous, téméraires; persuasion, violences, supplications, supercheries, d'Abligny imagine, veut tout exécuter à la fois. Adèle discute, autant qu'on peut discuter au milieu de ces caresses qui, pour être pures, n'en troublent pas moins l'imagination. Thérèse rentre, regarde et gronde; certain désordre lui donne des soupçons qui paraissent fondés; son injustice blesse

Adèle; mais sa présence est utile : il faut nécessairement parler raison devant elle, et ne parler que cela.

Les projets extravagans de d'Abligny sont renversés par Thérèse elle-même, qui n'a qu'un gros bon sens; mais aussi qui n'a pas d'amour. Si ce qu'on a proposé, jusque alors, paraît impraticable à la bonne vieille, elle est touchée des intentions louables de d'Abligny ; elle sourit au dessein prononcé du jeune homme, de relever la famille de son oncle, et de faire le bonheur de sa cousine; elle attend tout du temps; elle encourage les jeunes gens; elle leur prêche la patience, et elle ne demande au ciel que de vivre assez pour tenir le premier né dans ses bras.

Il lui paraissait essentiel que madame d'Abligny vît Adèle sans la connaître. « On ne voit
« pas cette chère enfant-là sans l'aimer, et quand
« on l'entend, on l'admire. Et quand elle chante,
« et quand elle fait raisonner son instrument, et
« quand elle sourit, et quand elle caresse!...
« Allons, allons, il n'y a qu'un cœur de bronze
« qui puisse résister à tout cela, et celui de ma-
« dame d'Abligny doit être fait comme un autre. »
Le jeune homme portait ses espérances bien plus loin encore que Thérèse; il ne doutait pas que son mariage ne fût arrêté au moment où sa mère verrait Adèle. Adèle n'était pas si confiante ; c'est qu'elle était moins vive, et qu'on croit difficilement ce qu'on désire avec ardeur. Elle seule

maintenant prévoyait jusqu'à la moindre difficulté. « Comment se présenter seule à Rouen
« dans un âge aussi tendre ? — J'habillerai notre
« bonne Thérèse; elle passera pour votre mère.
« — Son langage la décélera. — Qu'importe, si
« ma mère vous a connue. — Elle ne pardon-
« nera pas ce mensonge. — Vous m'avez par-
« donné tous les miens. — Quelle différence ! —
« Je n'en vois aucune. — Ce qui est pour vous
« une simple étourderie, serait, pour moi, une
« infraction aux bienséances, et justifierait l'a-
« version de ma tante. Quoi ! je me déguise-
« rais pour l'approcher; je surprendrais sa bien-
« veillance sous un faux nom; je dévoilerais, par
« une démarche aussi inconsidérée, que j'aime
« mon cousin; sa main pourrait être le prix
« d'une ruse que désavoue la décence ! Non,
« mon ami, n'y comptez pas. Vous m'êtes infini-
« ment cher; mais, quel que soit le sort qui
« m'attend, jamais vous n'aurez à rougir de votre
« cousine, ou de votre épouse. »

Thérèse écoutait attentivement Adèle, et elle marquait, par des signes de tête, qu'elle revenait à son avis. Le petit cousin s'impatientait, pérorait, disait de très-belles choses, et ne donnait pas une raison : le hasard concilia tout. Le capitaine ne négligeait pas de faire passer, à Amiens, les lettres de madame d'Abligny. On en remit une à son fils, au moment où, battu, de toutes les manières, par Adèle et par Thérèse elle-même, il allait se désoler.

Madame d'Abligny avait passé de l'amour contemplatif du Créateur, au goût le plus décidé pour les plaisirs terrestres. Elle se livrait, sans réserve, à tous ceux qui peuvent flatter un goût fin et exercé; mais les jouissances de ce genre sont très-bornées à Rouen, et, après avoir épuisé ce que lui offrait cette ville, elle désira un champ plus vaste, où la variété fût unie à la quantité. Elle n'avait vu Paris que dans sa première jeunesse, et elle ne le connaissait pas du tout, parce qu'on ne l'avait conduite qu'à Notre-Dame, à la Sorbonne, aux Écoles de droit et au Palais de justice : le reste paraissait, à monsieur son père indigne d'un œil observateur. Si madame d'Abligny estimait les sciences, elle idolâtrait tout ce qui tient aux arts. Elle se proposait bien de passer aux Bibliothèques, à l'Observatoire, au jardin des Plantes; mais elle voulait fréquenter les théâtres, les concerts, les bals, les promenades publiques, les grands danseurs de corde, et le combat du taureau. Elle voulait connaître Versailles, Saint-Cloud, Meudon, Marly, et jusqu'aux matelotes du Gros-Caillou. Ses fantaisies étaient opiniâtres, et, depuis long-temps, elle pressait Montfort, sans qui elle ne faisait plus rien, de l'aider à satisfaire à celle-ci. Une femme d'un certain rang ne court pas sans compagnon, et, de tous les hommes qu'elle connut, Montfort était le seul qui pût ajouter aux agrémens d'un tel voyage.

Cependant monsieur le directeur des fermes tenait autant à son devoir qu'à ses plaisirs. Il répondait aux sollicitations de son amie, qu'on ne lui donnait pas de gros appointemens à Rouen, pour s'aller promener à Paris, et, quand la dame devenait trop pressante, il tournait les talons, prenait son chapeau et sa canne, et retournait brusquer ses commis.

Le bail de Julien Alaterre finissait. La compagnie demandait à le renouveler à des conditions plus avantageuses. Il fallait, pour cela, fournir, au contrôleur-général, des éclaircissemens sur une foule d'objets. Montfort avait des connaissances et le travail facile; il fut mandé à Paris, pour coopérer à celui-ci, et on lui promettait de le faire sous-fermier, si son intelligence et son activité contribuaient au succès des vues de sa compagnie.

L'occasion était précieuse pour madame d'Abligny, et elle la saisit avec vivacité. En vingt-quatre heures elle a pris congé de ses amis; elle a fait faire ses malles; elle a écrit à son fils, qu'elle veut présenter aux gens en place, de la venir joindre rue de Richelieu, hôtel des Colonies; elle est enfin montée dans sa berline avec son gros financier, et quatre vigoureux chevaux de poste secondent son impatience.

La lettre de la maman avait passé par Lyon, et était arrivée un peu tard à Amiens; mais elle ranima les espérances du petit cousin, et il attaqua les scrupules d'Adèle avec de nouvelles armes. Tout le monde peut loger dans un hôtel garni, et surtout à Paris : la cousine logera donc sur le carré même de sa tante. Il est naturel de se parler entre voisins; d'Abligny avertira donc Adèle des momens où sa mère sortira, de ceux où elle doit rentrer, et elle se trouvera, comme par hasard, sur son passage. La première, la seconde fois, une simple révérence; la troisième, quelques mots polis; un autre jour la conversation s'engage; celle de la jeune personne est piquante, et on cherche à se lier avec elle; on l'attire chez soi, et elle plaît toujours davantage; l'intérêt qu'elle inspire fait naître la curiosité; on l'interroge sur sa naissance, sur ses affaires, et Adèle se découvre, rassurée par la bienveillance qu'on lui marque; le fils, alors, embrasse sa maman, il tombe à ses pieds, il la conjure, avec toute la chaleur du sentiment, de faire le bonheur de sa vie, et sa mère vaincue par le mérite éminent de sa nièce, l'unit à son amant.

Tel était le roman du petit cousin : il pouvait se réaliser dans tous ses détails. Si, par malheur, les choses ne tournaient point comme il l'espérait, Adèle reviendrait à Amiens sans avoir été connue, sans être compromise. Si le secret de son voyage transpirait, que pourraient dire les gens les plus sévères sur les bienséances ? Elle serait allée à Paris avec un jeune homme ? mais ce jeune homme est son cousin, son cousin germain, et puis Thérèse ne serait-elle pas en tiers dans la voiture, dans les auberges? Adèle aura logé dans un hôtel garni? mais sa chambre touchait à l'appartement de sa tante; elle n'a vu qu'elle et son cousin; elle n'est pas sortie de l'hôtel; elle n'a eu d'autre but que de se rétablir dans les bonnes graces d'une parente respectable: bien certainement il n'y a rien de répréhensible dans tout cela.

A la rigueur, Adèle aurait pu objecter quelque chose; mais cet ensemble était satisfaisant; le résultat qu'il promettait flattait trop la petite cousine pour qu'elle combattît plus long-temps. Quelle est la femme, d'ailleurs, qui ne se lasse pas de combattre? Adèle consulta Thérèse... pour la forme; Thérèse trouva le plan superbe; Adèle se rendit, et le cousin, enchanté, fut disposer tout pour le départ.

La jeune personne soupira en montant en voiture. Cette démarche, hasardée, était la première qu'elle se fût permise encore; mais la présence, les graces de d'Abligny, ces épanchemens si doux, ces illusions, si puissantes sur un cœur sensible, la rendirent bientôt à l'amour. Prodigue, elle-même, de ces expressions touchantes que les amans croient inépuisables, elle portait l'ivresse dans les sens de son cousin : la route entière fut un enchantement. Thérèse, elle-même, oubliait son âge en écoutant Adèle et d'Abligny; elle se rappelait ces temps, déja si loin d'elle, où son pauvre Jacques ne lui disait pas de si jolies choses; mais où il prouvait énergiquement son amour, ce qui valait bien autant pour Thérèse. Plus d'une fois, dans les auberges, ranimée par le vin d'Aï, elle passa sa main desséchée sous le menton du beau jeune homme; elle sauta, appuyée sur la crosse de son bâton noueux, en chantant la chansonnette, et les jeunes gens souriaient à sa gaieté franche et naïve.

Le tableau changea, quand la voiture entra dans Paris; les rêves de bonheur s'évanouirent; l'inquiétude les remplaça. Adèle ne voyait plus que madame d'Abligny, implacable et terrible; ses alarmes augmentaient à mesure qu'elle s'approchait d'elle; la pauvre petite ne trouvait plus un mot. L'audacieux, l'entreprenant d'Abligny sentait sa confiance s'évanouir, et il jugea à propos qu'on ne vît pas, à l'hôtel des Colonies, sa cousine descendre, avec lui, de la même voiture. On fit arrêter les postillons. Adèle et Thérèse montèrent dans un fiacre, leur petite malle debout entre elles deux. La cousine promit au cousin, en essuyant furtivement une larme, de se donner pour une jeune personne qui venait, avec sa gouvernante, au-devant de son père, arrivant de Saint-Domingue, devant débarquer, au premier jour, à Marseille, et de là se rendre à Paris. On pouvait trouver extraordinaire qu'une jeune demoiselle voyageât avec une femme dont l'extérieur n'était pas fort imposant; mais on n'avait pas eu le temps de penser, en route, à ce qu'on dirait en arrivant, et cette histoire fut ce qu'on trouva de mieux pour le moment.

Heureusement, pour nos pauvres jeunes gens, madame d'Abligny et Montfort étaient à l'Opéra. Avant leur retour, Adèle eut le temps de se remettre, et d'Abligny celui d'aider, sans qu'il y parût, à ses petits arrangemens. Deux chambres se trouvèrent précisément à la porte de l'appartement de madame d'Abligny, et le cousin, tout en ayant l'air d'attendre sa mère, soufflait ce qu'il fallait dire, à la cousine que tout embarrassait. Elle fut installée aussitôt, et par reconnaissance des bons offices que l'inconnu avait bien voulu lui rendre, elle l'invita à se reposer chez elle jusqu'à la sortie de l'Opéra. Voilà donc la connaissance faite, comme par hasard, et, désormais, d'Abligny pourra se montrer chez la jeune créole, sans que les gens de la maison les soupçonnent d'avoir été d'intelligence : autant de gagné.

Un bonheur ne va pas sans l'autre. L'appartement de madame d'Abligny, très-élégant, très-frais, n'avait pourtant que deux chambres à coucher, et le jeune homme était trop poli pour consentir à déplacer M. Montfort. Il devait passer les journées auprès de sa mère, et le moindre coin lui suffisait pour la nuit. Quoique Montfort pût dire et faire, d'Abligny chercha ce réduit, et s'établit, aussi près que possible, du logement de son Adèle. En se retirant, il eut le plaisir de lui souhaiter le bonsoir; le lendemain, il souhaita le bonjour, avant que sa mère fût visible, et, en allant et venant, il avait toujours quelque chose à souhaiter.

Jusque-là tout allait bien. Il s'agissait, maintenant, d'exécuter le plan concerté, et les choses n'allèrent pas exactement comme on les avait arrangées à Amiens. Adèle passa plusieurs fois à côté de sa tante d'un air gauche et timide, les yeux baissés, la rougeur sur le front, et sa tante ne l'avait seulement pas regardée. Ces démarches lui peinaient cruellement; mais d'Abligny la conjurait de ne pas se rebuter, et pouvait-elle rien refuser à d'Abligny? Ce qui la tourmentait, autant que l'inattention de sa tante, c'étaient les attentions, très-marquées, de Montfort, qui, après l'avoir plusieurs fois lorgnée, finit par aller tout bonnement chez elle s'informer de sa santé. Montfort était honnête; d'Abligny le savait, et il était le premier à rassurer sa cousine sur les vues qu'elle pouvait prêter au financier; mais il n'en était pas moins une espèce de fléau pour eux. Parce qu'il travaillait le matin avec ses fermiers-généraux, il fallait que d'Abligny accompagnât sa mère, ou lui tînt compagnie chez elle; l'après-dîner il n'osait entrer chez sa cousine, de peur d'y rencontrer Montfort. Adèle était toujours ou avec Thérèse, qui ne lui suffisait plus, ou avec le fâcheux qui écartait l'amour, et comment éconduire un homme que l'âge rend sans conséquence ; que sa gaieté, ses soins honnêtes, sa bonté, rendraient intéressant dans toute autre circonstance? C'était risquer de s'en faire un ennemi, et on savait ce qu'il pouvait sur madame d'Abligny. Le jeune homme se dépitait; la petite cousine était triste et rêveuse : il fallait prendre un parti. Le petit cousin commença à jouer le rôle qu'il destinait à sa mère. En lui donnant la main, il saluait Adèle avec respect, il saluait très-bas ; sa mère le tirait après elle, passait comme un trait, ne prenait garde à rien : c'était désespérant. Le cousin se décida à un coup d'éclat.

Il fit semblant de faire un faux pas ; il mit le pied sur la queue de la robe d'Adèle ; en paraissant vouloir se retenir, il poussa fortement la jeune personne, et la robe se déchira du haut en bas. On ne déchire pas la robe d'une femme sans lui faire, au moins, des excuses. D'Abligny en fit d'assez froides ; Adèle y répondit sur le même ton ; la maman, qui courait à un concert où elle devait entendre le chanteur par excellence, ne put, cependant, se dispenser de s'arrêter, et de dire quelque chose de poli à la jeune personne. C'est alors qu'elle fixa sa nièce pour la première fois, et elle parut frappée de sa figure. « Voilà « une jolie personne, dit-elle à son fils, en mon- « tant en carrosse. — Mais, pas trop, madame. — « Vous êtes difficile, mon ami. — D'ailleurs, je « ne lui crois pas d'esprit; à peine vous a-t-elle

« répondu. — Votre mal-adresse l'avait étourdie,
« et lui a probablemeut donné de l'humeur. »

En rentrant, madame d'Abligny pensa que la jeune personne n'était peut-être pas riche, et qu'elle lui devait d'autres réparations que de vains complimens. Elle voulait lui faire accepter une robe sans blesser son amour-propre. Elle ne connaissait ni sa naissance, ni sa fortune; elle passa chez elle, pour régler ses procédés sur les apparences, et fut assez étonnée d'y trouver Montfort. « Corbleu, madame, savez-vous que nous
« avons une voisine charmante? — C'est une re-
« marque que j'ai faite. — Très-bien élevée. —
« On n'en doute point en voyant mademoiselle.
« — Sage, surtout. — La sagesse est le fard de la
« beauté. — Depuis qu'elle est à Paris, elle n'a
« pas mis le pied hors de l'hôtel, et elle n'a reçu
« que moi. — Cela prouve encore en faveur de
« mademoiselle. — C'est la fille d'un colon, qui
« a passé son enfance au couvent, et qui vient
« au-devant de son père, qu'on attend de jour
« en jour. — Monsieur votre père, mademoiselle,
« sera fier de sa fille. — N'est-ce pas? Parbleu,
« il me vient une idée. Le matin je suis à mes
« affaires, vous retenez d'Abligny, et à dix-neuf
« ans on aime à courir. Mademoiselle est d'une
« société agréable; la vôtre la flatterait sans doute,
« et, sous vos auspices, elle verrait Paris sans que
« la critique pût mordre. Allons, mesdames, vous
« êtes faites pour vous connaître et vous aimer. »

Que pouvait répondre madame d'Abligny à une proposition aussi inattendue, et qui s'accordait assez avec son inclination? Présenter la main à Adèle; la conduire à son appartement, et ce fut ce qu'elle fit.

Adèle avait rougi, pâli, en voyant entrer sa tante chez elle; elle s'était remise par degrés, et elle soutint la conversation avec infiniment de graces. Lorsqu'il lui échappait une saillie, un trait d'esprit, madame d'Abligny applaudissait; Montfort se frottait les mains en sautant dans son fauteuil; le cousin reprenait sa confiance, son cœur se dilatait; l'espérance renaissait dans celui de la cousine.

Adèle joignait une rare modestie à toutes les qualités aimables. Elle voyait madame d'Abligny depuis plusieurs jours, et n'avait pas laissé soupçonner qu'elle eût aucun de ces talens qui font le charme de la société. Son cousin, qui ne devait pas la connaître, se gardait bien d'en parler. Sans autres avantages que les graces de sa personne et celles de son esprit, Adèle ne plaisait pas moins à sa tante, qui s'attachait à elle sans s'en apercevoir, et qui finit par exiger qu'elle ne la quittât plus.

Cette liaison intime, qui semblait conduire ces amans au but qu'ils se proposaient, avait, pourtant, des désagrémens réels. Le père qu'on s'était donné n'arrivait pas; madame d'Abligny en faisait quelquefois l'observation; alors il fallait qu'Adèle éludât des questions trop directes, qu'elle trouvât des défaites, et elle mentait si mal! Son cousin venait à son aide; mais d'une manière si gauche! Ses phrases étaient si étrangement tournées, que sa mère eût, infailliblement, conçu des soupçons, si la toilette, la musique, le bal, les projets du jour et ceux du lendemain ne l'eussent occupée à la fois. Ce qui affligeait encore nos jeunes gens, c'est cette contrainte insupportable, qui avait succédé à cette liberté décente, qui faisait le charme de leurs entretiens. Une inflexion de voix, un coup d'œil, un geste, pouvait éclairer madame d'Abligny; on ne se croyait pas encore assez sûr d'elle pour oser se laisser pénétrer, et quand on n'était pas contenu par sa présence, on rencontrait le très-assidu Montfort, qui avait, peut-être, plus d'intérêt qu'un autre à bien voir. Souvent on ne trouvait pas, dans toute une journée, l'occasion de se dire deux mots; on était réduit à se presser la main à la dérobée, et quelquefois, à table, un pied légèrement appuyé sur l'autre, deux genoux qui se cherchaient, qui se trouvaient, disaient et répondaient tout : on s'entend si bien quand on s'aime! Mais le soir, quand d'Abligny rentrait dans sa chambre, que la bienséance clouait l'importun Montfort dans la sienne, la porte d'Adèle était entre-bâillée : c'était le moment de l'amour; c'est alors qu'il oubliait ses privations.

Un grand évènement, un évènement de la plus

haute importance sembla devoir changer l'état des choses, et précipiter le dénouement. Un concert brillant se préparait; madame d'Abligny devait y chanter, et c'était, pour elle, la première de toutes les affaires. Elle chantait mal; mais elle avait la manie du chant, et Montfort lui avait apporté l'ariette du jour : c'était un morceau italien qu'elle ne pouvait prononcer ni déchiffrer. Adèle avait l'oreille blessée; par un mouvement involontaire, elle s'était approchée du fauteuil de sa tante, et lisait par-dessus son épaule. « Quoi, « ma petite, vous seriez musicienne! — Un peu, « madame. — Et vous sauriez l'italien? — Assez « passablement. — Et vous chanteriez cela? — « Mais, je le crois. — Oh, ce serait délicieux. « Voyons, mademoiselle, voyons. »

Adèle prend l'ariette et se met au piano. Montfort est tout oreilles; d'Abligny jouit d'avance; sa mère se place pour tourner. La ritournelle part; la voix argentine se fait entendre. Précision, goût, ame, exécution brillante, tout est réuni, et l'enchantement est général. Montfort félicite Adèle, avec cette chaleur qui lui est naturelle; le petit cousin renferme sa joie; mais lorsqu'il voit sa mère combler Adèle de caresses, la serrer dans ses bras, lui prodiguer les noms les plus tendres, il croit devoir saisir ce moment heureux, et cependant, contre l'ordinaire des jeunes gens, il n'avance qu'avec discrétion. « Ma« demoiselle, dit-il, me rappelle une cousine qui

« doit être de son âge, et qui a, dit-on, de la
« figure et des talens. » Il n'était pas prêt à finir sur le sujet qu'il traitait ; mais la physionomie de sa mère avait changé dès le premier mot, était devenue glaciale, et commandait le silence. « Ma
« foi, ma bonne amie, reprend Montfort, je
« trouve que votre fils avait fort bien commencé,
« et vous aurez beau faire la mine, cela ne mem-
« pêchera pas, moi, de poursuivre. Savez-vous
« que depuis près d'un an, c'est d'Abligny et moi
« qui soutenons votre nièce ; que votre entête-
« ment vous fait le plus grand tort dans le monde,
« et qu'il est temps que cela finisse ? — Mais,
« monsieur, qu'elle opiniâtreté vous fait, sans
« cesse, revenir là-dessus ? Je la hais cette Adèle,
« et vous me la ferez haïr davantage. Je n'en
« veux plus entendre parler, ou très-décidément,
« je me brouille avec vous. — Qu'est-ce à dire,
« s'il vous plaît ? vous vous brouillerez avec moi,
« parce que je vous mets vos devoirs sous les
« yeux ; que je veux vous forcer à les remplir, et
« vous rendre toute l'estime des honnêtes gens !
« Sachez, madame, que j'aime mieux rompre avec
« vous, que de passer pour le complaisant de
« vos bizarreries... Tenez, tenez, voulez-vous
« savoir ce que pensent de vous les personnes
« même indifférentes à tout ceci ? Voyez dans
« quel état votre dureté met mademoiselle ; elle
« compatit au sort de votre nièce ; elle a le cœur
« excellent... Mais coupez-lui donc son lacet ; que

« diable, je ne peux pas me charger de cela,
« moi... Oh! quelle femme! elle n'agira point!
« Mademoiselle a-t-elle aussi encouru votre dis-
« grace, parce qu'elle est touchée du malheur
« d'Adèle? Souvenez-vous, au moins, qu'elle n'a
« pas dit un mot... Rose, Amélie, arrivez donc!
« Portez mademoiselle chez elle, et donnez-lui
« tous vos soins. Hé bien, abandonnerez-vous
« cette chère enfant à vos femmes de chambre?
« Hé, allez donc, madame; au nom de Dieu,
« allez donner vos ordres. »

Madame d'Abligny suivait Adèle; Montfort grondait et jurait même un peu entre ses dents; d'Abligny était consterné. Plus d'espoir qu'à sa majorité, et six ans encore à attendre! Quel amant n'est effrayé de voir cet intervalle immense entre lui et le bonheur?

Pour achever de le désespérer, Adèle, en reprenant ses sens, fit des réflexions très-sensées sur sa position présente. « Non, dit-elle à son
« cousin, je ne me sens pas faite pour dissimuler,
« pour recevoir des marques d'amitié qui ne s'a-
« dressent point à moi, pour supporter la haine
« et le mépris. Mon ami, j'ai fait assez pour l'a-
« mour; je dois quelque chose aussi à ma tran-
« quillité, à la mémoire de mon père qu'on ou-
« trage. Je partirai, j'y suis déterminée. — De
« grace, écoute-moi. — Non, je céderai si je
« t'écoute. Il le faut, cher d'Abligny, il le faut,
« je renonce à toi. — Quel mot as-tu prononcé!

« — Mon amour, ma jeunesse m'ont trompée;
« je n'ai vu que le bonheur d'être près de toi.
« Je sens, en ce moment, tout ce qu'a de cruel
« le rôle pénible auquel je suis assujettie. Toi-
« même, mon ami, peux-tu le supporter? — Hé
« bien, tu partiras, j'y consens; tu quitteras des
« lieux où tu es méconnue; oui, tu partiras; mais
« avec ton amant, ton cousin, ton frère. — Que
« me proposes-tu? — Nous sommes inséparables.
« —Je ravirais un fils à sa mère; je mériterais sa
« haine! Un songe flatteur nous a séduits; le ré-
« veil est affreux, mais il faut se soumettre. —
« Et c'est ainsi que tu aimes, et tu m'as jamais
« aimé! Ah! ce n'est pas là ce sentiment vain-
« queur qui me pénètre, qui me brûle. Je ne vis
« que par toi, je ne vis que pour toi; je ne vois,
« je ne pense, je ne rêve qu'Adèle. Ton cœur,
« ton cœur ingrat n'a plus un battement qui ne ré-
« ponde au mien. Ton vêtement que je touche,
« ton œil que je fixe, ton haleine que je respire,
« tout m'entraîne, me subjugue. Je ne peux vivre
« sans toi, et malheur à toi si tu me réduis au
« désespoir. »

D'Abligny allait, en effet, abandonner sa mère
pour voler sur les traces de sa cousine; rien ne
pouvait le détourner de ce dessein. Les prières
d'Adèle n'étaient pas écoutées; ses larmes étaient
sans pouvoir. « Te voir, disait-il, te voir sans
« cesse, à tous les instans du jour, ou mourir. »
La tendre fille fut obligée de sacrifier ses dégoûts,

sa délicatesse à l'emportement de son cousin, à ses intérêts, à sa réputation à elle, que perdrait sans retour une fuite, qu'on ignorerait, ou qu'on ne croirait pas qu'elle eût combattue. Elle sentit qu'il fallait céder; elle consentit à rester encore; mais la tristesse l'accablait. En vain d'Abligny appelait le sourire sur ses lèvres : il s'éloigne avec la gaieté.

Quand le jeune homme eut imaginé l'histoire d'un père arrivant de Saint-Domingue, il avait consulté les papiers publics, et il avait trouvé un vaisseau, le Centaure, parti depuis six mois de Marseille, pour aller faire un chargement au Port-au-Prince, et devant revenir incessamment. C'est sur le Centaure qu'il avait mis M. Duval, le père prétendu, dont Adèle montrait plusieurs lettres fabriquées et timbrées par son cousin : l'amour rend faussaire aussi. Fort heureusement pour lui, le Centaure n'arrivait pas, car il aurait fallu quitter la partie, et il ne serait resté de moyen à Adèle pour sortir d'embarras, qu'une nouvelle lettre de ce père, que des affaires empêcheraient de se rendre à Paris, et qui manderait à sa fille de le venir trouver à Bordeaux, à Baïonne, n'importe où, et le cousin n'aurait pu s'opposer au départ de la cousine. Un autre incident produisit le même effet. Montfort avait terminé ses opérations; le succès les avait couronnées; il était nommé sous-fermier, et il fallait qu'il allât, sans délai, à Rouen mettre ses comptes en état. Madame d'Abligny, fatiguée du bruit et des plaisirs de Paris, dont on se fatigue comme d'autre chose, annonça qu'elle partirait avec monsieur le sous-fermier.

A moins que d'être tout-à-fait extravagant, d'Abligny ne pouvait pas exiger qu'Adèle suivît sa mère à Rouen : quelle couleur donner à cette démarche? D'un autre côté, la jeune personne le menaçait, s'il la suivait à Amiens, d'écrire à l'instant à sa tante, et la menace était sérieuse. Il fallait donc se séparer, ou trouver des ressources dans son imagination : celle d'un amoureux est inépuisable.

De son autorité privée, d'Abligny fit périr le Centaure, et noya M. Duval, qu'il envoya au fond de la mer avec toute sa fortune. Il écrivit une lettre, signée d'un négociant connu de Marseille, et il la porta au rédacteur de la Gazette de France, qui l'inséra, n'ayant rien de mieux à donner au public. Le lendemain, d'un air très-affecté, il donna la feuille à lire à sa mère et à Montfort. Il appuya sur la ruine absolue de mademoiselle Duval, sur sa douleur, sur l'embarras affreux où cet évènement allait la jeter. « Une « jeune personne de cet âge, sans parens, sans « ressources, abandonnée à une gouvernante in- « firme et sans moyens, disait le petit fourbe! Et « tout ce qu'il faut pour plaire, continuait Mont- « fort, et, par conséquent, pour être séduite, « poursuivait madame d'Abligny. Quel malheur ce

« serait, ajoutait le sous-fermier! Parbleu, madame,
« gardez-là avec vous. — Je le veux bien, mon
« ami. — Elle est trop intéressante pour que
« vous ne trouviez pas à l'établir à Rouen, et s'il
« faut une dot, hé bien, nous la ferons à nous
« deux : tu ne t'y opposeras point, n'est-ce pas,
« d'Abligny? — Ma mère est maîtresse de sa for-
« tune, et je la verrai toujours avec plaisir en
« faire un si noble usage. »

Tout réussissait au gré du petit cousin, et il était sûr de ne pas s'éloigner de la cousine. Mais sa mère porta l'attention plus loin qu'il le désirait. Elle passa chez sa nièce pour lui apprendre la mort du père supposé, avec les ménagemens d'usage, et elle se flattait de calmer sa douleur, en lui annonçant ce qu'elle comptait faire pour elle. D'Abligny n'avait pas compté sur tant de prévenances; il ne s'était pas empressé de se concerter avec sa cousine, et il avait lieu de craindre un *quiproquo* désagréable. Il crut devoir accompagner sa mère, et suppléer, par ses signes, à ce qu'il n'avait pas le temps de dire. Il voulait aussi contenir, par sa présence, sa trop délicate Adèle, qui pouvait refuser les offres de sa mère, et saisir une occasion, toute naturelle, de s'éloigner de Paris.

Madame d'Abligny, de la meilleure foi du monde, pénétrée de la perte qu'avait faite mademoiselle Duval, les larmes dans les yeux et le mouchoir blanc à la main, madame d'Abligny se présenta en silence chez la jeune personne ; l'embrassa en suffoquant ; s'assit près d'elle ; lui prit les deux mains, et chercha des termes également propres à l'éclairer et à adoucir le coup qu'elle allait lui porter. Adèle ne comprenait rien du tout à ce que lui disait sa tante ; elle attendait qu'elle s'expliquât ; elle la regardait attentivement, et ne voyait pas les signes d'intelligence que prodiguait le très-prévoyant cousin. Madame d'Abligny lui rappela, enfin, que notre sort, à tous, est dans les mains de la Providence, et que l'épreuve qu'allait subir sa vertu, pouvait devenir, pour elle, un moyen de sanctification (vieux style qu'elle n'avait pas tout-à-fait oublié, et qu'elle mettait encore en usage dans les grandes occasions). Elle déclara nettement à mademoiselle Duval, à la suite de ces phrases préparatoires, que monsieur son père était noyé ; que sa fortune était perdue ; mais elle ajouta, avec milles caresses, que jamais elle ne connaîtrait le besoin ; qu'elle se chargeait de son sort, et qu'elle ferait tout pour le rendre agréable.

Étonnement, stupéfaction de la part d'Adèle, que les caresses mêmes de sa tante l'empêchèrent de remarquer ; larmes abondantes, arrachées par un regard douloureux du petit cousin, qui arrêta un refus positif qui allait repousser les propositions de sa mère. Il était dans les principes d'Adèle de ne pas les accepter ; il était dans son cœur de ne pas affliger son amant, et l'amour devait l'emporter sur toute autre considération. Elle se rendit donc aux instances de sa tante, en pleurant sa faiblesse et les désagrémens qui devaient suivre sa condescendance, et ses pleurs furent attribués à l'excellence de son naturel, à sa piété filiale, à sa reconnaissance envers sa bienfaitrice, à tout enfin, hors à leur véritable cause.

Dès le même jour, d'Abligny envoya Thérèse chez une couturière : il fallait que les choses fussent faites dans les règles. Adèle, engagée, ne put pas reculer ; elle fut obligée de commander de longs habits de deuil, et elle se couvrit de crêpes de la tête aux pieds, pour un père qu'elle n'avait jamais eu. Il était très-inconvenant, sans doute, que d'Abligny se jouât ainsi de sa mère, et lui distribuât le rôle principal dans sa comédie ; mais il avait dix-neuf ans, beaucoup d'amour, et cela efface bien des torts : qui de nous ne voudrait pas en avoir de semblables encore ?

Malgré sa répugnance, voilà donc Adèle enchaînée à sa tante ; la voilà produite dans les cercles de Rouen, plus jolie encore sous ses habits de deuil ; tournant toutes les têtes, intéressant tous les cœurs par la mort malheureuse de son père, que madame d'Abligny avait grand soin de raconter partout, et dans le plus grand détail. Elle souffrait, plus que jamais, des mensonges continuels où il fallait descendre ; mais était-elle un moment seule avec son cousin, la remerciait-il de sa bonté, de son amour, de ses complaisances, avec ce ton pénétré et reconnaissant qu'on n'imite jamais ; lui prodiguait-il ces tendres caresses, si puissantes sur un jeune cœur, alors elle oubliait tout, elle était heureuse, jusqu'à ce qu'il fallût se rapprocher de sa tante, et mentir de nouveau à sa société.

Il semblait qu'elle n'eût rien de plus fâcheux à redouter. Le petit cousin bornait ses vœux à vivre auprès d'elle, et il attendait assez patiemment quelque évènement favorable. Un incident, bien imprévu, troubla leur tranquillité, et leur fit éprouver ce qu'a de plus cruel la crainte la mieux fondée.

Un homme de cinquante ans n'adresse pas ses vœux à une demoiselle qui en a dix-sept, une grande fortune et mille charmes ; mais lorsqu'il ne lui reste que ses agrémens personnels ; que cet homme peut offrir le partage de biens considérables, il s'enhardit nécessairement, et sa proposition même annonce une sorte de délicatesse, qui exclut le ridicule. Depuis la mort prétendue du prétendu M. Duval, Montfort s'était laissé aller au penchant qui l'entraînait vers Adèle, et qu'il combattit jusque alors. Il ne pouvait avoir que des desseins honorables sur la protégée de sa meilleure amie ; il n'avait trouvé jadis qu'une femme digne d'être la sienne ; Adèle était la seconde, et bien qu'il se jugeât au-dessous d'elle, il présumait, avec quelque raison, que son dénuement absolu la rendrait moins exigeante; que son opulence, à lui, effacerait la disproportion d'âge, et, toutes réflexions faites, il se décida à réaliser, pour lui-même, le projet d'établissement dont il avait parlé à madame d'Abligny et à son fils, avant de quitter la capitale.

Le difficile était de se déclarer : si mademoiselle Duval était désintéressée, elle pouvait lui rire au nez. Il se regardait dans sa glace, et il perdait courage en se voyant si gros, si court, si vieux. « Mais, se disait-il, des terres, des va-
« lets, des femmes de chambre, un équipage,
« des bijoux, dix mille francs par an en épin-
« gles, cela doit couvrir quelques rides naissantes,
« et diminuer mon embonpoint : après tout, il
« faut voir. » Il monte en voiture, descend chez madame d'Abligny, et demande à mademoiselle Duval un entretien particulier.

« Un mot, mademoiselle. — J'écoute, mon-
« sieur. — Vous pardonnerez ce que mes expres-
« sions auront d'incorrect : je parle mal, et je
« pense bien. Laissez donc les mots, et attachez-
« vous aux choses. Je n'ai point de parens; j'ai
« peu de fantaisies, et je suis bien aise de placer
« avantageusement mon argent. — Je ne vous
« entends pas, monsieur. — Non? hé bien, je
« vais tâcher de me rendre intelligible. Ma pro-
« position vous paraîtra peut-être un peu brus-
« que; mais dans six mois nous ne nous con-

« naîtrons pas davantage. Ce n'est qu'après le
« mariage qu'on sait à quoi s'en tenir, et à mon
« âge on n'a pas de temps à perdre. — Monsieur...
« je... vous... si... — Monsieur, je, vous, si...
« verbiage que cela, mademoiselle. Je suis garçon,
« j'ai cinquante ans, et soixante mille livres de
« revenu. Pendant long-temps, les plaisirs bruyans
« et la manie des arts m'ont suffi. Depuis que
« je vous connais, je m'aperçois que je suis seul ;
« quelquefois ma solitude m'effraie, et je crois
« que vous me convenez tout-à-fait. Voulez-vous
« m'épouser, mademoiselle ? — Mais, monsieur...
« — Oui, je prévois vos objections. Vous n'avez
« pas d'amour pour moi, c'est tout simple : on
« n'en inspire plus à mon âge. Vous m'aimerez
« comme vous voudrez, comme vous pourrez ;
« vous me permettrez de vous aimer à ma ma-
« nière, et je n'en veux pas davantage. — Je vous
« assure, monsieur, que je n'ai aucun goût pour
« le mariage. — Raison de plus pour m'épouser.
« — Mais vous tirez des conséquences... — Toutes
« naturelles. Voici mon plan. Je ne vous ferai
« point acheter la fortune ; j'aurai mon apparte-
« ment, et vous le vôtre. J'irai déjeuner avec
« vous, quand vous voudrez bien le permettre ;
« je préviendrai vos désirs ; je fêterai vos amis ;
« je vous dispenserai de voir les miens. En échange
« de tout cela, vous m'accorderez quelque recon-
« naissance. Si votre cœur est libre, je dois vous
« convenir. Arrangeons-nous sur-le-champ, et

« finissons. — Je sens comme je le dois, mon-
« sieur, ce que vos procédés ont de délicatesse...
« — Et vous acceptez ? — Je ne le puis. — Ah,
« voilà du caprice ! — Je vous ai dit, monsieur,
« que je n'ai maintenant nulle envie de me ma-
« rier. — J'entends, l'envie peut vous en venir
« plus tard... — C'est ce que je ne saurais dire.
« — Et si cette envie vous prend, ce n'est pas
« moi qui la ferai naître... Diable ! diable !... Ah !
« je fais une réflexion. L'envie de vous marier,
« dites-vous, peut vous venir plus tard ? on ne
« prévoit pas une envie à venir, sans en sentir
« déja quelque chose. Avez-vous une inclination?
« Votre réponse décidera mon sort. —Monsieur...
« — Point de détours, mademoiselle : vous me
« devez au moins de la franchise. Avez-vous une
« inclination? oui ou non. — Monsieur... — Mon-
« sieur, monsieur... Avez-vous une inclination ?
« Que diable, où donc est le mal d'avoir une in-
« clination ; où est la difficulté d'en convenir ? Je
« vous aiderai, je servirai votre amour, je me
« sens capable de cet effort. — Non, monsieur,
« non, je n'ai pas d'inclination. » Et Adèle dans
un trouble inconcevable, incapable de soutenir
plus long-temps cette conversation, Adèle fuit
sans rien vouloir écouter davantage. Elle court
au hasard dans l'hôtel, et elle entre précisément
dans l'appartement de son cousin.

La scène fut longue et déchirante. Elle reprocha à d'Abligny ce qu'elle avait déja souffert pour

lui ; elle lui fit envisager ce qu'elle aurait à souffrir des importunités de Montfort ; l'impossibilité où elle était de rester plus long-temps chez sa tante, si elle lui refusait sa main ; l'impossibilité de la donner quand son cœur était à un autre, et les soupirs, les larmes, les expressions les plus tendres terminèrent cette explication orageuse. Ils ne savaient ce qu'ils disaient, ce qu'ils faisaient, ni ce qu'ils voulaient faire. D'Abligny, qui avait plus de caractère, prit enfin un parti qui pouvait tout perdre ; mais aussi qui pouvait tout arranger. C'était de déclarer à Montfort qu'Adèle était sa cousine ; qu'ils s'aimaient ; qu'elle n'avait rien fait qu'à sa sollicitation ; qu'ils n'avaient d'espoir qu'en sa générosité ; qu'ils espéraient, au moins, qu'il sacrifierait un amour qui ne pouvait être partagé, et qu'il leur garderait le secret, s'il ne pouvait prendre sur lui de chercher à les servir.

Il aborda courageusement Montfort, et lui raconta tout, de la manière qu'il crut la plus propre à le persuader. Montfort fut étourdi de la confidence. Il ne s'attendait pas à trouver un rival aussi redoutable : son dépit perça malgré ce qu'il venait de promettre à Adèle. Il moralisa, il trouva des objections. « D'abord, monsieur, « dit-il à d'Abligny, on ne se marie point à votre « âge, ou on a tort. — On se marie bien au « vôtre, monsieur. — On a peut-être tort aussi ; « mais au moins je n'aurais que celui-là, et vous

« avez des fautes graves à vous reprocher. — Et
« lesquelles, s'il vous plaît? — Vous avez man-
« qué à votre mère : on ne ment pas à ceux
« qu'on respecte. — Monsieur ! — Vous avez
« manqué à votre cousine plus essentiellement
« encore. Vous l'exposez au ressentiment d'une
« tante qui sera enchantée de lui trouver des
« torts; vous la compromettez de la manière la
plus cruelle, et vous croyez l'aimer! Non, mon-
« sieur, non, vous ne l'aimez pas. — Je ne l'aime
« pas, je ne l'aime pas, osez-vous dire ! — Est-ce
« en perdant ce qu'on aime, qu'on prouve son
« amour? Quoi! parce qu'une fille jeune, belle,
« sensible, sans expérience, répond à vos senti-
« mens, vous la portez à des démarches hasar-
« dées; vous l'introduisez dans cette maison, sous
« un nom supposé ; vous la faites descendre jus-
« qu'à l'artifice ; vous lui imposez l'obligation de
« mentir sans cesse à elle-même, et à ceux qui
« l'environnent ; vous l'exposez enfin à des ou-
« trages que votre légèreté lui attirera tôt ou
« tard ! Que vous restera-t-il alors à tous deux?
« de vains regrets, qui ne la dédommageront pas
« de la perte de sa réputation. Réfléchissez, mon-
« sieur, réparez vos écarts. Qu'Adèle retourne à
« Amiens. »

Montfort cherchait à intimider le jeune homme;
il voulait le séparer de sa cousine; il se flattait
que l'absence produirait son effet ordinaire, et
que, alors, il serait écouté plus favorablement.

D'Abligny, certain que Montfort était incapable de les déceler à sa mère, lui opposa une résistance opiniâtre ; il attaqua sa raison, il intéressa sa sensibilité. « Que me demandez-vous, mon-
« sieur ? éloigner Adèle, c'est m'ôter la vie : n'in-
« sistez pas, je vous en conjure. A votre âge on
« surmonte l'amour ; au mien, c'est un poison
« qui brûle, qui dévore. Vous avez toute votre
« raison, et la mienne n'est qu'à son aurore. Je
« vous aime, je vous respecte ; ne me réduisez
« pas au dernier désespoir ; ne portez pas la mort
« dans le cœur d'Adèle. Forcez-la à vous aimer
« aussi, et bornez vos vœux à jouir de notre re-
« connaissance. — C'est fort bien dit, tout cela,
« c'est fort bien ; mais, renoncer à Adèle me
« paraît dur. Cependant elle ne peut nous épou-
« ser tous les deux, et il faut bien que le plus
« raisonnable cède. Je sens que je ne peux pas
« faire ici le héros de roman : ce personnage-là
« n'irait pas avec mon gros ventre et mon double
« menton. Allons, laisse-moi faire. Il m'en coû-
« tera ; mais, après tout, tu mérites bien la pré-
« férence, et, puisque je ne peux être l'époux de
« l'enchanteresse, je veux au moins mériter son
« amitié. »

Il passe chez madame d'Abligny, et il entre en grondant et en frappant du pied. « Qu'avez-
« vous donc encore, mon ami ? Je ne vous re-
« connais plus. — C'est votre fils qui me met
« dans cet état. — Ah, bon dieu ! qu'a-t-il donc

« fait ? — Mademoiselle Duval a des talens. —
« Beaucoup. — De l'esprit. — Comme un ange.
« — Une figure... — Céleste. — Elle tourne la
« tête à votre fils. — Vous croyez ? — Il vient de
« m'en faire la confidence. — Vous m'alarmez. —
« Je le crois. — Si c'était une de ces femmes...
« — Oui, qui n'inspirent qu'un goût passager,
« on aurait moins d'inquiétudes. — J'aurais dû
« prévoir cela ; cependant, je ne dois pas punir
« mademoiselle Duval de mon imprudence. J'é-
« loignerai mon fils, je le ferai voyager. — J'ai
« un moyen plus sûr de dissiper vos alarmes. —
« Et lequel ? — Vous ne vous moquerez pas de
« moi ? — Hé, non. — Vous me le promettez ?
« — Sans doute. — Je me suis aussi avisé d'aimer.
« — Ah, par exemple, je ne m'en serais pas dou-
« tée. — Ma foi, ni moi non plus. — Mais enfin,
« j'aime mademoiselle Duval, et je l'épouserai
« pour vous tirer d'embarras. » Ici Montfort se
met à un secrétaire, et écrit. « Mais, mon ami,
« reprend madame d'Abligny, si mon fils aime
« cette demoiselle, il est à craindre qu'il n'ait su
« plaire : elle vous refusera. — Elle m'a déja re-
« fusé. Je n'ai pas le droit de la contraindre ; ce
« que j'écris la déterminera. — Qu'est-ce ? —
« Une donation de tous mes biens, après moi,
« bien entendu. — En effet, ce moyen pourrait
« la décider, car, enfin, soit dit sans vous fâ-
« cher, elle doit sentir qu'elle ne convient pas
« du tout à mon fils. — Sans doute. — Et sa

« position lui fera accepter, avec reconnaissance,
« l'établissement que vous lui proposez. — C'est
« cela précisément. Signez — Pourquoi donc ? —
« Ne lui tenez-vous pas lieu de mère ? Vous
« acceptez en son nom. Voilà qui est bien. Am-
« broise, Ambroise ! cherchez mademoiselle Du-
« val ; qu'elle vienne à l'instant. — Quelle préci-
« pitation ! Cela tient de l'étourderie. — Je n'aime
« pas les affaires qui traînent en longueur. Je
« veux savoir à quoi m'en tenir. » Et il serre le
papier dans son porte-feuille.

Ambroise n'eut pas de peine à trouver Adèle :
les deux jeunes gens, empressés de savoir ce
qu'allait faire Montfort, avaient l'oreille au trou
de la serrure. D'Abligny, persuadé, par ce qu'il
venait d'entendre, qu'il était lâchement trahi,
voulait éclater, quoi qu'il en pût arriver, et la
cousine faisait de vains efforts pour l'arrêter,
lorsqu'Ambroise parut. « Venez, venez, mon-
« sieur, cria Montfort en apercevant d'Abligny,
« vous ne serez pas de trop ici. » Le jeune homme
lui répondit par un coup d'œil foudroyant, et
Montfort, sans se déconcerter, s'adressa à Adèle.
« Mademoiselle, vous m'avez refusé tantôt, et
« peut-être avez-vous eu raison ; mais tout mon
« bien, que je vous assure après moi, et que je
« vous ferai attendre le plus que je pourrai, ne
« m'ôtera-t-il point quelques années ? — Je crois,
« monsieur, ne vous avoir laissé aucun doute sur
« mes sentimens. — C'est-à-dire que vous per-

« sistez. — Un peu d'or n'est pas le bonheur. —
« Elle est désintéressée ; c'est une qualité de plus,
« madame ; mais c'est diabolique. Il lui faut ce-
« pendant un mari : on ne reste pas fille avec ce
« mérite-là. Voyons, à qui la marierons-nous ?
« Et où voulez-vous en venir, reprend vive-
« ment madame d'Abligny ? — Hé, parbleu, au
« dénouement. Mademoiselle est charmante, et
« vous en convenez ; votre fils l'aime ; ma dona-
« tion aura lieu. Allons, ma bonne amie, il faut
« s'exécuter. — Mais, monsieur... — Mais, ma-
« dame, vous ne trouverez peut-être pas mau-
« vais qu'une épouse accomplie double la fortune
« de votre fils. — Vous m'impatientez ; ce n'est
« pas là ce que je veux dire ? Je ne connais pas
« la famille de mademoiselle ; il faut au moins
« prendre des informations. » Ici Adèle pâlit,
d'Abligny tremble, Montfort lui-même est interdit. « Sa famille, sa famille, reprit-il d'un ton
« plus bas ? Je la connais, sa famille, et avec la
« philosophie que vous avez, on ne tient pas in-
« finiment aux noms. Que mademoiselle se nomme
« Duval, qu'elle se nomme d'Alleville, qu'im-
« porte ? D'Alleville ! s'écrie madame d'Abligny.
« L'individu est toujours le même, reprend Mont-
« fort. D'Alleville ! d'Alleville ! répétait avec co-
« lère madame d'Abligny. » Et la malheureuse
Adèle se laissait aller sans connaissance ; le pauvre
petit cousin la soutenait dans ses bras ; Montfort
priait, criait, n'obtenait rien. « Sacrebleu, c'en

« est trop, dit-il enfin. Vous serez punie de cette
« horrible obstination, et mademoiselle sera votre
« bru malgré vous : le papier que vous avez signé
« avec moi, l'établit mon héritière, et contient
« votre consentement dans la meilleure forme.
« Le voilà, mademoiselle, le voilà, ce papier.
« Servez-vous-en sans scrupule contre une parente
« qui ne mérite de vous aucun ménagement. »

Adèle prit le papier, et regardant sa tante, avec une modeste fierté, elle le mit en pièces. « Non,
« dit-elle, je ne mériterai point la haine de ma-
« dame. J'adore mon cousin ; mais la volonté de
« sa mère sera toujours respectable pour moi. Je
« souffrirai plutôt toute ma vie, que de me per-
« mettre d'attenter à ses droits. — Tant d'hon-
« nêteté, de délicatesse me désarme, et me fait
« enfin ouvrir les yeux. Viens, ma fille, embrasse
« ta mère, et reçois la main de ton époux. Ah
« ça, M. Monfort, vous vous servez de moyens
« un peu extraordinaires... — J'en conviens; mais
« ils réussissent. Hé, qu'importe comment se fait
« le bien, pourvu que le bien se fasse. »

FIN DES CENT VINGT JOURS.

ENCORE

DU

MAGNÉTISME.

VITAM IMPENDERE VERO.

ÉPITRE DÉDICATOIRE

A MM. LES JOURNALISTES.

Vitam impendere vero ! Quelle épigraphe pour un romancier, pour un sceptique prononcé ! Quels articles piquans cette épigraphe seule peut faire jaillir de vos plumes, gaies et épigrammatiques ! Quel aliment elle fournira à cette partie du public, qui rit de tout, même de ce qu'il ne voit pas ! heureuse classe d'hommes, que la nature semble n'avoir formée que pour rire, et que vous servez si bien, quand vous avez le bonheur d'être neufs ! il est vrai que vous ne trouvez pas toujours de bonnes fortunes ; mais en voilà une que je vous offre. Avec quel empressement, quel plaisir vous en jouirez ! sous combien de formes différentes vous reproduirez la même idée, ce qui prouvera, jusqu'à l'évidence, votre inépuisable fécondité.

Il me semble inutile, messieurs, de m'étendre davantage sur une épigraphe, qui est peu de chose; qui même, à la rigueur, n'est rien. Il vous suffira d'un ou de deux articles pour en prouver le ridicule. Mais que direz-vous, bon dieu, quand vous aurez lu ce petit ouvrage! quoi, cet auteur doute de tout, et il croit au magnétisme, au rêve absurde d'un médecin allemand, qui, à l'aide de ses rêveries, est venu faire fortune à Paris; qui n'a persuadé que quelques femmelettes, que certains ignorans de la lie du peuple, et dont le système mensonger a été publiquement condamné par les commissaires du roi, qui, bien certainement, voyaient les choses comme elles sont!

Avouez, messieurs, que vous me devez de la reconnaissance. Quand on a tous les jours une feuille à remplir, on n'est pas sûr de trouver un contingent bon ou agréable, et voilà pourquoi vous n'êtes pas régulièrement instructifs et amusans. Ici vous serez l'un et l'autre. Vous amuserez, en décochant le trait délié de la satire; vous instruirez, en prouvant physiquement, et même mathématiquement, que le magnétisme n'existe point.

M. Geoffroi, d'honorable et de si digne mémoire, a fait cinquante ou soixante feuilletons pour persuader au public que Zaïre est une détestable tragédie. Je ne suis pas Voltaire. Mais, en jugeant, du petit au grand, par analogie, il est possible que je vous fournisse ici dix ou douze articles de quatre colonnes chacun, et cette modique récolte n'est pas à dédaigner.

Je reviens à messieurs les commissaires du roi, dont l'opinion, sur le magnétisme, est infiniment respectable, car on comptait parmi eux des médecins, à la science desquels tout Paris rendait hommage, ce qui, pourtant, ne les empêchait pas de tuer, à l'occasion, leurs malades tout comme les autres.

Il est vrai que M. de Jussieu, qui, sans doute, ne valait pas ses confrères, s'est permis de voir et de juger autrement qu'eux. Il est vrai qu'il a fait son rapport particulier, et qu'il a reconnu l'existence du magnétisme, et beaucoup de ses effets. Mais un seul individu peut-il avoir raison contre sept autres ? D'ailleurs le témoignage de M. de Jussieu pouvait-il être de quelque poids, comparé à celui de docteurs qui guérissent leurs malades par le seul amour de l'humanité, et qui auraient adopté, avec empressement, un moyen d'abréger les maladies, et de ménager des estomacs que détruisent les préparations chimiques, si ce moyen eût existé ? Sans doute encore, nos docteurs auraient renoncé, avec autant d'empressement que de satisfaction, à ces vieilles formules, fatigantes à prononcer pour eux, et pénibles à écouter pour des êtres souffrans, formules qui sont un arrêt de mort, et qu'on entend répéter tous les jours : *il faut vivre avec son ennemi. Telle maladie est incurable.* L'improbation formelle des membres de la faculté prouve invinciblement la non existence, ou l'inutilité du magnétisme.

Mais le monde est plein de gens singuliers, qui écoutent tout, qui relèvent les expressions, qui les commentent, qui se rapprochent, et qui finissent par s'entendre et former un parti d'opposition. Ceux-là prétendent que dire à un malade : *Il faut vivre avec son ennemi*, signifie *vous ne guérirez jamais*; que *telle maladie est incurable*, équivaut à *la médecine ne sait pas la guérir*, et que comme on n'avoue pas facilement son insuffisance, on la cache sous des mots imposans, prononcés d'un ton solennel.

Ces êtres singuliers prétendent encore que le magnétisme a guéri quelques-unes de ces maladies, réputées incurables. Ils présentent des certificats, signés par des gens en place, par des savans, et même par quelques médecins de bonne foi; mais qui, probablement, sont des ignorans, dont on a fasciné la vue. Il est évident que ces pièces sont controuvées, car un magnétiseur qui ne reçoit pas d'argent, qui se fatigue, pendant plusieurs mois, à soigner un malade, qui n'obtient, pour prix de ses travaux, ni confiance, ni considération, a un intérêt réel à tromper le public.

Il est évident, au contraire, que le bonnet doctoral étant l'éteignoir des passions, aucun médecin ne se livre à des spéculations pécuniaires, et que les docteurs-commissaires du roi n'ont pu s'arrêter un moment à l'idée que la pratique du magnétisme porterait un certain dommage au produit de *leur pavé.*

Ces docteurs-commissaires ont laissé, dit-on, un digne successeur dans la personne de M. de Mont.... Il cite faux quelquefois, il se trompe quelquefois, il s'emporte toujours; il va jusqu'à se permettre l'injure, et on dit encore que ce moyen n'est pas le meilleur pour prouver qu'on a raison. On ajoute que M. de Mont.... persécuterait, s'il en avait la puissance, et que la persécution prouve seulement que celui qui l'emploie redoute ses adversaires. Pour moi, je pense que M. de Mont.... est digne, en tout, des docteurs-commissaires, ses devanciers, et je me plais à lui rendre cette justice, qu'il est tout aussi sincère qu'eux.

Cependant comme les bons exemples sont souvent sans effet sur un être entêté ; que, d'ailleurs, on peut être fort honnête homme sans être tout-à-fait de l'avis des docteurs-commissaires et de M. de Mont....., je déclare que je crois à l'existence du magnétisme, à ses effets salutaires, et que je considère la faculté de l'exercer comme l'une des plus belles que l'homme ait reçu de la nature.

Je reviens enfin à vous, messieurs, à qui je dédie ce petit ouvrage. Vous êtes fondés à m'adresser un reproche bien grave, en apparence, du moins. J'ai écrit quelques plaisanteries sur le magnétisme, dont je me déclare aujourd'hui le défenseur ! qu'est-ce que cela prouve ? un aveugle né, nie l'existence des couleurs ; une main habile enlève la cataracte, et la richesse, la variété des nuances ne sont plus contestées.

Je persiste à croire que je vous ai vraiment rendu un bon office en écrivant cette brochure, et que vous me devez quelque reconnaissance. J'attends votre remercîment, par votre prochain numéro. Vous maniez, à ravir, l'arme du ridicule, et vous en connaissez la puissance. Mais usez-en, dans cette circonstance, avec modération, parce que le temps n'est peut-être pas éloigné où vous parlerez du magnétisme d'une manière un peu différente, et il est dur, pour un homme d'esprit, d'être forcé de louer ce dont il s'est moqué.

En attendant, s'il en est entre vous quelqu'un à qui son médecin ait dit : *Il faut vivre avec son ennemi*, qu'il aille trouver un magnétiseur. On lui dira : *Essayons de vous défaire de votre ennemi*. Si on ne le guérit pas, ce qui est très-possible, on le soulagera du moins. On lui donnera des soins affectueux, soutenus, et qui ne lui coûteront que la perte d'une heure dans la journée. Il éprouvera des effets, je n'en doute point. Alors il prendra, comme moi, pour devise : *Vitam impendere vero*.

J'ai l'honneur de vous assurer, messieurs, de ma très-parfaite considération,

PIGAULT-LEBRUN.

ENCORE

DU

MAGNÉTISME.

Personne ne nie l'existence d'un fluide électrique, d'un fluide galvanique ; personne ne conteste à l'aiman ses inconcevables propriétés ; on convient assez généralement qu'il est un magnétisme minéral ; peut-être, si on voulait s'attacher à une suite d'expériences, avouerait-on, sans peine, qu'il y a encore un magnétisme végétal. Mais un magnétisme animal ! Non, cela n'est pas possible.

Endormir quelqu'un qui rit, qui joue, qui folâtre ; l'amener à parler en dormant ; étendre ses facultés intellectuelles, en développant en lui un nouveau sens, quelle absurdité !

Voilà de vos arrêts, messieurs les gens d'esprit.

Mais qu'est-ce que l'esprit ? Est-ce la raison ? est-ce le jugement ? Non, sans doute. L'esprit, dans l'acception que nous donnons au mot, n'est-il pas la facilité de s'énoncer avec grace, d'effleurer les superficies, et de tourner en ridicule le fonds, qui échappe toujours à la paresse et à l'insouciance? L'esprit, quand on a le bonheur d'en rencontrer dans le monde, fait le charme de la société; il précipite la course du temps, qui déja est si rapide. Mais que reste-t-il à celui qui a passé quatre heures avec des gens d'esprit? Ce qu'emporte avec lui l'homme qui vient de voir lancer une centaine de fusées.

Il n'y aurait pas grand mal à n'avoir entendu que de jolies phrases, des saillies piquantes, de petits traits méchans, dont le souvenir s'efface si promptement, si les gens d'esprit, les femmes jeunes, et spirituelles surtout, n'avaient aussi leur magnétisme d'influence, qui tend sans cesse à éloigner les vérités, qui portent nécessairement à réfléchir et à méditer. Et quoi de plus ennuyeux, de plus maussade, de plus fatigant que la réflexion et la méditation? L'homme est-il né pour cela? Non, sans doute, dit la femme d'esprit; il est né pour le plaisir, et en est-il un plus piquant que de verser le ridicule à pleines mains, et de cacher ses épines sous des flots de feuilles de roses?

Si, par hasard, un homme de bon sens se trouve là, il élève une voix timide; il soutient, avec modestie, que l'homme est né aussi pour réfléchir et méditer un peu, puisqu'il en a la faculté. On l'interrompt, on le persiffle; on lèverait les épaules, si l'usage du monde le permettait, et l'homme, qui a voulu essayer le magnétisme du bons sens, est réduit au silence.

S'ensuit-il de là que la jolie femme d'esprit ait tort? Non, sans doute, puisqu'elle s'amuse, et que s'amuser c'est, au moins, jouir du moment. L'homme de bon sens a-t-il raison? Non, sans doute, parce qu'il ne faut raisonner qu'avec ceux qui peuvent nous entendre.

Quel parti va donc prendre l'auteur qui semble se mettre dans une situation assez embarrassante? J'ai bien peur que, semblable à l'homme de bon sens, il ne parle à des gens décidés à ne pas l'écouter. Il s'efforcera, du moins, d'éviter le ton grave, et de jeter quelque intérêt sur un des objets les plus importans dont on puisse traiter.

« Madame, disais-je hier à une femme fort ai-
« mable, déraisonnons un peu, et dites-moi
« pourquoi, en convenant de l'existence de l'é-
« lectricité, du galvanisme, de l'aiman, vous
« condamnez, sans appel, notre pauvre magné-
« tisme? — Vous voulez que nous déraisonnions,
« dites-vous, et vous commencez par m'accabler
« sous vos mots scientifiques! Abrégeons, s'il vous
« plaît. Je crois à l'électricité et à l'aiman, parce
« que j'en ai vu des effets; au galvanisme, parce
« qu'on a mis sur le bout de ma langue un mor-
« ceau de zinc et une pièce d'argent, et, au fond,
« il m'importe peu que tout cela existe ou non.
« Mais votre magnétisme, monsieur, votre ma-
« gnétisme! Le nom seul m'en éloignerait, si je
« voulais m'en occuper. Que n'avez-vous trouvé
« une dénomination agréable, harmonieuse, et

« qui dise quelque chose à mon imagination ?
« J'aurais pu vous donner cinq minutes. Mais que
« faire de ce mot magnétisme? — Hé, madame,
« occupons-nous de la chose, et laissons le mot.
« — Les mots, monsieur, les mots sont tout pour
« nous autres gens du monde, qui n'approfon-
« dissons rien. Combien de temps n'avons-nous
« pas vécu de calembourgs? — Je vois qu'aux
« magnétismes, dont j'ai déja parlé, il faut joindre
« encore le magnétisme des paroles. Tout serait-il
« magnétisme sur notre petite terre? — Assez,
« assez... Ah! mon dieu, j'ai déja une migraine
« épouvantable, et c'est à vous que je la dois.
« Éloignez-vous, monsieur; éloignez-vous. — Ne
« ferai-je pas mieux, madame, de guérir votre
« migraine? — Vous, me guérir! vous! Ah, cela
« serait fort!... Prenez donc garde à ce que vous
« faites; vous me décoeffez... Mais, en effet, le
« mal diminue... Il s'éteint... Il est dissipé... Voilà
« qui est singulier! Ah, c'est que le mal devait
« disparaître.

« — Voudriez-vous me dire, madame, ce que
« vous penseriez d'un joli homme à qui vous au-
« riez consacré une heure tout entière dans la
« soirée, près de qui vous vous seriez donné la
« peine de développer vos graces, de mettre en
« action toutes les ressources de votre esprit, et
« qui, en vous quittant, dirait : Mon dieu, que
« j'ai été facile à amuser aujourd'hui! — Je dirais :
« Cet homme est un ingrat. — Et vous le diriez

« avec le petit ton piqué que vous venez de pren-
« dre. Regardez-moi, madame; je suis parfaite-
« ment calme, et vous me traitez, précisément,
« comme aurait agi envers vous le joli homme
« dont je viens de parler. — Quel rapport y
« a-t-il, s'il vous plaît?... — Cet homme serait in-
« sensible à des bontés dont on vous sait très-
« économe, et vous l'êtes, vous, à celles de la
« nature, qui vient de vous ôter votre mal avec
« le bout de mes doigts! — Ah, vous revenez à
« votre but par un détour. — Il est des choses,
« madame, qu'il est difficile, qu'il serait impoli
« de faire sentir autrement que par des compa-
« raisons.

« Dites-moi, je vous prie, madame, pourquoi
« j'ai tant de plaisir à vous voir; pourquoi je vous
« cherche, lorsque j'entre dans un salon; pour-
« quoi je suis triste quand je ne vous y vois pas?
« — C'est parce que je suis jolie, monsieur. —
« Madame voudra bien remarquer qu'elle n'est
« pas la seule jolie femme de Paris, et qu'aucune
« autre ne m'inspire le même sentiment. — Hé
« bien, monsieur, vous êtes attiré vers moi par
« un mouvement sympathique. — Serait-il im-
« possible, madame, que le magnétisme fût autre
« chose qu'une sympathie, produite et prolongée,
« entre un homme sain et robuste et un être souf-
« frant? — Oh, une sympathie, qui fait dormir
« l'un, pendant que l'autre veille! — Je conçois,
« madame, qu'il n'est pas d'homme qui puisse

« dormir auprès de vous ; mais vous avez trop à
« vous louer de la nature, pour lui contester la
« variété de ses effets, et surtout pour assigner
« des bornes à sa puissance. — Vous me flattez
« maintenant, vilain homme que vous êtes. —
« Avec quelle grace vous me repoussez! quel
« moelleux, quel charme inexprimable dans le
« contour de ce bras ! A quoi dois-je donc le
« plaisir d'avoir senti les extrémités de ces jolis
« doigts effleurer ma poitrine? — Mais à ma vo-
« lonté, sans doute. — Hé, quel est l'agent que
« votre volonté met en action? — En vérité, je
« n'en sais rien. — Il y en a un, pourtant, car il
« me semble que votre volonté seule ne ferait
« pas agir vos membres. — Vous croyez cela?
« — Que votre volonté ordonne à ce candelabre
« de se porter de la gauche à la droite de cette
« cheminée... — Hé, monsieur, je sais, comme
« vous, qu'il ne remuera pas. — Vous avez donc
« en vous un agent assez délié pour être inacces-
« sible à vos sens ; assez susceptible pour être mis
« en action par l'effet seul de votre volonté ; assez
« puissant pour agir sur vos nerfs, et produire
« les mouvemens que vous voulez opérer. — Cela
« peut être, et je m'en inquiète peu. — Et si cet
« agent pouvait être poussé au-dehors par un
« autre effet de votre volonté ; s'il était de nature
« à s'insinuer dans un autre corps, à donner une
« action nouvelle et plus forte à l'agent du ma-
« lade, qui ne peut vaincre les obstacles que lui

« oppose une obstruction, ou un autre mal lo-
« cal ; si le magnétisme, enfin, n'était que l'ex-
« tension de la faculté que vous avez d'agir sur
« vous-même?.... — Oh, finissons, monsieur,
« finissons. L'ennui me gagne, et je commence à
« bâiller. — Permettez-moi de vous soustraire à
« l'ennui. — Hé, comment? — En vous livrant
« un moment aux douceurs d'un repos répara-
« teur. Je vois dans ces beaux yeux-là qu'ils ne
« sont pas difficiles à fermer. — Vous revenez
« toujours à votre chimère. Laissez-moi donc...
« Que ferai-je dans cette immense bergère... Mes-
« dames, défendez-moi... Otez vos mains, mon-
« sieur ; elles me font mal à l'estomac... à la bonne
« heure, revenez aux épaules... je vous les aban-
« donne... Encore!... Laissez-moi... je... ne... veux...
« pas... »

Les yeux de ma jolie dame sont fermés ; sa tête se penche ; elle ne m'entend plus. J'avoue que je suis content de moi. Je regarde furtivement ceux qui font cercle autour de nous ; je prête l'oreille. « Dort-elle dit l'une? — Hé, non, dit
« l'autre. — Elle n'a pas pourtant d'intérêt à nous
« tromper, reprend un troisième. » Un jeune mé-
decin, qui ne juge des choses que sur l'avis de la faculté, et qui a encore toute la ferveur de l'esprit de corps, se lève et prend la parole.
« Quand madame dormirait, dit-il, qu'y aurait-il
« là d'étonnant? Qui de nous n'a pas été quel-
« quefois assoupi dans la journée? Monsieur a

« voulu vous amuser un moment, mesdames. Il
« a trop d'esprit pour croire à de pareilles jon-
« gleries. — Vraiment, docteur, vous êtes per-
« suadé que le magnétisme n'existe pas? — Fi
« donc, fi donc! sottise à reléguer dans les car-
« refours et les greniers. »

Quoique ce jeune homme ait voulu adoucir, par une espèce de compliment, ce qu'une impertinence a d'amer, j'étais piqué, oh, très-piqué. Mais décidé à ne pas imiter M. de Mont...., j'ai gardé un dédaigneux silence, et j'ai ouvert les yeux de ma jolie dame. « Avez-vous vraiment dormi, lui crient dix bouches rosées à la fois? — « Hé, sans doute, j'ai dormi », et partant d'un grand éclat de rire « non, non, je n'ai pas dormi. « — Mais je l'aurais cru. — Et moi aussi. Je vous « le disais bien, s'est écrié le docteur, monsieur « a voulu vous amuser, et madame s'y est prêtée. »

Au bout d'une demi-heure, il n'était pas plus question de magnétisme que de la pièce tombée hier; du bonnet dont on était folle il y a deux jours; de cet écrin qu'un amant a trouvé le moyen de faire présenter par le mari. Chacun jouait ou causait de son côté, lorsque ma jolie dormeuse est venue me dire à l'oreille : Suivez-moi. Elle m'a conduit dans le seul coin inhabité du salon; nous nous sommes assis. « Monsieur, j'ai dormi, « très-bien dormi; mais je n'en conviendrai ja- « mais. — Hé, pourquoi donc, madame? — Les « demoiselles d'un certain état se marient de

« bonne heure, et toute femme de vingt ans veut
« jouer un rôle dans la société. Chacune prend
« le masque qui convient à ses intérêts, ou a son
« goût. J'ai choisi celui de la frivolité, parce que
« mon mari est sérieux, et que je voulais at-
« tirer les plaisirs chez moi. Peu à peu, il a cédé
« à l'ascendant qu'une femme adroite prend tou-
« jours dans sa maison. Il a mieux aimé que je
« m'amusasse chez lui qu'ailleurs, et son hôtel,
« triste et désert, est devenu l'asile des ris et des
« jeux. Mais j'ai contracté, envers le public, l'obli-
« gation de rire et de me moquer de tout. J'ai
« décoché cent traits épigrammatiques sur ce pau-
« vre magnétisme, et si je me rétracte, ou si je
« me permets de raisonner un moment, je me
« perds de réputation.

« Venez demain chez moi. Nous serons seuls,
« et vous verrez que je ne suis pas aussi frivole
« que vous avez pu le supposer. »

Un rendez-vous, donné par une femme jeune, jolie et aimable, a des attraits pour un magnétiseur, comme pour tout autre. Le médecin de la nature ne lui conteste jamais ses droits; il se plaît, au contraire, à s'abandonner à ce que son empire a de plus doux. Je volai chez madame d'Arancy.

On m'attendait dans un boudoir, que le luxe et le goût avaient décoré à l'envi. Un pinceau léger et gracieux y a multiplié des scènes qui, bien que décentes, sont passablement gaies. J'ai cru devoir prendre un ton convenable au lieu dans lequel on me recevait. Madame d'Arancy m'a arrêté dès les premiers mots. « Je suis fatiguée « de porter toujours un masque dans le monde. « Permettez que je le dépose un moment. Il sera « nouveau et piquant pour moi de parler raison. « Oublions que nous sommes dans un petit temple « consacré à la folie ; consultons notre jugement, « et donnons un libre essor à nos idées. Parlez, « monsieur. Qu'avez-vous à me dire du magné-« tisme, auquel, jusqu'à certain point, je suis « forcée de croire, puisque j'en ai éprouvé des « effets. »

« Madame, dis-je à la comtesse, je crois que, pour bien s'entendre, il est essentiel de définir la chose dont on traite, de manière à ce que les conséquences dérivent naturellement de la définition donnée. Vous avez éprouvé des effets du magnétisme ; vous trouverez tout simple que je le considère comme une faculté naturelle à l'homme, au moyen de laquelle il agit, plus ou moins, sur les organes de ses semblables.

« Si vous admettez que le magnétisme soit une faculté naturelle à l'homme, vous conviendrez qu'elle est aussi ancienne que l'espèce humaine, et que la médecine de l'art a pu naître de celle de la nature.

« En effet, tel individu qui n'a pas la moindre notion du magnétisme, se frappe contre un corps dur. Son premier mouvement est de porter la main sur la partie macérée ; il la frotte, par un instinct purement machinal, et le magnétisme n'est, en grande partie, que des frictions régularisées par l'expérience.

« J'aime à croire que le premier magnétiseur a été une bonne mère. Son enfant s'est blessé; elle l'a pris dans ses bras; elle a passé et repassé la main sur sa blessure; elle l'a portée sur son front et sur ses yeux, pour arrêter ses larmes. L'enfant s'est calmé; il s'est endormi. La bonne mère, ignorante, mais sensible, n'a rien remarqué que le soulagement qu'elle a procuré au petit être qui lui est si cher. Dans les premiers temps, on ne connaissait pas les arts. La bonne mère n'a pu deviner qu'il existe des plantes salutaires; mais sa main a soulagé son enfant; elle essaie de le soulager encore. Elle répète les mêmes attouchemens; ils produisent des effets plus prompts. Étonnée d'un sommeil auquel l'enfant n'a pas l'habitude de céder pendant la journée, elle observe, elle multiplie ses essais, et toujours le succès couronne ses efforts. Enchantée de ce qu'elle voit, de ce qu'elle fait, elle se félicite; elle adresse à l'enfant des félicitations qui jaillissent du fond de son cœur. L'enfant l'entend, et lui répond. La mère est muette d'étonnement. Des idées nouvelles succèdent aux idées anciennes. Elle se remet cependant. Elle interroge de nouveau l'enfant, qui lui indique une plante, dont le suc achèvera ce que sa main maternelle a si heureusement commencé. L'enfant guérit ; on proclame la vertu de telle plante, et voilà le berceau de la médecine.

« Ingrats docteurs, vous avez beaucoup étudié, beaucoup observé. Vous avez rendu des services signalés à l'humanité souffrante. Mais, semblables au *Glorieux* de Destouches, qui méconnaît son père, vous repoussez le vôtre; vous en éloignez ceux mêmes que vous ne savez pas guérir. Nous reviendrons sur ce sujet qui est bien digne de quelques développemens.

« Il est facile de préjuger que la bonne mère a parlé à ses compagnes, et de l'accident arrivé à son fils, et des moyens auxquels elle a dû sa guérison. Bientôt on ne s'entretient plus d'autre chose. Les mères, qui ont un enfant souffrant, le soulagent par les mêmes procédés, et la botanique commence à naître. Peut-être une peuplade va-t-elle jusqu'à penser que les femmes seules sont dépositaires d'un don qui leur paraît vraiment céleste. Telle est, peut-être, l'origine de l'espèce de culte que diverses nations ont rendu à ce sexe enchanteur. Les dernières traces de cette adoration se sont perdues avec le peuple germain, et une froide galanterie, trop générale pour être flatteuse, trop monotone pour ne pas fatiguer, a remplacé ce tribut de reconnaissance, si doux à recevoir quand on l'a mérité.

« Il est très-vraisemblable que les premiers hommes, effrayés de leur faiblesse, des phénomènes que la nature produisait autour d'eux, ont cherché des appuis, se sont créé des dieux, auxquels ils tenaient dans la proportion des qualités bizarres dont ils les avaient revêtus. Le soleil devait être le dieu bienfaisant; les ouragans et la foudre étaient des génies malfaisans, qu'il fallait apaiser par des expiations. Que leur offrira-t-on? Quels sacrifices leur seront agréables? Celui qui, le premier, a osé résoudre cette question, a été le premier prêtre.

« Par quelle contradiction remarquable les hommes, que la nature a faits égaux, ont-ils tous, plus ou moins, l'esprit de domination? Est-il inné en nous? Est-il le résultat des institutions sociales? Il est au moins constant que la puissance de l'opinion, ayant besoin d'être maintenue par des efforts continuels, toute corporation qui règne sur les esprits, doit accroître son ascendant, en ne faisant rien, peut-être, que pour le conserver.

« Ainsi, les prêtres de ces dieux, étonnés de la crédulité du peuple, de la facilité avec laquelle il se ployait sous le joug, ont senti qu'il pouvait suffire d'un éclair de raison pour détruire leur échafaudage, dont quelques vieillards avaient pu voir élever les premières pièces. Ils ont senti le besoin de s'investir de toutes les forces de la nature, pour écraser le vulgaire sous le poids de l'admiration; et que connaissaient-ils, qu'y a-t-il, en effet, de plus fécond que le magnétisme en prodiges apparens? Un coup de tonnerre a été l'interprète des volontés du ciel. Il ne veut pas que des mains profanes dispensent le plus précieux de ses bienfaits. Ses ministres sont seuls dignes de faire disparaître les maux qui affligent l'humanité. Les mères tremblantes se courbent, se taisent, et adorent. C'est au temple qu'on ira désormais demander, à genoux, le retour de la santé.

« Les prêtres se consultent ; ils méditent ; ils étendent la théorie d'une découverte précieuse, dont ils se sont saisis dès sa naissance. Des phénomènes, plus prodigieux, font oublier les phénomènes connus. Un somnambule, interpellé au nom des dieux, découvre et proclame une action héroïque, annonce un crime qui se commet à cent lieues de lui. L'influence du sacerdoce et des prodiges n'a plus de bornes.

« Bientôt les murs du temple se couvrent d'inscriptions, qui indiquent les maladies et le remède qui les a guéries. Des hommes, jaloux d'obtenir une considération secondaire, copient ces inscriptions. Ils se répandent dans les contrées, trop éloignées du temple, pour qu'on puisse y aller chercher sa guérison. Ils se gardent bien de magnétiser : ils savent que la main d'un dieu vengeur peut les atteindre partout. Peut-être même le secret du magnétisme est-il déjà caché dans l'ombre du sanctuaire. Mais ces hommes s'efforcent de connaître les maladies par les symptômes extérieurs ; ils indiquent le remède qu'ils croient devoir les guérir, et, de génération en génération, de siècle en siècle, ils préparent la naissance de la faculté de médecine, et de la société royale de Londres.

« Ne croyez pas, madame, ajoutai-je, qu'il y ait ici exagération. Les savans conviennent qu'Hippocrate a voyagé à Éphèse et à Memphis. Il est plus que vraisemblable qu'il a trouvé, dans les temples d'Isis et d'Esculape, ces aphorismes que nos docteurs admirent encore.

« Cependant, les prêtres de ces dieux étaient restés paisibles possesseurs du secret de la nature. Chaque jour ils le couvraient davantage des voiles du mystère, et des prestiges de la superstition. Le peuple est convaincu de l'étendue de leur puissance. Mais on veut avoir d'aveugles émissaires, qui, frappés de terreur par ce qu'ils auront vu dans l'intérieur du temple, puissent dire, avec conviction, à des parens, à des amis, qui oseraient élever un doute : Croyez, et taisez-vous. De là est venue l'institution des mystères, où, après avoir fait prononcer aux initiés les plus redoutables sermens de ne jamais rien révéler, on leur faisait voir ce que le magnétisme a de plus prodigieux et de plus imposant. »

« Mais êtes-vous bien sûr, me demanda madame d'Arancy, de tout ce que vous me dites là ? »—« Je suis parti, lui répondis-je, de faits historiques, dont personne ne conteste la vérité, et j'en ai tiré des conséquences assez naturelles. Ouvrez l'ouvrage du père Montfaucon, tome second, page 330. Examinez la planche qui porte pour titre *mains votives*. Il vous sera impossible de n'y pas reconnaître le magnétisme. Le père Montfaucon, qui n'en avait aucune idée, ne sait comment expliquer ces mains votives. Il dit que les Égyptiens, le plus superstitieux des peuples, adoraient tout, jusqu'à des mains. Mais n'eût-il pas été absurde d'offrir des dieux à d'autres dieux, et n'est-il pas tout simple de croire qu'on votait à Isis une image plus ou moins précise de l'instrument dont on attendait sa guérison? » — « Oh! me répliqua madame d'Arancy, je n'irai pas bâiller sur le père Montfaucon. J'aime mieux m'en rapporter à vous. Continuez. »

J'ai repris. « On trouve partout, dans l'histoire, des traces de ces grandes révolutions politiques, où les peuples se roulent les uns sur les autres, et changent, en peu de temps, la surface du globe. Une nation entière passe sous un joug étranger; on lui conteste ses goûts, ses habitudes; on lui ôte ses lois; on profane ses temples; on en arrache ses dieux. L'opinion, semblable à un roc inébranlable, reste debout sur des ruines, et brave la puissance du vainqueur. On ne fait plus de prêtres d'Esculape et d'Isis; mais la foi reste dans les cœurs; les ministres et les sectaires observent leurs sermens, et meurent dans la pratique secrète de leur religion.

« Le dernier prêtre, le dernier initié emportent, dans la tombe, des secrets salutaires qu'ils n'ont pas voulu communiquer à leurs oppresseurs. Le magnétisme disparaît de la surface de la terre. La médecine se hâte d'occuper sa place, et présente des conjectures, quand elle ne trouve pas la vérité.

« Ne croyez pas cependant, madame, que le magnétisme ne se soit pas reproduit à certains intervalles. Vous craignez d'ouvrir Montfaucon à une page indiquée ; vous ne compulserez pas Aristote, Strabon, Pline le jeune, Jamblique, Pomponace, Bacon, l'histoire de Greatrakes, ce qu'on a écrit sur la double vue de certains habitans des îles Hébrides. Des amis du magnétisme vous ont épargné la peine de faire des recherches. Lisez quelques articles des Annales magnétiques, et de l'excellent ouvrage de M. Deleuze. Vous y trouverez des citations précises, qui prouvent que les anciens et les modernes ont reconnu des indices positifs de notre agent de la nature, dont se servaient, sans le connaître, des êtres qu'on croyait privilégiés, quand on ne les accusait pas de sorcellerie. Faites-vous lire vingt passages de Rollin, qu'on a long-temps traités, que bien des gens traitent encore de fables. Les convulsions des sibylles, l'histoire de l'homme qui voyait Cyrus faisant cuire, à deux cents lieues de là, une tortue dans un vase d'airain, et tant d'autres faits, que Rollin a la bonté d'attribuer au diable, ne peuvent être que des effets du magnétisme.

« Nous arrivons à une époque que l'enthousiasme, l'exagération, des plaisanteries outrées, des dénégations formelles, n'ont pu empêcher d'être célèbre. Mesmer a retrouvé le magnétisme, à peu près perdu depuis si long-temps. Il n'est pas présumable que ses réflexions seules l'aient porté sur ses traces : on ne cherche jamais ce dont on n'a pas d'idée. Il est plus vraisemblable que Mesmer, ayant lu les ouvrages que je viens de citer, en ait comparé plusieurs passages ; qu'il se soit essayé, dans le silence, à produire des effets analogues à ceux que ces auteurs n'indiquent que vaguement. Il a trouvé des idées plus positives dans Pomponace et Pechlin, qui ont écrit sur la médecine d'attouchement ; il a certainement emprunté de Maxwell quelque chose de sa théorie. Quelles que soient, au reste, les sources dans lesquelles il a puisé, il est constant qu'il a rendu, à l'espèce humaine, un service signalé, et la reconnaissance de la postérité le vengera des tracasseries et de l'ingratitude de ses contemporains.

« Il serait étonnant que Mesmer ait apporté, en France, une découverte, dont il devait d'abord enrichir sa patrie, s'il eût trouvé, dans ses compatriotes, les dispositions d'esprit nécessaires pour s'en faire écouter. Les Allemands commencèrent par le contredire, et finirent par le persécuter. Il put croire, au moins, que si le magnétisme n'était pas adopté en France, celui qui l'y produirait n'aurait pas à redouter le sort de Christophe Colomb, bafoué pour avoir annoncé un nouveau monde, et de Galilée, jeté dans les cachots de l'inquisition, pour avoir trouvé le mouvement de la terre.

« Quoi qu'il en soit, tout le monde sait que c'est à Paris que Mesmer a fait ses premiers essais publics. Des succès variés, mais constans, ont couronné sa persévérance. Un enthousiasme, qui tenait du délire, s'est emparé de presque toutes les classes ; l'exagération a proclamé des prodiges. Plus les partisans de Mesmer dépassaient la vérité, plus une incrédulité fondée se prononçait contre eux. Les plaisans intervinrent entre les deux partis. Dans les salons, les chansons et les épigrammes ; sur les théâtres, des niaiseries dialoguées suffirent pour ramener les Français à un caractère qui les porte à rire de ce qu'il y a de plus important, de plus grave, et même de leurs propres infortunes.

« Ces adversaires-là n'ont pas été cependant les plus redoutables que le magnétisme ait eu à combattre. L'homme, tout-à-fait ignorant, adopte toutes les erreurs ; à demi savant, il repousse les vérités qui blessent ses intérêts, sa vanité et même ses habitudes, et il est facile de prouver, en peu de mots, que nous ne sommes encore que des demi-savans. Il n'y a pas de systèmes en mathématiques, où tout est démontré, et nous n'avons que systèmes dans ce qu'on appelle les hautes sciences. Un homme, qui a aperçu quelques effets, en cherche les rapports ; bientôt il veut remonter à la cause, qui est impénétrable pour lui. A défaut de la véritable, il en suppose une ; il en tire des conséquences ; il lie, avec art, toutes les parties de son système ; il cherche à persuader les autres ; il peut croire de bonne foi lui-même avoir découvert la vérité.

« A peine son livre a-t-il paru, qu'il est attaqué, combattu. On ne dit pas à l'auteur ce qui est, parce qu'on ne le sait pas ; mais on prouve qu'il s'est trompé sur des points essentiels. Les critiques sont critiqués à leur tour, et tous supportent le trait malin, tant qu'ils n'ont que leur livre pour appui. Mais qu'un homme nouveau paraisse ; qu'il apporte une vérité nouvelle ; que cette vérité renverse, jusqu'en leurs fondemens, des édifices élevés avec tant de peines, nos demi-savans se rallient, s'agitent, cherchent des armes contre l'ennemi commun, et ne sont pas toujours délicats dans le choix. Ainsi Mesmer a trouvé à combattre de grands intérêts d'une part, de fortes préventions de l'autre, et il était seul contre tous.

« Peut-être s'il eût opéré mystérieusement, s'il eût mis dans sa pratique quelque chose d'imposant et de solennel, eût-il entraîné le peuple, toujours partisan du merveilleux. Mais on n'eût pas manqué de lui reprocher l'obscurité et l'ignorance de ces nouveaux sectaires. Mesmer, d'ailleurs, ne voyait, dans le magnétisme, qu'une faculté naturelle à l'homme ; il l'a annoncé de bonne foi et avec simplicité ; il s'est mis en but aux traits de tous les partis, et il en a été écrasé.

« Si je tenais une vérité dans ma main, disait Fontenelle, je me garderais bien de l'ouvrir. Mesmer, plus courageux, a ouvert les siennes. Qui des deux avait raison ? C'est par le fait qu'il faut juger : la vérité de Fontenelle serait perdue pour nous, et le magnétisme nous reste.

« Il est à remarquer que la faculté de médecine s'est montrée la plus ardente à persécuter le magnétisme, non sur la partie du public que sa puissance ne peut atteindre ; mais sur ceux de ses membres convaincus d'avoir pratiqué, ou du moins d'être partisans du mesmérisme. Elles les a fait comparaître à sa barre ; elle a dépouillé de leurs dignités doctorales ceux d'entre eux qui en avaient ; elle a enjoint aux autres d'être plus circonspects à l'avenir.

« Si le magnétisme n'existe point, ou si ce n'est qu'une folie, pourquoi tant de sévérité ? Ne pourrait-on pas en inférer que la faculté a voulu éteindre le flambeau auquel, dans les siècles les plus reculés, le premier médecin a emprunté ses premières lumières ?

« Veut-on connaître quelle sera l'opinion de tel homme sur tel objet d'une certaine importance ?

qu'on consulte son intérêt personnel, et on se trompera rarement. Examinons si la faculté avait un intérêt réel à admettre ou à rejeter le magnétisme.

« Il est malheureusement trop vrai que, sous beaucoup de rapports, la médecine n'est qu'une science conjecturale, et qu'il est certaines maladies, qu'elle connaît très-bien, mais dont elle ignore le remède. Les conjectures sont souvent funestes au malade, et je ne répéterai pas les plaisanteries de Molière et de Beaumarchais, que tout le monde sait par cœur. Le somnambule magnétique n'est jamais incertain. Il voit clairement son état, et s'il ne se prescrit pas le meilleur remède, il est sans exemple qu'il en ait indiqué de nuisibles. Il ne guérit pas toujours, parce que la nature veut que nous finissions, et que, d'ailleurs, sa puissance peut avoir des bornes. Peut-être aussi le magnétisme n'est-il encore qu'à son aurore. Les anciens ont pu connaître des procédés plus forts, plus salutaires que les nôtres. Peut-être les retrouvera-t-on un jour ; mais tel qu'est à présent le magnétisme, il me paraît pouvoir soutenir honorablement toute espèce de comparaison avec la médecine, et je m'exprime, je crois, assez modestement.

« On m'objectera, sans doute, que la médecine a rejeté d'abord la circulation du sang, l'émétique, le quinquina, l'inoculation, la vaccine ; qu'elle s'est empressée de les adopter, dès qu'elle a reconnu leur efficacité, et qu'elle n'eût pas rejeté le magnétisme, s'il avait les vertus que certaines personnes lui supposent. Cette objection est facile à détruire. La médecine, en réunissant des remèdes nouveaux à ceux qu'elle connaissait déja, a étendu son domaine, et cette conduite dérive naturellement de l'intérêt personnel. Mais le magnétisme ne pouvait devenir partie intégrante de la médecine ; il prenait nécessairement le premier rang, et quel homme, après avoir joué, pendant trente ans, le premier rôle, voudra descendre au second, s'il n'est pas doué d'une réunion de qualités qu'on rencontre rarement dans un même individu ? Ces idées me conduisent nécessairement à quelques détails.

« La médecine s'empare de l'homme dès sa naissance ; elle ne le quitte qu'à sa mort. L'enfant balbutie à peine, qu'il voit ses parens soumis au joug d'un docteur, savant ou non. L'influence de la crédulité fait, de cet enfant, un esclave de plus, sur lequel on exerce un despotisme d'opinion absolu. Le remède le plus repoussant est pris sans résistance. S'il produit un effet contraire à celui qu'attendait le médecin, on persuade facilement que la maladie devait tourner ainsi. Les décès sont toujours imputés à la nature, et les guérisons sont l'effet de l'art. Les remèdes composés, qui fatiguent en affaiblissant les viscères, rendent les convalescences longues et pénibles. Le moyen curatif, lui-même, a souvent produit le germe d'une maladie nouvelle, parce que le docteur interprète, arrange ce qu'il n'entend pas, ce qu'il ne voit pas. Plus le malade s'affaiblit, plus il est docile et confiant.

« Il est des médecins qui joignent au talent de bien observer, une honnêteté, une délicatesse, même un désintéressement digne des plus grands éloges. Mais plus ils obtiennent de succès, plus ils doivent tenir à la considération, qui en est toujours la suite, et vous croiriez, madame, que l'esprit de domination puisse jamais s'éteindre dans l'homme! Quoi! celui dont les ordonnances sont des lois, qu'on ne se permet pas même d'examiner, irait consulter un somnambule sur telle maladie qui échappe à ses recherches; il solliciterait la connaissance d'un remède propre au mal; il dérogerait à la dignité de médecin, en devenant l'exécuteur de ce qu'aurait prescrit l'interprète de la nature, plus clairvoyant que lui; il descendrait aux fonctions modestes d'agent secondaire; il renoncerait à ses connaissances en chimie, parce qu'un somnambule n'ordonne que des remèdes simples; il avouerait, par cette conduite, qu'il a professé une science incertaine, et quelquefois mensongère! Connaissez-vous quelqu'un, madame, qui soit capable d'un tel héroïsme?

« Peut-être les médecins feraient abnégation d'eux-mêmes, si la médecine n'était pratiquée que par des gens opulens. Mais le corps des médecins se compose, en général, de jeunes gens issus de familles honnêtes, mais peu fortunées. Leurs parens ont fait, pendant dix ans, des sacrifices pour leur faire apprendre ce qu'ont écrit leurs devanciers. L'homme de génie recule les limites de la science. Mais excellent ou médiocre médecin, l'élève a semé, il veut recueillir; il doit le vouloir, surtout s'il a une famille à élever, quelque parent pauvre à soutenir, et on s'étonne que nos docteurs éloignent le magnétisme de tous leurs moyens, de toutes leurs forces! Descendons dans notre cœur, et soyons vrais. Si nous étions médecins, nous conduirions-nous autrement ?

« Déjà le magnétisme est en honneur en Prusse. Le roi vient de donner à un médecin de Berlin, cent lits dans un hôpital, pour y exercer la médecine de la nature, et l'académie des sciences de cette ville va décerner un prix de trois cents ducats à l'auteur qui aura fait le meilleur Mémoire sur le magnétisme. Le roi de Suède, les empereurs de Russie et d'Autriche ont envoyé à Berlin des médecins qui doivent s'instruire dans la pratique de M. Wolfart. Les plaisans sont moins communs en Prusse qu'en France, et les chanteurs de Berlin ont probablement cessé de chanter. Nos railleurs français n'examineront pas ce qu'il est plus facile de tourner en ridicule que d'approfondir. Mesmer a vainement essayé de propager le magnétisme chez nous. Il nous reviendra du nord de l'Europe, paré du prestige que nous attachons à tout ce qui est étranger. Alors, il ne sera plus permis, dans un certain monde, de douter de ses propriétés; il sera du bon ton de lui attribuer des miracles. »

« Savez-vous, monsieur, s'est écriée madame
« d'Arancy, que vous poussez les choses un peu
« loin? S'il y a des plaisans en France, il y a aussi
« des hommes désintéressés et bons observateurs.
« Pourquoi donc votre magnétisme y reste-t-il tou-
« jours dans l'obscurité? pourquoi, dès qu'il ose
« se montrer, suffit-il d'un mot piquant, d'une
« saillie pour le replonger dans l'ombre? »

« J'aime à croire, répondis-je, madame, que les magnétiseurs se composent, en partie, des hommes éclairés dont vous venez de me parler. Je vous ai exposé les causes principales qui s'opposent à la propagation du magnétisme. Je peux vous en indiquer d'autres, qui, moins importantes, méritent cependant d'être examinées.

« Les expériences de salon nuisent au magnétisme, en lui donnant une apparence de frivolité qui éloigne la confiance et la considération. On cause, on rit, on plaisante; on conteste ensuite la réalité des effets; on soupçonne du *compérage;* on le dit avec une sorte de réserve; mais on finit par n'avoir rien vu, après avoir été présent à des phénomènes dignes d'être remarqués. On porte son jugement, sans vouloir examiner davantage, et ce jugement est sans appel.

« J'ai cédé, comme bien d'autres, au désir de convaincre, et j'ai partagé leur sort. Je m'applaudis cependant de ce que j'ai fait hier, puisque j'ai gagné au magnétisme une dame, dont l'opinion serait d'un grand poids, si elle osait se prononcer. »

« N'y comptez pas, monsieur, ni comptez pas, « a-t-elle repris vivement. Je vous ai confié mon « secret, et je tiens irrévocablement au parti que « j'ai pris. Voyons la suite des causes secondaires, « qui empêchent le magnétisme de se répandre. »

« J'ai repris. — « Un magnétiseur, d'une faible constitution, se laisse aller à un sentiment de bienveillance et d'humanité. Il n'a pas consulté ses forces, et, après quinze jours, un mois de soins assidus, il reconnaît l'insuffisance de ses moyens ; il éprouve une sorte d'épuisement qui le décourage. Souvent un malade, impatient, se lasse de ne pas arriver à ces effets prodigieux, dont il a lu des relations. Le traitement est interrompu, et les parens, et les amis, et les incrédules, et les malins disent, répètent partout que le magnétisme ne guérit pas.

« Les gens du bon ton, qui ne font pas de systèmes, parce que le bon ton n'est pas la demi-science, mais qui écoutent avec assez de docilité ceux qui ont des connaissances, qu'on n'acquiert pas dans les boudoirs, ces gens-là ne peuvent admettre un moyen auquel le pauvre accorde assez de confiance, et ils ont raison, car il est constant que le riche et le pauvre ne sont pas pétris du même limon. Ils nous reprochent, sans cesse, de n'exercer notre influence que sur des êtres accablés de misère, et, par conséquent, incapables de penser. Je vous assure, madame la comtesse, que si on dit de très-jolies choses dans les salons, on n'y pense pas plus que sous le chaume. Mais laissons de côté les distinctions, et voyons pourquoi le plus grand nombre de ceux qui se confient à un magnétiseur, sont véritablement des malheureux.

« Un médecin traite un homme opulent; la maladie traîne en longueur; le malade s'affaiblit, au lieu de guérir; ses forces s'épuisent, et le docteur double ses soins. Il ne quitte plus le chevet du malade; il le console; il relève son courage; il ranime ses espérances. Le malade meurt; mais qui ne meurt pas? Son médecin mérite des éloges : il a fait ce qu'il a pu, s'il n'a pu bien faire... il a fait glisser le défunt de la vie à la tombe, sans qu'il s'en soit aperçu.

« Le même médecin voit un misérable, dans un hôpital ou sur un grabat. Il fait, en honnête homme, tout ce qui dépend de lui pour le soulager; mais un médecin, honnête homme, n'a pas contracté l'engagement d'être toujours heureux. Celui-ci s'aperçoit que la médecine fait peu de progrès, et que la maladie en fait beaucoup. Il abandonne le malade à la nature, et, dans cette seconde circonstance, le médecin a encore raison, car s'il eût traité le pauvre diable pendant un mois ou deux de plus, il l'eût envoyé dire à l'homme opulent :

> Ici tous sont égaux, je ne te dois plus rien ;
> Je suis sur mon fumier, comme toi sur le tien.

« Cependant, ce pauvre diable ne peut acheter ni consolations, ni espérances. Accablé de maux et de misère, il se désole, il va tomber dans le désespoir. Il entend parler du magnétisme; il cherche, il trouve un magnétiseur. Mais la nature épuisée n'offre plus de ressources; le pauvre diable se condamne lui-même dans le sommeil somnambulique; il s'éteint, et on publie partout que le magnétisme l'a tué.

« Le pauvre diable guérit-il ? on crie de toutes parts qu'il n'était pas malade. C'est ce qui est arrivé à M. Court de Gébelin.

« Il n'y a plus de médecins qui nient l'existence du magnétisme; cela serait maladroit. Mais ils en contestent les effets; ils en parlent avec une indifférence, qui éloignerait la confiance, si elle commençait à naître, et vous conviendrez, madame, que ces petites choses-là ne tendent pas à propager le magnétisme.

« Les magnétiseurs vivent isolés. Ils opèrent dans le silence, et souvent dans le secret, pour échapper aux railleurs. Ils se connaissent peu, et ne se communiquent que des observations d'un intérêt majeur. Ils ne peuvent étendre ainsi une théorie, dont le perféctionnement amènerait des succès plus frappans, plus certains, et qui convaincraient les incrédules.

« Les prêtres d'Isis, au contraire, formaient une corporation nombreuse ; ils vivaient dans un même lieu, et ils avaient beaucoup de loisirs, parce qu'ils étaient dans l'opulence. Probablement ils ne dédaignaient pas de se communiquer des observations de détail, qui, dans plus d'un genre, ont conduit à des résultats importans. De ces communications continuelles, a dû naître une suite de découvertes nouvelles, et ces prêtres, déja forts de l'opinion publique, étaient certains de lui voir adopter et consacrer ce qu'ils ajoutaient à leurs connaissances acquises.

« D'après ce rapprochement, je suis porté à croire que le magnétisme ne fera pas de grands progrès en France, tant que le gouvernement ne s'en occupera pas. Il est beau d'imiter les étrangers dans ce qu'ils font de bien. On pourrait même aller plus loin qu'eux : des colléges de magnétiseurs (1), dotés par l'état, tireraient de leur établissement même une grande force d'influence. On croirait à la médecine de la nature, qu'on verrait encouragée à ce point. Il n'y aurait plus, je l'avoue, que peu de médecins, et moins encore d'apothicaires. Mais serait-ce un

---

(1) Cette idée appartient à M. Deleuze.

grand mal pour la société ? Je ne le crois pas, et peut-être serait-il aisé de prouver le contraire. »

« Je vois, monsieur, me dit la comtesse, que
« vous êtes à la fin de votre dissertation, et j'en
« suis fort aise. Hier, vous m'avez donné un lé-
« ger mal de tête, que nous sommes convenus
« d'appeler migraine, comme vous appelez char-
« mante une femme assez ordinaire, comme on
« proclame divins des vers heureux, qui ne sont
« qu'un jeu de l'esprit. Aujourd'hui, j'ai la mi-
« graine la mieux conditionnée... A quoi suis-je
« réduite! à ne pouvoir parler raison, pendant
« une demi-heure, sans être indisposée, et cela,
« parce que j'ai voulu donner à jouer et faire
« danser des gens qui se soucient fort peu de
« moi, et dont je ne me soucie pas davantage.
« Les veilles m'ont ôté ma fraîcheur et m'affai-
« blissent l'estomac. La sotte chose que de tout
« faire pour le public, et de n'oser avouer une
« pensée à soi, quand elle choque un préjugé! »

Je demande à tous les magnétiseurs possibles, quel parti ils auraient pris auprès d'une femme intéressante, repentante, malade, et croyante surtout. Ils se seraient empressés de la soulager, et c'est ce que j'ai fait. Si la voix de l'humanité se fait entendre, quand nous voyons un être souffrant, combien cette voix est plus forte, lorsque cet être est une jeune femme, dupe, jusqu'à ce moment, de ses préventions, et qu'on a l'espoir de rendre, sans retour, à des sentimens raisonnables !

J'attaque donc cette migraine, *si bien conditionnée,* et madame d'Arancy se prête à mes soins, avec une facilité, un abandon, qui me charment. Ces grands yeux bleus, qui se sont fermés hier, se ferment aujourd'hui plus promptement encore. Elle dort de ce sommeil doux et réparateur, qui, seul, est déjà un remède puissant. Je l'interroge ; elle me répond !... Madame d'Arancy est somnambule.

Déja la migraine est dissipée ; mais l'estomac est souffrant. Il faut lui rendre des forces, et rappeler, sur ces joues décolorées, les roses du printemps. « Madame, quel est votre médecin ?
« — Oh ! monsieur, c'est un homme charmant,
« qui n'a rien de la pesanteur de son état ; qui
« ne m'aborde jamais que le sourire sur les lè-
« vres, et une historiette à la bouche. — C'est
« fort bien, madame ; mais son talent ? — Il ne ha-
« sarde jamais rien, et ne prescrit que des choses
« très-simples. — Vous m'inspirez de l'estime pour
« lui, madame ; mais jugez-le avec connaissance
« de cause ; examinez votre estomac, et voyez si
« ce qu'il vous ordonne est bien ce qui vous con-
« vient. — Oh, le malheureux ! avec ses petits
« contes et son eau de poulet, il m'aurait tuée
« en moins de deux ans. — Expliquez-vous plus
« clairement, je vous en prie. — A la fin du car-

« naval, j'ai éprouvé des tiraillemens à l'estomac.
« Le docteur a prétendu qu'il y a de l'irritation.
« Je vois à présent que c'est fatigue et faiblesse,
« et son eau de poulet augmente le mal tous les
« jours. — Hé bien, madame! que vous faut-il?
« — Un verre de vin d'Espagne le matin et le
« soir. — Le remède est facile. — Et agréable à
« prendre. — Et les veilles, madame? — Elles me
« sont absolument contraires. — Votre médecin
« vous les a sans doute interdites? — Oui; mais
« je l'ai forcé de transiger avec moi. Nous sommes
« convenus que je pourrais me coucher à une
« heure du matin, pourvu que je prisse une tasse
« d'eau de poulet en me mettant au lit. — Ma-
« dame, il faut congédier ce médecin-là. — Hé!
« comment le congédierais-je? c'est l'homme à la
« mode. — Hé bien, gardez-le; mais ne faites
« rien de ce qu'il vous prescrira. — A la bonne
« heure. — Si, pourtant, vous en vouliez un au-
« tre? J'en connais qui ne vous feront pas de
« contes, et qui savent beaucoup. — Du vin d'Es-
« pagne, monsieur, et pas d'autre docteur. Vous
« savez, mieux que moi, que je n'en ai pas be-
« soin. — Permettez-moi de vous faire observer,
« madame, que vous passez de l'incrédulité à
« l'exagération. Je vous assure qu'il y a de très-
« bons médecins qui, cependant, sont loin d'être
« infaillibles. — Oh, oui! il y a de bons méde-
« cins... Mais ce sont les magnétiseurs. — Re-
« marquez encore, madame, que les médecins

« connaissent parfaitement l'intérieur du corps
« humain, et que s'ils voulaient faire concorder
« leur science avec les lumières certaines des som-
« nambules... — Oui, oui, ils connaissent toutes
« les parties intérieures du corps humain; mais
« ils n'ont jamais pu, ils ne pourront jamais les
« voir que mortes. Moi, je les vois vivantes et dans
« toute leur action. Cela se ressemble, comme la
« figure d'un homme qui vient d'expirer, et celle
« qu'il avait dans un état de santé parfaite (1). »

Je jouissais d'une satisfaction inexprimable; mais je sentais qu'elle allait s'évanouir avec le sommeil de madame d'Arancy, qui ne devait laisser aucune trace dans sa mémoire. Je jugeais qu'elle m'opposerait de nouveau ses petits préjugés de coteries, et je me suis décidé à la mettre dans l'impossibilité de rétrograder.

Je lui ai franchement exprimé mes craintes. « Vous avez raison, m'a-t-elle répondu. Éveillée,
« je ne serai plus qu'un grand enfant. Mais que
« faut-il faire? — Écrire ce que nous venons de
« dire, si nous n'en avons pas oublié la plus
« grande partie. — Oh! je m'en souviens à mer-
« veille. Voulez-vous que je me mette à mon se-
« crétaire? — Allez. »

---

1) Ces deux dernières réponses m'ont été faites littéralement, et en présence de plusieurs personnes, par une somnambule que j'ai eue à Saint-Quentin.

Elle se lève; je la suis. Elle traverse son appartement d'un pas ferme et assez égal. Elle écrivait, quand M. d'Arancy est entré. Je l'ai mis au fait en peu de mots, et il m'a embrassé avec beaucoup d'affection. « Henriette, m'a-t-il dit, a tout
« ce qu'il faut pour être aussi estimable qu'elle
« est séduisante, et je vous dois déja beaucoup. »

J'attendais qu'il s'expliquât plus clairement, quand il a pris le papier de madame d'Arancy. Il m'a prié ensuite de l'éveiller.

Il est impossible d'exprimer la confusion qu'a éprouvée la jeune femme, quand son mari lui a lu ce qu'elle venait d'écrire. Elle protestait qu'elle se trouverait mal, si on ne lui rendait ces rêveries. « Non, ma chère amie, non. Ici tu parles
« sous ton masque, et tout à l'heure tu étais toi;
« c'est toi que j'aime et que je veux conserver.
« Tu t'es rendue malade pour le monde; tu re-
« couvreras la santé pour ton mari et ton enfant.
« — Et que faut-il faire pour cela, monsieur? —
« Boire du vin d'Espagne, non à Paris, où tu ne
« pourrais renoncer à tes habitudes; mais à notre
« terre, où tu fixeras les plaisirs qui conviennent
« à une femme de ton âge, et qui sont sans dan-
« gers. — Il n'y a là que des campagnards. —
« Tant mieux. Pas de faste, pas de représenta-
« tion, pas d'excès en aucun genre, et surtout
« pas de veilles. Nous remplacerons toutes ces fa-
« daises par la simplicité, qui sied à tout le monde,

« et surtout par une vie réglée. Je renonce vo-
« lontiers aux prétendues délices de Capoue : se-
« ras-tu moins généreuse envers toi? — Mais que
« dira-t-on de moi ici? — Ce qu'on voudra. —
« Les plaisans ne finiront jamais. — Les plaisans
« ne sont dangereux que pour ceux qui ont la
« sottise de les craindre. Et puis, ma chère, il
« n'y a à Paris que des liaisons, et huit jours après
« ton départ, personne ne s'occupera plus de toi.
« — Ah, mon ami! qu'exiges-tu? — Ce papier
« parle; veux-tu que je le fasse circuler? — Ah,
« mon dieu! tu me fais trembler. — Fais venir
« tes femmes; qu'elles préparent tout, et que
« dans une heure nous soyons en route. — Oh!
« oui, oui, oui. Si tu me donnais le temps de
« réfléchir, je ne partirais plus. — Monsieur est,
« après moi, ton meilleur ami. Il voudra bien
« nous accompagner, et là, nous magnétiserons
« tous ensemble. — Nous magnétiserons! Quoi!
« serais-tu?... — Hé, oui, ma chère amie! Je ma-
« gnétise depuis six ans. — Et jamais tu ne m'en
« as rien dit! — A quoi bon parler à des sourds? »

On fait les malles, les paquets, en riant, en
chantant, en folâtrant; on monte en voiture, et
bientôt le grand air donne de l'appétit. On se
souvient qu'on n'a pas pensé à prendre de provisions, et on se décide à dîner au premier cabaret. « Madame d'Arancy dîner dans un cabaret
« de village! Oh! si nos amis étaient là, ils di-

« raient... — Ce qu'ils voudraient, ma chère amie.
« Moi, je leur répondrais qu'il vaut mieux dîner
« au cabaret, que ne pas dîner du tout. »

Tout était fait de travers, tout était mal servi; le vin était détestable, et tout cela paraissait très-plaisant. Un dîner, qu'assaisonne la gaieté, n'est jamais mauvais, et il se digère facilement. Madame d'Arancy a fort bien supporté celui-ci.

Nous arrivons au château, où on ne nous attendait pas, et où tout était sans dessus dessous. Nouveau sujet de rire, et du désordre qui régnait partout, et de l'embarras du concierge, et de ses grandes phrases, et de son imperturbable attention à renvoyer ses enfans, qui rentraient aussitôt par une autre porte, etc., etc.

Il y a huit jours que nous sommes ici, et déja le vin d'Espagne fait des merveilles. Déja le magnétisme est en honneur dans le canton, et madame d'Arancy convient, de très-bonne foi, que cette occupation-là vaut bien une walse, ou une partie de bouillotte.

FIN DU MAGNÉTISME.

www.ingramcontent.com/pod-product-compliance
Lightning Source LLC
Chambersburg PA
CBHW052046230426
43671CB00011B/1801